성공하는 기업은
런칭이 다르다

성공하는 기업은 런칭이 다르다

초판 1쇄 발행 2012년 7월 5일

지은이 | 박해동
펴낸이 | 홍경숙
펴낸곳 | 위너스북

기획 · 편집 주간 | 김형석
기획 · 편집 팀장 | 장보금
마케팅 총괄 이사 | 안경찬

출판등록 | 2008년 5월 2일 제310-2008-20호
주　　소 | 서울 마포구 합정동 370-9 벤처빌딩 207호
주문전화 | 02-325-8901
팩　　스 | 02-325-8902

본문 | 정현옥
표지 | 고냥새
종이 | 한솔PNS(주)
인쇄 | 영신문화사

값 14,800원

ISBN 978-89-94747-10-1 13320

위너스북에서는 출판을 원하시는 분, 좋은 출판 아이디어를 갖고 계신 분들의 문의를 기다리고 있습니다.
winnersbook2@naver.com | Tel 02)325-8901

성공하는 기업은
런칭이
다르다

| 박해동 지음 |

Winner's Secret Library · 위너스시크릿
WINNER'S BOOK

김상대 이사
현대자동차 국내마케팅 실장

"불편한 진실을 하나 털어놓자면 굴지의 유명한 기업들마저도 런칭 전략이 제각각이라는 점이다. 자신만의 고유한 런칭 커뮤니케이션이 없으니, 외부 에이전시의 힘에 의존할 수밖에 없다. 결국 양질의 콘텐츠가 반영된 제품일지라도 성공을 장담할 수 없다. 저자는 산발적으로 흩어져 있는 런칭 관련 자료들을 정리하여 효과적인 로드맵을 제시하고 있다. 많은 분들에게 일독을 권하고 싶다."

김태성 수석국장
이노션월드와이드 프로모션

"만약 여러분이 런칭 커뮤니케이터라면 이 책을 읽으면서 순간순간 놀라움을 금하지 못할 것이다. 뿐만 아니라 새로운 제품의 런칭과 관련하여 나름의 통찰력을 얻게 될 것이다. 기업의 입장에서는 급변하는 미디어 환경 및 소비자의 니즈에 맞추어 런칭에 대한 통합적 전략을 세우는 데 필요한 많은 지식을 깨닫게 해주는 유용한 정보를 제공한다. 에이전시 입장에서는 런칭 커뮤니케이션이 기존 방식의 틀을 깨고 새로운 시각에서 새롭게 접근해야 하는 방향에 대한 인사이트를 다시 깨닫게 해주는 매력적인 지식을 제공하고 있다.

오주석 국장
TBWA KOREA Below The Line 사업팀장

"성공적인 제품 런칭이 궁금하다면 이 책에서 해법을 찾을 수 있을 듯하다. 단순히 좋은 제품을 만드는 것으로는 시장을 주도할 수 없다. 애플처럼 소비자가 열광하며 제품을 기다리게 만드는 접근이 필요하다. 필자는 독자의 이해를 돕기 위해 주요 부분마다 국내외 유명 브랜드들의 성공적인 사례를 제시하고 있다. 그리고 과거의 답습으로는 미래를 준비할 수 없다는 필자의 신념을 통해 많은 인사이트를 제공한다. 외부의 전문가들에게도 런칭 커뮤니케이션과 관련한 다양한 화두를 던지는 책이다."

유시진 교수
고려대학교 경영대학

"책상 위의 고민과 현장의 경험이 만나야, 살아 꿈틀대는 지식과 지혜가 만들어진다. 고객에게 새로운 것을 처음으로 선보이는 긴장감 넘치는 접점에서 하나부터 열까지 챙겨본 필자의 경험과 고민이 그대로 묻어 나와 있는 책이다. 단순한 사실의 나열과 껍데기뿐인 이론의 전개가 아니라, 새로운 제품을 고객에게 멋지게 인정받기 위해 고민하는 모든 마케터들에게 지침이 될 만한 현실적인 대안들을 제시하고 있다. 저자에게 박수를 보낸다."

PREVIEW

독자 여러분이 이 책을 좀더 유용하게
사용할 수 있도록 구성했습니다.

이 책의 특징 및 구성

이 책의 특징 : 국내 최초로 정리, 소개하는 런칭 커뮤니케이션 전략!

런칭을 비롯한 마케팅 현장에서 신제품을 출시해본 경험이 있는 분들이라면 런칭 커뮤니케이션 전략이 얼마나 중요한지 잘 안다. 하지만 시장의 환경이 크게 변하고 있다. 특히 디지털 미디어의 변화가 런칭 시장의 패러다임을 바꾸고 있다. 따라서 기존의 성공 경험만 믿고서 이를 답습하는 런칭, 또는 외부 에이전시에게 신제품 런칭의 상당 부분을 맡겨온 전략에 수정과 보완이 필요하다. 아무리 좋은 제품이라도 성공을 보장할 수 없기 때문이다. 이 책은 시장 변화의 흐름과 맥을 잘 짚어내고 있을 뿐만 아니라, 산발적으로 흩어져 있던 런칭 관련 핵심 메시지를 하나로 정리한 국내 첫 시도란 점에서도 의미가 크다.

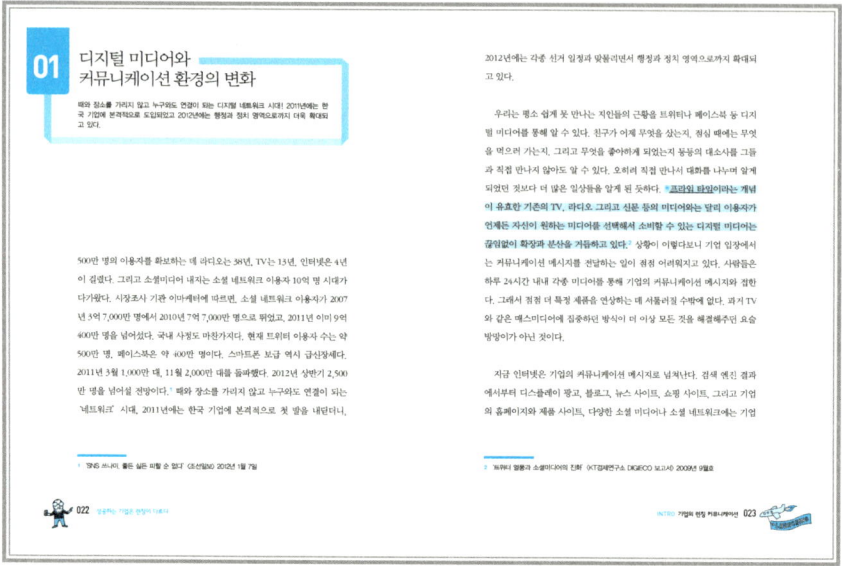

요약문 | 본문에 들어가기에 앞서 각 LESSON의 핵심이 되는 내용들을 간단하게 정리했습니다. 본문을 읽기 전 어떤 내용이 실려 있는지 한눈에 파악할 수 있습니다.

핵심 정리 | 본문에 전개되는 내용 중에서 독자 여러분이 반드시 눈여겨봐야 할 핵심 부분은 별도의 색으로 처리하였습니다. 필자가 강조하는 엑기스입니다.

도표와 그림 | 본문에 수록된 도표와 그림들은 런칭 커뮤니케이션의 핵심을 이해하는 데 많은 도움이 됩니다.

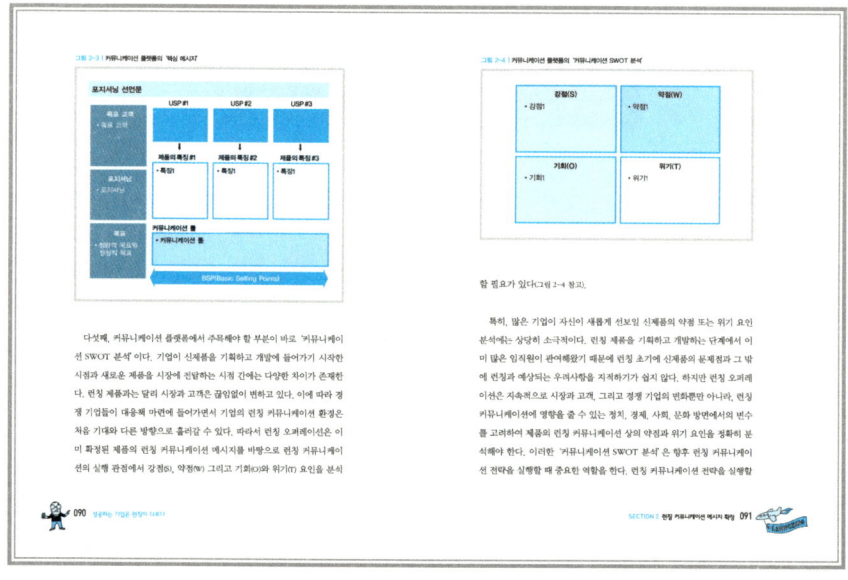

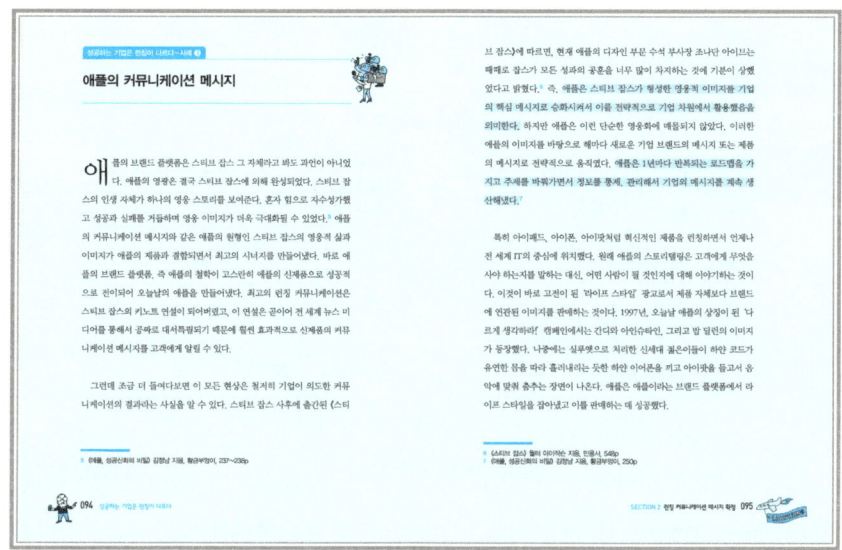

성공하는 기업의 구체적인 런칭 사례 소개 | 애플, 꼬꼬면, 에잇세컨즈, 삼성르노, LG전자, 현대자동차 등 소비자들로부터 열렬한 지지를 받고 있는 기업과 제품들의 성공적인 런칭 사례를 소개합니다.

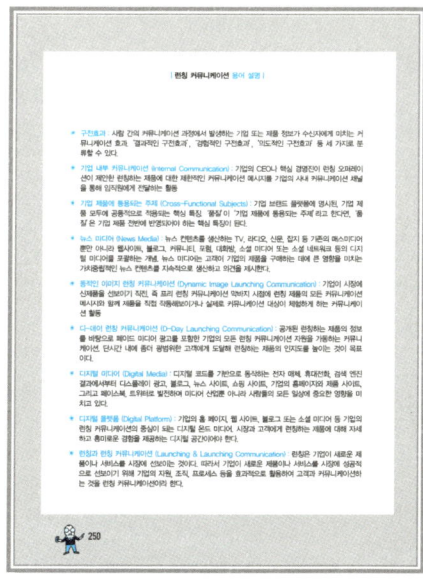

런칭 커뮤니케이션 관련 용어 | 실무에서 사용되는 런칭 커뮤니케이션 용어의 경우, 본문에 ●로 표시한 후 책의 마지막에 일괄적으로 정리하였습니다.

지은이 박해동 | 한국외국어대학교 영어과를 졸업하고 현대자동차, 오토큐브, 르노삼성자동차 등에서 다양한 국내외 마케팅 및 브랜드 커뮤니케이션을 맡아왔다. 현재 야후! 코리아 및 오버추어코리아에서 PR & Communications Team을 맡고 있다.

한국 기업을 위한 '협업 모델' 제안

애플의 야심작 아이폰. 이를 대항하기 위한 삼성전자의 애니콜 갤럭시는 2010년 4월 27일 판매하자마자 CPU의 속도 문제로 허위광고 논란에 휩싸였다. 2010년 2월 제품발표회 때 알려진 수치와 실제 판매에 들어간 제품의 수치에 차이가 났는데, 이 사실을 고객에게 제대로 알리지 않은 게 발단이었다. 급기야 삼성전자는 이례적으로 공식 트위터를 통해 사과에 나섰다. 2010년 2월에 있었던 제품발표회를 전후로 한 삼성전자의 런칭 커뮤니케이션은 상당히 혼란스러웠다.[1]

이번에는 애플을 살펴보자. 2010년 1월 27일 샌프란시스코에서 열릴 아이패드 발표 행사를 앞두고 애플은 이전의 제품 런칭 때와는 비교할 수 없을 만큼 광적인 흥분을 조성했다. 〈이코노미스트〉는 이른바 '예수 태블릿'을 들고 있는 잡스의 사진에 성직자 옷을 입히고 후광을 씌워 표지에 실었다. 〈월

---

1 '삼성, 갤럭시 A 스펙 과장 논란' 〈매일경제신문〉 2010년 5월 11일

 010

스트리트 저널〉의 경우 모세의 십계명 석판과 애플의 아이패드를 비교하면서 이와 유사하게 과장된 기사를 발표했다. 행사장에서 스티브 잡스는 아이패드를 발표하며 '과학기술' 거리와 '인문학' 거리의 교차로를 알리는 표지판으로 다시 한 번 애플의 핵심 브랜드 메시지를 성공적으로 전달했다.[2] 석 달 후인 2010년 4월 애플은 본격적인 아이패드 판매에 들어갔고, 한 달도 안 되어 100만 대나 팔려나갔다. 아이폰보다 두 배 빠른 속도였다.

대기업을 비롯한 유수의 한국 기업들은 세계 시장에서 선도업체를 발빠르게 따라잡는 모방전략으로 오늘날의 대한민국을 만들어냈다. 특히 제조업 분야에서 많은 발전이 있었다. 우리는 새로운 제품의 콘셉트를 기획, 디자인하고 만들어내는 일에 세계적으로 유례를 찾기 힘들 정도로 탁월하다. 최근에는 한국의 ◦패스트 팔로우 전략을 진지하게 바라봐야 한다는 외국의 지적도 잇따르고 있다. 하지만 아직 한국의 브랜드가 세계적인 유명 브랜드로 도약하기에는 어딘가 부족한 느낌이다. 혹자는 그것이 창의성 부족이라 말하기도 하고, 최근에는 인문학에 대한 식견 부족이라고 평가하기도 한다. 이러한 대한민국을 꼭집어 스티브 잡스는 2011년 아이패드2 행사장에서 ◦'카피캣'이라고 신랄하게 비판한 바 있었다. 한 기업의 브랜드는 제품, 디자인, 서비스의 탁월함 못지 않게 이를 전달하는 기업의 커뮤니케

2 《스티브 잡스》 월터 아이작슨 지음, 안진환 옮김, 민음사, 776~778p

LAUNCHING

이션과 이를 통한 이미지가 함께 어우러져 완성된다. 그러나 아직 이 모든 것을 다 갖춘 한국 기업을 찾아보기가 쉽지 않다. 특히 기업 커뮤니케이션의 정점이자 꽃이기도 한 기업의 ◦런칭 커뮤니케이션을 바라볼 때마다 아쉬움이 많다.

한국의 많은 기업들은 여전히 신제품을 시장에 내놓을 때 제품을 기획하고 만들어내는 기업 내부 프로세스에 초점을 맞춘다. 그러나 신제품이 성공적으로 시장에 소개되어 짧은 시간 안에 입소문이 퍼져나가게 하는 런칭 커뮤니케이션 자체에는 소홀한 편이다. 기업의 내부 프로세스 자체에는 신제품 런칭의 결과가 존재하지 않는다. 따라서 만약의 실패를 회피하려는 기업의 분위기가 반영된 결과일 수도 있다. 하지만 이러한 상황은 많은 한국 기업이 갖고 있는 기업의 런칭 커뮤니케이션 프로세스에서 비롯된 것일 수도 있다.

기업이 모바일 기기와 소셜 미디어 또는 소셜 네트워크와 같은 ◦디지털 미디어로 항상 서로 연결된 사용자들과 완전히 다른 방식으로 커뮤니케이션할 수 있게 되면서 기업의 마케팅 환경은 새로운 기술에 의해 급격히 변하고 있다. 그러나 기업에는 기업의 콘텐츠를 전략적·지속적으로 만들어낼 수 있는 구조가 갖춰져 있지 않다. 텍스트를 기본으로 다양한 커뮤니케이션 툴을 적절히 활용할 수 있는 직원을 빠른 시일 내에 양성하는 일도 쉬운 일이 아니다. 또한 기업의 내외부 커뮤니케이션 시스템을 체계적으로 운영하는

서구 기업들과는 달리 우리는 외부 미디어를 전담하는 홍보조직 외에는 기업 전체의 통합적인 메시지를 기획, 조정할 수 있는 이렇다 할 전담부서도 찾아보기 힘들다. 기업 외부의 도움, 즉 수많은 에이전시의 도움을 받는다 해도 결국 기업의 깊숙한 이야기를 지속적으로 만들어내는 데에는 한계가 있다. 결국 시작은 그럴싸 해도 시간이 지날수록 힘이 빠지는 일이 반복된다.

국내에는 수많은 커뮤니케이션 전문가와 집단이 존재한다. 하지만 그들이 가진 축적된 시스템과 경험은 한국 기업의 대부분을 차지하는 제조업 시스템 전반을 아우를 만큼의 공력이 쌓여 있지 못하다. 그래서 외국 서적이나 참고자료들을 찾아보지만, 실제 한국 시장에 적용할 만한 노하우가 공유되는 사례는 드물다. 기업의 커뮤니케이션은 문학이나 예술에서 통용하는 권선징악의 스토리텔링과는 다르다. 왜냐하면 주인공이라 할 수 있는 제품과 서비스를 중심으로 기업의 ◉<u>브랜드 전략</u>을 공고히 할 수 있는 스토리를 발굴해서 전달해야 하기 때문이다.

오늘날은 기존의 모든 커뮤니케이션 접점마다 소셜 미디어 혹은 소셜 네트워크 등의 디지털 미디어가 가세하면서 커뮤니케이션의 위력이 상상 이상으로 커져가는 시대다. 따라서 기업의 생사가 걸린 런칭 커뮤니케이션은 새로운 디지털 미디어까지 수렴한 더욱 철저한 '통합적 커뮤니케이션'으로 거듭나야만 한다. 즉 기업의 커뮤니케이션도 과거에 존재하지 않던 새로운 방식으로 접근해야 할 시대인 것이다. 하지만 통합적 커뮤니케이션이라는 콘셉트가 나온 지 꽤 시간이 흘렀지만, 한국 기업의 현실과는 요원한 것이 사실이다. 각 영역에서의 전문가는 존재해도 그것 전체를 아우르는 경험을 바탕으로 통합적 커뮤니케이션을 구현할 수 있는 전문가를 찾기 쉽지 않다. 컨설턴트는 컨설턴트일 뿐이고, 브랜드 매니저는 브랜드 매니저이고, 마케터는 마케터이고, 홍보담당자는 홍보담당자일 뿐이다. 각자의 입장에서 생산되는 복잡한 주장만이 난무한다. 구체적인 경험을 기반으로 한 각각의 영역이 모여야 통합이라는 콘셉트가 존재한다. 따라서 진정한 한국 기업의 '협업 모델'을 만들지 않고서는 통합된 커뮤니케이션 전략을 수립, 실행하는 일이 불가능에 가깝다.

이에 필자는 부족한 책을 통해 런칭 커뮤니케이션 '협업 모델'을 위한 첫발을 내딛고자 한다. 이 책은 한국 기업에서 제품의 런칭과 관련된 일을 하는 모든 임직원을 위한 런칭 커뮤니케이션 지침서다. 런칭 제품을 성공적으로 시장에 선보이려면 제품의 마케터나 커뮤니케이션 담당자뿐 아니라 런칭과 관련된 모든 임직원이 이 일에 적극적으로 참여해야 한다. 그리고 최근 들어 기하급수적으로 늘고 있는 베이비붐 세대의 창업도 조금은 고려했다. 자신이 다니던 기업에서 기획, 실행했던 런칭은 사실 그들의 런칭이 아니다. 기업의 시스템과 선후배 직원들이 함께 만들어낸 조직의 경험일 가능성이 높다. 마지막으로 이 책의 유용함은 마케팅을 공부하는 대학생들에게도 좋은 관점을 제공할 것이라고 기대한다.

손쉽게 적은 비용을 활용할 수 있는 디지털 미디어의 등장으로 막대한 커뮤니케이션 자원을 운용할 수 있는 대기업만이 실행할 수 있었던 런칭 커뮤니케이션을 이제 좀 더 많은 한국 기업들이 활용할 수 있게 되었다. 이 책의 '협업 모델'이 그 출발점이 되어줄 것으로 믿는다.

"나무를 잘 그릴 수 있으면 바람소리를 잘 들을 수 있다."

성공한 삶에는 공통적으로 각자가 바라보는 세상의 틀, 즉 나무를 잘 그리는 자기만의 프레임워크가 존재한다. 작은 나무에서부터 크고 울창한 거목들이 모여 숲이 되고, 우리는 그 숲속을 걸어간다. 그 숲을 스치며 지나가는 바람소리를 듣고 싶은가?

2012년 7월
박해동

성공하는 기업은
런칭이 다르다
차 례

기업의 런칭 커뮤니케이션은 기업의 자원과 조직을 바탕으로 하는 기업 내부의 프로세스가 변화무쌍한 시장과 고객을 만나는, 하나의 점이 아닌 일정 기간 이어지는 점선이다. 그래서 기업이 런칭에 성공하기 위해서는 점선의 기간 동안 기업 내부의 런칭 커뮤니케이션 전략과 기업 외부의 시장과 고객 이 모두를 이해하고 조율할 수 있어야 한다. 디지털 미디어의 활성화와 함께 기업을 둘러싼 시장의 커뮤니케이션 환경이 변화하면서 기업의 런칭 커뮤니케이션 전략에도 새로운 관점이 필요해졌다.

기업의
런칭 커뮤니케이션

01

디지털 미디어와
커뮤니케이션 환경의 변화

때와 장소를 가리지 않고 누구와도 연결이 되는 디지털 네트워크 시대! 2011년에는 한국 기업에 본격적으로 도입되었고 2012년에는 행정과 정치 영역으로까지 더욱 확대되고 있다.

500만 명의 이용자를 확보하는 데 라디오는 38년, TV는 13년, 인터넷은 4년이 걸렸다. 그리고 소셜미디어 내지는 소셜 네트워크 이용자 10억 명 시대가 다가왔다. 시장조사 기관 이마케터에 따르면, 소셜 네트워크 이용자가 2007년 3억 7,000만 명에서 2010년 7억 7,000만 명으로 뛰었고, 2011년 이미 9억 400만 명을 넘어섰다. 국내 사정도 마찬가지다. 현재 트위터 이용자 수는 약 500만 명, 페이스북은 약 400만 명이다. 스마트폰 보급 역시 급신장세다. 2011년 3월 1,000만 대, 11월 2,000만 대를 돌파했다. 2012년 상반기 2,500만 명을 넘어설 전망이다.[1] 때와 장소를 가리지 않고 누구와도 연결이 되는 '네트워크' 시대, 2011년에는 한국 기업에 본격적으로 첫 발을 내딛더니,

---

1 'SNS 쓰나미, 좋든 싫든 피할 순 없다' 〈조선일보〉 2012년 1월 7일

2012년에는 각종 선거 일정과 맞물리면서 행정과 정치 영역으로까지 확대되고 있다.

우리는 평소 쉽게 못 만나는 지인들의 근황을 트위터나 페이스북 등 디지털 미디어를 통해 알 수 있다. 친구가 어제 무엇을 샀는지, 점심 때에는 무엇을 먹으러 가는지, 그리고 무엇을 좋아하게 되었는지 등등의 대소사를 그들과 직접 만나지 않아도 알 수 있다. 오히려 직접 만나서 대화를 나누며 알게 되었던 것보다 더 많은 일상들을 알게 된 듯하다. 프라임 타임이라는 개념이 유효한 기존의 TV, 라디오 그리고 신문 등의 미디어와는 달리 이용자가 언제든 자신이 원하는 미디어를 선택해서 소비할 수 있는 디지털 미디어는 끊임없이 확장과 분산을 거듭하고 있다.[2] 상황이 이렇다보니 기업 입장에서는 커뮤니케이션 메시지를 전달하는 일이 점점 어려워지고 있다. 사람들은 하루 24시간 내내 각종 미디어를 통해 기업의 커뮤니케이션 메시지와 접한다. 그래서 점점 더 특정 제품을 연상하는 데 서툴러질 수밖에 없다. 과거 TV와 같은 매스미디어에 집중하던 방식이 더 이상 모든 것을 해결해주던 요술 방망이가 아닌 것이다.

지금 인터넷은 기업의 커뮤니케이션 메시지로 넘쳐난다. 검색 엔진 결과에서부터 디스플레이 광고, 블로그, 뉴스 사이트, 쇼핑 사이트, 그리고 기업의 홈페이지와 제품 사이트, 다양한 소셜 미디어나 소셜 네트워크에는 기업

---

2 '트위터 열풍과 소셜미디어의 진화' 〈KT경제연구소 DIGIECO 보고서〉 2009년 9월호

이 만들어낸 제품에 대한 메시지로 넘쳐난다. 핸드폰은 기업의 각종 모바일 앱과 시시때때로 전송되는 기업의 광고 및 정보로 가득하다. 세상이 변하면서 새로운 커뮤니케이션 방식이 등장하고, 이제는 서로 맞물려 빠르게 진화하고 있다. 140자의 문자가 만들어내는 트위터의 등장으로 사람들이 특정 제품에 관심을 가지는 주기가 더욱 빨라졌다. 정보는 실시간으로 전달되고, 트위터를 대체할 수 있는 대체 수단도 이미 많이 존재한다. 페이스북의 팬 페이지에 가입하고 트위터로 이제 막 구입한 제품을 평가하는 일이 일상화되었다. 사람들이 점점 더 이 같은 정보에 의지한다는 건, 기업 입장에서는 디지털 미디어까지 아우르는 새로운 커뮤니케이션 프레임워크에 눈을 돌려야 한다는 의미일 것이다.

02

기업의 런칭,
그리고 런칭 커뮤니케이션

급변하는 환경 속에서도 지속적으로 성공하고 싶은 기업이라면 기업 고유의 런칭 커뮤니케이션 프레임워크를 가지고 있어야 한다.

런칭이란 기업이 새로운 제품이나 서비스를 시장에 선보이는 것이다. 따라서 기업의 런칭 커뮤니케이션이란 기업이 새로운 제품이나 서비스를 시장에 성공적으로 선보이기 위해 기업의 자원, 조직, 프로세스 등을 효과적으로 활용하여 고객과 커뮤니케이션하는 것을 의미한다.

한국의 많은 기업들은 신제품을 시장에 선보이는 런칭을 준비하면서 창의력과 상상력, 그리고 혁신을 현실에 구현하는 데에만 초점을 맞춘다. 이렇다 보니 신제품이 성공적으로 시장에 소개되어 짧은 시간 동안 좋은 소문이 자발적으로 퍼져나가게 하는 런칭 커뮤니케이션에는 소홀하다. 신제품을 현실에 구현하는 데 공을 들이는 만큼 어떻게 성공적으로 제품을 소개할지에 대한 고민이 없다. 즉 기업 고유의 런칭 전략이 전무하다는 게 필자의 생각이다. 기껏해야 제품의 런칭 날짜가 잡히고 난 후 부랴부랴 과거의 자료를 일방적으로 답습하는 데 급급한 것이 현실이다.

최근에는 트위터와 페이스북 등의 소셜 미디어 또는 소셜 네트워크 서비스가 또 다른 인터넷 트렌드를 형성하고 있다. 이러한 환경은 제품의 런칭 커뮤니케이션을 포함해 기업 커뮤니케이션이 풀고 가야 할 새로운 변수로 등장했다. 그러나 여전히 기업의 커뮤니케이션은 통합적으로 운영되지 못한 채 과거 방식을 고집하기 일쑤다. 설령 새로운 디지털 시대를 받아들이기로 결정했더라도 기업의 자산으로 체화시키기에는 모든 커뮤니케이션 환경이 혼란스러울 뿐이다. 결론적으로 기업은 급변하는 시장 상황에 적합하지 않은 런칭 커뮤니케이션 모델을 버리지 못 하고 있다. 그래서 많은 기업들이 신제품 런칭을 준비하면서 외부 에이전시의 서비스를 받는 쪽으로 결론 내리곤 한다. 그 결과 기업 외부 에이전시의 런칭 전략이 곧 그 기업의 런칭 전략으로 둔갑하곤 한다.

외부 에이전시에는 광고대행사, PR업체, 판촉대행사, 직접광고업체, 이벤트 업체 등이 있다. 기업 입장에서는 모든 커뮤니케이션 간에 철저한 조정이 이루어져 통합적인 런칭 커뮤니케이션 서비스를 원하지만, 다양한 에이전시가 서로 독자적으로 운영되기 때문에 그 기대는 애시당초 실현 불가능한 것에 다름없다. 대부분의 외부 에이전시들은 모든 런칭 커뮤니케이션을 아우르는 프로그램을 수립, 실행하는 데 필요한 노하우가 없다. 운 좋게도 기업의 욕구 중 일부를 충족해줄 수 있는 외부 에이전시가 몇몇 있기는 해도, 현실적으로 기업 입장에서 원하는 모든 내용을 조율해줄 수 있는 에이전시를 찾는 일은 불가능에 가깝다.

《맥킨지 문제 해결의 기술》[3]에 따르면, 문제를 해결하는 데 본질적인 요인을 발견하지 못한다면 아무리 문제 해결을 시도해도 성공할 수 없다고 말한다. 문제의 상황을 머릿속에 인지하고 문제의 본질을 파악해 언어로 표현하여 추상화하는 능력이 필요하다. 따라서 이 책은 현재 한국 기업들이 안고 있는 런칭 커뮤니케이션 상의 문제의 본질을 파악하여 언어로 표현해내고, 추상화함으로써 하나의 프레임워크로 제안할 것이다. 훌륭한 기업 또는 강한 기업은 시장과 고객을 바라보는 그 기업만의 틀, 즉 프레임워크가 있다. 따라서 성공하고 싶은 기업이라면 자기만의 •런칭 커뮤니케이션 프레임워크를 갖추고 있어야 한다.

3 《맥킨지 문제 해결의 기술》 오마에 겐이치, 사이토 겐이치 지음, 일빛

03

제품의 수명주기
콘셉트 이해

기존의 '제품의 수명주기' 콘셉트의 한계는 신제품의 '제품 개발 단계'와 '도입 단계' 사이에 실행할 수 있는 기업의 다양한 커뮤니케이션 활동을 설명하지 못한다는 점이다

기업 고유의 런칭 커뮤니케이션 프레임워크를 가지기 위해서는 우선 '•제품의 수명주기에 따른 판매량과 수익 그래프(그림 1 참고)' 콘셉트를 이해하는 것이 중요하다.

사람이 태어나 성장하고 죽음을 맞는 수명주기를 가지듯이, 제품도 시장에 런칭되고 성장기를 거쳐 절정의 순간인 성숙기를 맞이하다 이후 시장에서 사라지는 수명주기를 거친다. 이런 수명주기를 거치는 동안 판매와 수익은 변화한다. 일반적인 제품의 수명주기는 각각 독특한 특징을 갖는 다섯 가지 단계로 구분된다.

● **제품 개발 단계** : 기업이 신제품 아이디어를 발견하고 개발하는 시기다. 제품 개발 중에는 매출이 없고 기업의 투자 금액은 늘어난다.

그림 1 | 제품의 수명주기에 따른 판매량과 수익 그래프

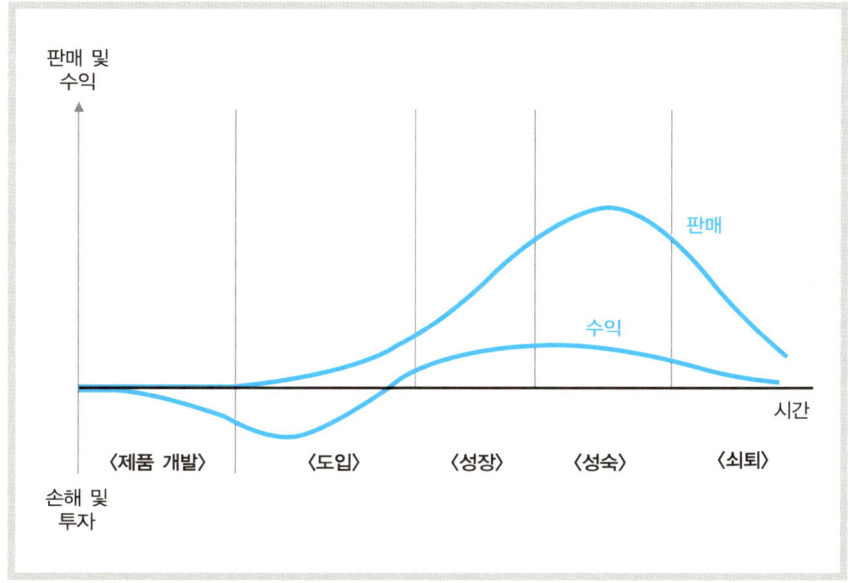

※《코틀러의 마케팅 입문(Marketing: An Introduction)》제 9판, 304p

● **도입 단계** : 시장에 신제품이 런칭되고 서서히 매출이 늘어나는 시기다. 신제품의 시장도입에 들어가는 막대한 비용 때문에 이 시기에는 순이익이 발생하지 않는다.

● **성장 단계** : 시장에서 제품의 수요가 급격히 증가하면서 순이익 발생하는 시기다.

● **성숙 단계** : 제품이 많은 잠재 고객에게 이미 받아들여진 상태여서 매출의 신장이 주춤해지는 시기다. 경쟁에서 살아남고자 마케팅 비용은 늘고 이로 인해 순이익은 현 상태를 유지하거나 감소하기 시작한다.

● **쇠퇴 단계** : 매출이 떨어져 순이익이 감소하는 시기다.

제품의 수명주기 콘셉트 중 첫 번째 '제품 개발 단계'는 기업이 신제품 아이디어를 발견하고 개발하는 시기로 매출이 없고 기업의 투자 금액은 늘게 되어 있다. 이 같은 험난한 과정을 지나 '도입기'에 신제품은 시장에 런칭된다. 이 시기에는 일반적으로 낮은 판매율, 높은 유통 및 •프로모션 비용 등으로 순이익이 적거나 심지어는 적자가 발생할 수도 있다. 그러나 이 같은 기존의 런칭 방식은 신제품의 '제품 개발 단계'부터 '도입기' 바로 직전 단계인 제품을 시장에 런칭하기 전까지 기업이 실행할 수 있는 다양한 기업의 커뮤니케이션 활동을 설명해주지 못한다. 또한 런칭 후 단시일 안에 제품의 인지도를 높이고 긍정적인 이미지를 창출하기 위해 커뮤니케이션 자원을 집중적으로 투입해야 하기 때문에 기업에 재정적 부담을 안길 수도 있다. 만약 런칭이 실패한다면 기업에 치명적인 위기가 찾아올 수도 있다.

그렇다면 기업은 어떤 방법으로 런칭 커뮤니케이션 전략을 수립, 실행해야 좋을까? 그 질문에 답을 찾아보도록 하자.

런칭 전에 결정되는 런칭의 성패

04

기존의 런칭 방식이 기업이 몸을 잔뜩 움추렸다가 한꺼번에 내닫는 '제자리 멀리 뛰기' 라고 한다면, 필자가 제시하는 런칭 커뮤니케이션 전략은 제품이 시장에 런칭되기 오래 전부터 에너지를 축적해 달리기 시작하여 도약대에서 새로운 포물선을 그리며 제품을 런칭하는 '도움닫기 후 멀리뛰기' 와 비유할 수 있다.

애플의 주가 추이를 분석해보면 특이한 점을 볼 수 있다. 1997년 스티브 잡스가 애플의 임시 CEO로 임명된 후 2005년까지 횡보를 거듭하던 애플의 주가가 2005년부터 상승세를 타기 시작하더니 스티브 잡스가 암으로 병가를 내고 간이식 수술을 받던 때를 제외하고는 2007년 아이폰 런칭 이후 급격한 상승세를 유지했다. 특히 2007년 아이폰을 시작으로 아이패드라는 혁신적인 제품을 잇따라 시장에 선보이면서 애플은 오늘날 세계 최고의 기업으로 자리를 잡았다(그림 2 참고). 애플의 성공을 분석한 다양한 관점이 있지만, 런칭 커뮤니케이션 관점에서 살펴보도록 하자. 애플은 2005년 이후부터 기존 방식과 다른 방법으로 커뮤니케이션을 시작했다. 그리고 모든 런칭 커뮤니케이션은 대박에 가까운 성공을 연출했다.

그 시작점은 아이포드를 런칭할 때부터라고 보인다. 1984년 매킨토시를

그림 2 | 애플의 시가총액 추이

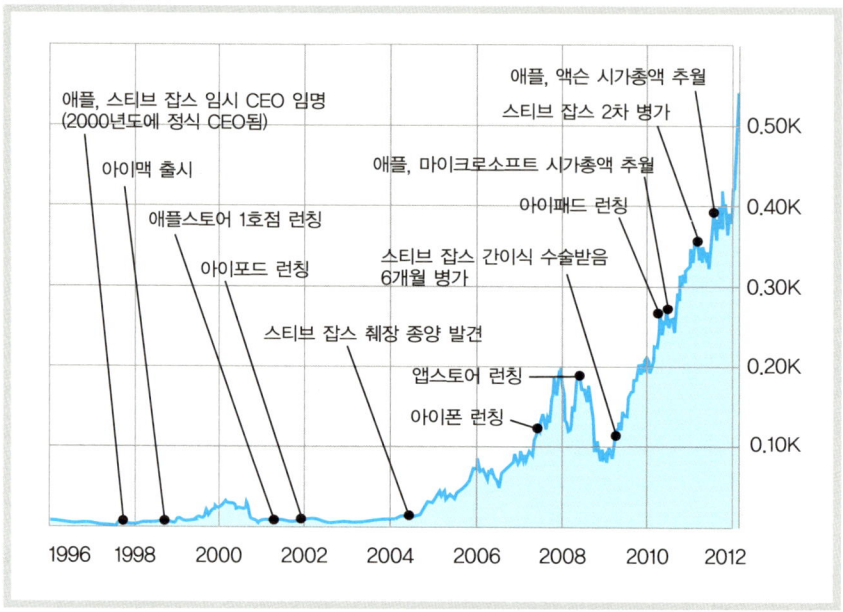

애플, 스티브 잡스 임시 CEO 임명
(2000년도에 정식 CEO됨)

아이맥 출시

애플스토어 1호점 런칭

아이포드 런칭

스티브 잡스 췌장 종양 발견

앱스토어 런칭

아이폰 런칭

스티브 잡스 간이식 수술받음
6개월 병가

애플, 마이크로소프트 시가총액 추월

아이패드 런칭

애플, 액슨 시가총액 추월

스티브 잡스 2차 병가

0.50K
0.40K
0.30K
0.20K
0.10K

1996 1998 2000 2002 2004 2006 2008 2010 2012

※출처: http://finance.yahoo.com/echarts?s=AAPL+Hnteractive#symbol=aapl;range=my;compare=:indicator=;chartty
pe=area;crosshair=on;ohlcvalues=0;logscale=off;source=undefined;

런칭할 때처럼 TV, 신문 등의 매스미디어에 광고하는 마케팅 대신 홍보와 판촉에 더 많은 신경을 썼다. 미국 전역을 대상으로 하는 신제품의 런칭 비용이 연간 2억 달러로 예상되는 데 비해, 2001년 아이포드를 런칭하면서 투입된 금액은 2,500만 달러에 불과했고, 2004년에는 4,500만 달러를 사용한 것으로 알려져 있다. 애플은 TV 광고의 경우 제한적으로 실시했고 홍보와 온라인 마케팅, 고객의 입소문을 통한 마케팅을 구사했다.[4] 그 이후 애플 앱스토어와 아이패드를 런칭할 때에도 과거와는 다른 방식으로 런칭 커뮤니케이

---

4 《스티브 잡스의 창조 카리스마》 김영한 지음, 리더스북, 151~152p

션을 선보이며, 지금도 그와 같은 전략을 지키고 있다.

애플은 제품이 시장에 런칭되기 전부터 여러 커뮤니케이션 채널을 통해 신제품과 관련된 메시지를 시장에 전달한다. 때로는 의도적으로 흘린 듯한 의심을 지울 수 없는 사건들로 시장과 고객의 이목을 성공적으로 붙잡기도 했다. 이렇듯 애플은 신제품이 시장에 공식적으로 소개되기도 전에 제품의 인지도를 높이고 긍정적인 이미지를 창출하는 데에 심혈을 기울였다. 이런 작업이 끝난 후 제품을 런칭하면 곧바로 그 제품은 사전예약 단계에서부터 경쟁자들을 초토화시킨다. TV 등을 포함한 매스미디어 광고는 이미 시장이나 고객에게 큰 이슈를 제공하지 못한 채 사라져버리지만, 애플의 경우 런칭 전 이미 고객의 뇌리에 제품에 대한 강렬한 인상을 남김으로써 효과를 극대화하는 데 성공하고 있다. 결국 그런 분위기에 편승하여 인터넷 상이나 시장에서 제품에 대한 부정적인 의견이 올라오더라도 고객들은 쉽게 받아들이지 않을 뿐 아니라, 부정적인 의견은 곧 시장에서 사라지기 일쑤다. 이렇듯 애플 제품에 대한 고객의 반응은 런칭 전에 이미 너무나 열광적이다. 과연 애플은 어떤 메시지를 어떻게 전달했을까? 그리고 시장과 고객은 과연 무슨 이야기를 보고 들으며 애플의 신제품을 수용하는 걸까?

2007년 6월 29일 아이폰을 런칭할 때로 거슬러 올라가 보자. 당시만 해도 애플은 삼성, 노키아, 모토로라 등 글로벌 강자가 주도하는 휴대폰 시장에서 후발업체에 불과했다. 그러나 애플은 후발주자라는 핸디캡에도 불구하고 게임의 룰을 바꾸면서 성공신화를 썼다. 당시 휴대폰 시장의 경쟁 기준은 브랜드와 •인지도, 제품 라인업, 성능, 디자인 등이었다. 그러나 애플은 단 한 가지 모델에 올인해 새로운 인터페이스를 개발함으로써 기존 제품과 차별화된 런칭 커뮤니케이션 메시지로 기존 게임의 법칙을 넘어섰다.

여기서 우리가 주목해야 할 것은 2007년 6월 29일 런칭에 앞서, 2007년 1월 9일 스티브 잡스가 '맥월드 콘퍼런스 앤 엑스포'에서 처음으로 아이폰 실물 크기의 모형을 공개하면서 '휴대폰과 PC의 융합, 그리고 모바일 인터넷 확산'이라는 콘셉트로 아이폰을 소개했다는 점이다. 이 때를 기점으로 아이폰은 전 세계 미디어의 주목을 받으며 화제의 중심이 되었다. TV와 신문은 물론 인터넷 전체가 온통 아이폰 이야기로 넘쳐났으며, 아이폰을 발표한 이후 1주일 간 아이폰 검색 횟수가 무려 120만 건에 이르렀다. 급기야, 2007년 6월 29일 아이폰이 런칭된 지 74일 만에 100만 대나 팔려나갔고, 2011년 말 기준 누적 판매대수 1억 8,000만 대 판매라는 기염을 토해냈다. 기존의 매스 미디어 광고 효과를 무색하게 만들 정도로 런칭 이전에 이루어진 런칭 커뮤니케이션이 놀라운 결과를 가져다 주었다. 그렇다면 '왜 아이폰은 기존의 일반적인 제품 수명주기를 따르지 않은 걸까?' 라는 의문이 생긴다.

애플의 아이폰 런칭을 지켜보며 주목하는 대목은 기존 제품의 생명주기 콘셉트의 '도입기'를 뛰어넘어 강력한 '인지도'와 긍정적인 이미지를 바탕으로 급격한 판매가 이루어지는 '성장기'로 직결했다는 점이다. 그 이유는 아이폰이라는 제품 자체가 기존 제품에 만족하지 못하던 고객의 욕구를 충족시켰고, 세련된 디자인과 다른 컴퓨터 운영 시스템과도 호환이 쉽고 사용하기 편리해서였겠지만, 제품을 런칭하기 전 아이폰의 런칭 커뮤니케이션 메시지가 고객에게 성공적으로 전달되었기 때문이다. 이미 시장과 고객은

그림 3 | 새로운 제품 수명주기

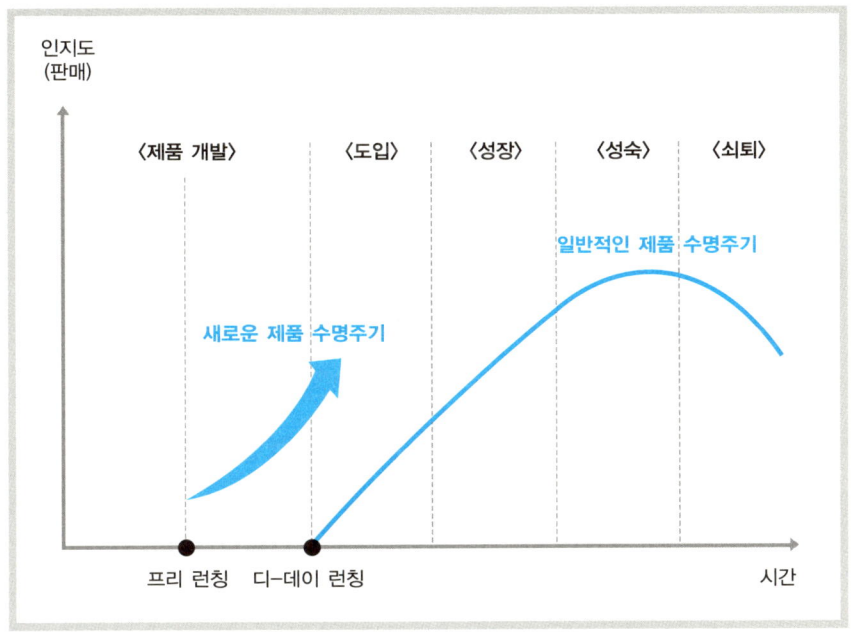

애플 아이폰의 마니아가 되어 있었고, 제품을 내놓자마자 이를 구매할 준비가 되어 있었다는 데 주목할 필요가 있다. 이는 '•새로운 제품의 수명주기'가 탄생했음을 알리는 것이다(그림 3 참고).

 앞서 언급했듯인 성공적인 런칭 커뮤니케이션 전략의 수립과 실행은 기업이 가진 자원, 조직, 프로세스 등을 효과적으로 활용해 시장에 제품을 성공적으로 런칭하는 것을 목적으로 한다. 따라서 기업은 커뮤니케이션 자원과 조직을 효과적으로 활용하는 기업 내부의 프로세스에서부터 시장에서 고객이 구매를 할 때까지의 모든 과정을 설명할 수 있어야 한다. 그래서 이 책은 기업의 '신제품 개발 프로세스'의 첫 단계인 '아이디어 관리' 단계에서부터 시작하는, 즉 기업의 신제품 개발 내부 프로세스 전체를 아우르는 새로운 런칭 커뮤니케이션 전략의 수립과 실행을 제안한다.

또한 소비자들은 광고, 뉴스, 가족과 친구들과의 대화, 또는 직접 제품을 사용해보면서 하루 24시간 내내 각종 미디어로 전달되는 기업의 커뮤니케이션을 접한다. 그런데 제품을 구매할 생각이 없다면 이러한 기업의 커뮤니케이션은 무용지물이다. 그러나 어떤 고객이 특정 제품군 중 하나의 제품을 구매하기로 마음 먹는다면 이제까지 누적된 기업의 커뮤니케이션은 중요해진다. 특정 제품군 가운데 하나의 제품을 사기로 결심한 고객은 제품의 인지도와 긍정적인 이미지, 그리고 최근에 접한 기업의 커뮤니케이션을 바탕으로 우선 몇 개의 제품을 구매 후보군으로 결정한다. 그리고 제품 구매 후보군에 낀 여러 제품을 인터넷이나 아는 사람 등의 채널을 통해 적극적으로 평가하면서 제품 구매 후보군의 숫자를 점차 줄여나간다. 그리고 마침내 하나의 제품을 선택하여 해당 제품을 구매한다. 제품을 산 후에는 자신이 구매한 제품을 경험하고, 그 경험을 바탕으로 최종 평가를 내리는데, 이 최종 평가가 향후 그 제품을 재구매할지 여부를 결정하는 주요 기준이 된다.[5] 그래서 이 책은 이렇게 변화하고 있는 시장에서의 고객의 구매결정 방식을 감안하여 새로운 런칭 커뮤니케이션 전략의 수립과 실행을 제안하고 있다(그림 4 참고).

---

5 'The consumer decision journey' 〈Mckinsey Quarterly〉 2009. 6

그림 4 | '성공하는 기업은 런칭이 다르다'의 개요

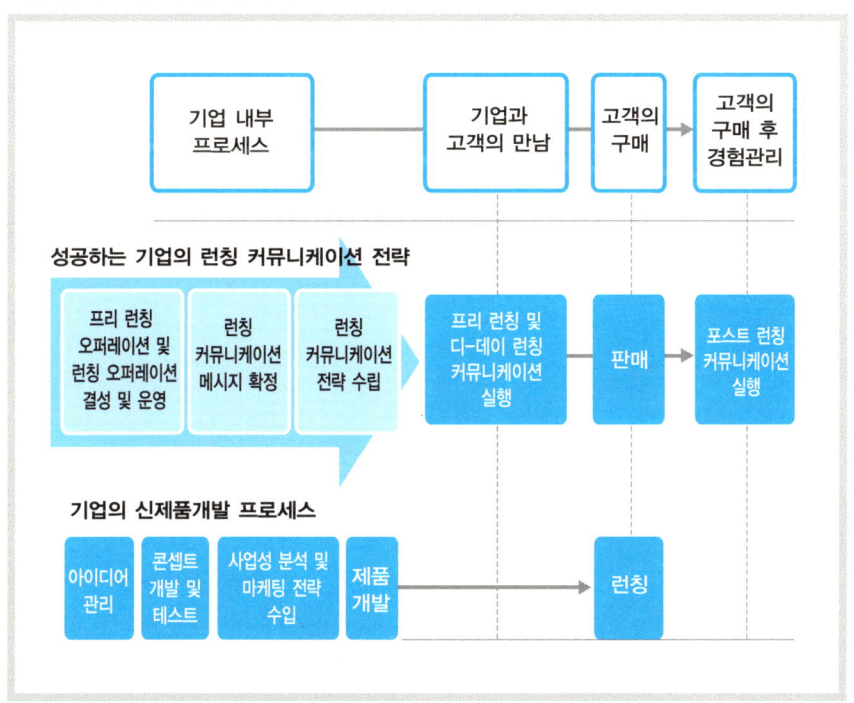

필자는 기업이 가진 자원, 조직, 프로세스 등을 효과적으로 활용하여 런
칭 커뮤니케이션 전략을 수립, 실행할 수 있도록 돕고자 한다. 그래서 '새
로운 제품의 수명주기' 곡선을 만들 수 있도록 돕는 것이다. 제품이 시장에
소개되자마자 이미 축적된 제품 인지도와 긍정적인 이미지를 바탕으로 단
숨에 기존 '제품의 수명주기'의 '성장기'에 버금가는 판매를 일궈내는 것
이다.

05 이 책의
몇 가지 가정

모든 기업의 런칭 커뮤니케이션을 하나의 프레임워크로 설명하는 것은 불가능에 가깝다.
'기업의 관점'과 '시장의 상황'을 모두 고려한 지속적으로 성공하는 기업의 런칭 커뮤니
케이션 전략의 가정을 정리한다.

각양각색일 수밖에 없는 기업의 특성과 제품의 범주를 고려한다면 하나의
프레임워크로 모든 기업을 아우르는 것은 사실상 불가능하다. 게다가 성공
적인 런칭은 '기업의 전략'과 급변하는 '시장의 상황'이 맞아 떨어져야 비로
소 가능하다. 그래서 필자는 우선, '기업 내부의 전략' 관점에서 기업 브랜드
의 인지도와 제품의 독창성을 축으로 하는 사이먼 마자로의 '구매 가능성 매
트릭스'를 활용하고자 한다. 사이먼 마자로의 '구매 가능성 매트릭스'는 기
업의 인지도와 제품 독창성의 조합이다. 고객이 구매를 결정하는 두 가지 중
요한 기준은 기업의 인지도와 제품의 독창성이라고 제시한다.[6]

---

6 《핵심을 꿰뚫는 단순화의 힘 2×2 Matrix》 알렉스 로위 · 필 후드 지음, 지식노마드, 131p

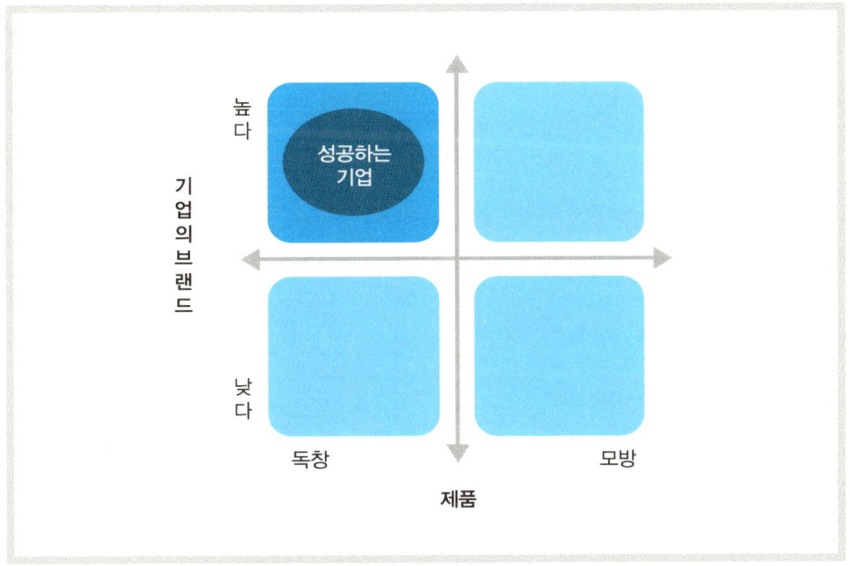

그림 5 | '성공하는 기업은 런칭이 다르다'의 구매 가능성 매트릭스

기업의브랜드

높다

성공하는
기업

낮다

독창   모방

제품

    필자는 구매 가능성 매트릭스의 좌측 상단에 속하면서, 급변하는 기업 커
뮤니케이션 환경 속에서도 새롭고 혁신적인 제품을 성공적으로 런칭시키는
브랜드 인지도가 높은 기업의 런칭 커뮤니케이션을 추적해 그 패턴을 분석
했다(그림 5 참고). 유명 기업이 고객의 욕구를 충족시키는 독창적인 제품을 개
발, 생산한다 하더라도 그런 제품이 모두 베스트셀러가 되지 않는다는 점에
주목했다. 즉, 좌측 상단에 속하면서 제품을 런칭하는 데 있어서 지속적인 성
과를 일궈내고 있는 기업들의 성공적인 런칭 커뮤니케이션 프레임워크를 찾
아내는 데 주력했다. 그래서 필자가 주장하는 성공하는 런칭 커뮤니케이션
프레임워크는 성공적으로 신제품을 런칭하지 못하는 유명 기업뿐만 아니라
다른 영역에 속하는 제품의 런칭 커뮤니케이션에 지침이 될 수도 있다.

그림 6 | '성공하는 기업은 런칭이 다르다'의 관심 시장7

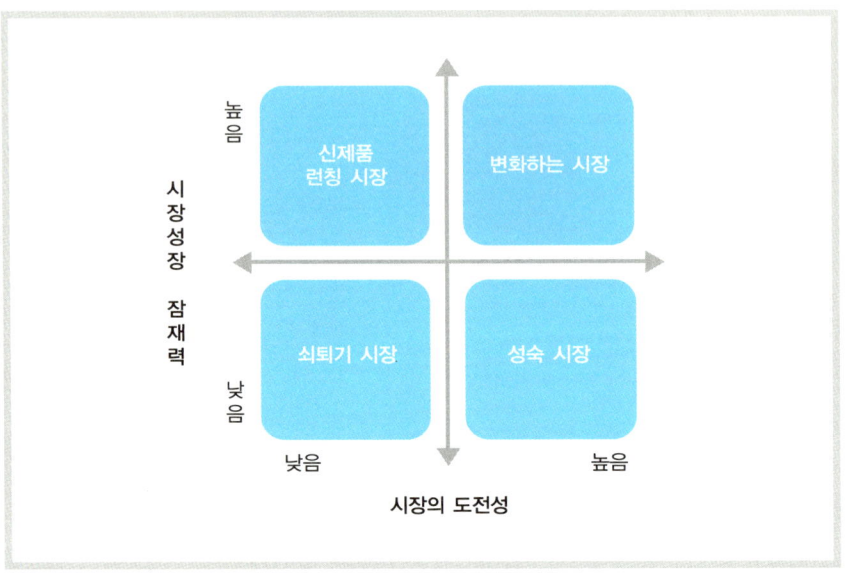

또한 필자는 '시장의 상황' 측면에서, 런칭 제품의 시장 성장 잠재력과 시장의 도전성을 기준으로 시장을 나눴다(그림 6 참고). 이 책은 높은 성장성과 낮은 경쟁으로, 전적으로 새로운 제품에 중점을 두는 런칭 전략이 요구되는 '신제품 런칭 시장'이나 제품 수명주기의 최종 단계를 반영하는 '쇠퇴기 시장'보다는 도전성이 높은 '변화하는 시장'과 '성숙 시장'에 좀더 초점을 맞추었다.

---

7 'Tinkering with the Go-to-market(ing) Model' 〈AT Kerney executive agenda〉

마지막으로 이 책에서는 기업이 런칭할 수 있는 유형의 제품과 무형의 서비스를 편의상 '제품'이라는 단어로 통합하여 사용할 것이다. 때때로 책에 언급된 제품은 기업의 이미지나 브랜드의 영역까지 포함하는 개념일 수도 있다.

기업의 런칭이 지속적으로 성공하기 위해서는 기업 스스로가 런칭 커뮤니케이션 전략을 수립하고 실행하는 주체가 되어야 한다. 그리고 그 중심에는 기업의 런칭 오퍼레이션과 런칭 오퍼레이터가 있다. 런칭 오퍼레이션과 런칭 오퍼레이터를 중심으로 기업 전체가 일관된 런칭 커뮤니케이션 메시지를 전략적으로 실행할 때 항상 런칭에 성공하는 기업으로 한발 더 다가갈 수 있다.

런칭 오퍼레이션과
런칭 오퍼레이터

외부 에이전시가 아닌 기업 스스로 해결하라

신제품 런칭 커뮤니케이션 전략을 수립하고 실행하는 주체는 반드시 기업이어야 한다.
외부 에이전시의 서비스는 그 전략을 실행하는 방편 중 하나일 뿐이다.

기업의 커뮤니케이션 환경은 날로 급변한다. 당연히 고객의 구매결정 방식 또한 변하고 있다. 이는 기업으로 하여금 새로운 커뮤니케이션 방식을 도입하도록 부추긴다. 성공적인 런칭 커뮤니케이션 전략의 수립과 실행은 기업 내부의 프로세스에서부터 시장에서 구매가 일어날 때까지 모든 과정을 설명해야 한다. 그리고 출발점은 기업의 내부 프로세스 점검에서부터 시작해야 한다.

하지만 여전히 많은 기업들이 신제품 런칭을 준비할 때 여러 가지 기업 내부의 혼선에 직면한다. 신제품 런칭은 기업의 많은 부서들이 서로 협업해서 수립, 실행해야 한다. 예컨대 프로젝트 매니저, 시장 조사, 디자인, 연구개발 (R&D)뿐만 아니라 마케팅, 커뮤니케이션, 유통 채널 그리고 고객 센터에 이르기까지 기업이 고객과 직접 만나는 모든 부서가 서로 협업하고 결정하고 실행하는 기업의 축제와도 같은 행사다. 하지만 우선, 예산 할당과 집행은 대다수 기업의 중역이 직간접적으로 런칭에 관여하게 되면서 혼선이 일어날 가능성이 크다. 기업 고유의 '프레임워크'가 부재한 경우 런칭 준비 초기부터 부서 간의 '역할과 책임'을 조정하는 부분에서부터 삐걱거리기 십상이다. 런칭 프로젝트가 기업 경영진의 승인을 얻고 시작품을 내놓기까지는 기업의 핵심 담당자 간에 매우 제한된 커뮤니케이션으로도 큰 문제 없이 진행될 수 있었다. 그러나 기업의 많은 임직원이 관여해야 하는 시점이 오면 그 동안 잘 운영되던 기업의 내부 시스템이 갑자기 멈춰버리기 일쑤다. 그리고 막상 런칭 커뮤니케이션을 실행하는 단계에 들어서면, 인력 부족으로 부서 간 런칭 관련 업무 협조가 우선 순위에서 밀리면서 런칭 커뮤니케이션을 실행하는 데 문제가 발생하기도 한다. 더욱이 이전에 런칭한 제품들이 실패한 경우라면 부서 간 신경전은 이미 예고되어 있는 셈이다. 시작부터 부서 간의 이해관계에 따라 런칭은 성공과는 먼 엉뚱한 방향으로 흘러갈 수 있다. 최악의 경우 런칭 커뮤니케이션이 실행되기도 전에 선험적으로 런칭의 실패를 예측하고 런칭에서 발빼기를 하려는 조짐도 나타날 수 있다.

이처럼 신제품 런칭의 결과를 회피하려는 기업 분위기는 종종 런칭을 •외부 에이전시에 일임하는 상황으로 내몰기도 한다. 즉 기업의 사활이 걸린 신제품 런칭을 외부 에이전시에 처음부터 의존하는 어처구니 없는 상황이 벌어지는 것이다. 이처럼 신제품 런칭을 앞두고, 런칭 초기부터 외부 에이전시의 도움을 고려해야 하는 기업이라면 다음 두 가지 관점을 유의깊게 고려해야 한다.

첫째, 신제품을 가장 잘 이해하고 커뮤니케이션 메시지를 확정할 수 있는 주체는 바로 기업이다. 특히 런칭 준비 초기에는 특단의 보안이 뒤따라야 하므로, 기업 외부와의 커뮤니케이션은 매우 제한적으로 운영될 수밖에 없다. 따라서 기업 스스로 직접 커뮤니케이션 메시지를 발굴하고 확정해야 한다. 그래서 기업은 이러한 커뮤니케이션 메시지를 바탕으로 커뮤니케이션 전략을 수립하고 실행을 진두지휘할 수 있는 인력을 갖고 있어야 한다. 외부 에이전시의 서비스는 그 전략을 실행하는 방법 가운데 하나일 뿐이다.

둘째, 기업 임직원들이 힘을 모으지 못하면 기업의 영속적인 시스템이 만들어지지 않는다. 기업 입장에서 볼 때 제품의 런칭 준비 과정은 기업의 핵심 경영사항이다. 성공적인 제품 런칭을 도모하려면 프로젝트 매니저나 제품기획 부서의 담당직원뿐만 아니라 관련 제품의 디자이너, 엔지니어, 실제로 생산을 위한 구매를 집행하고 생산관리를 맡은 담당직원에서부터 마케팅, 영업, 커뮤니케이션 등 기업의 모든 부서의 이해 관계자가 협업하고 결정하여 실행해야 한다. 따라서 런칭에 참여하는 모든 임직원이 제품을 런칭하면서 축적된 런칭 커뮤니케이션의 경험과 자산을 잘 정리함으로써 기업의 시스템으로 자리 잡을 수 있도록 해야 한다.

기업의 런칭 커뮤니케이션을 위한 외부 에이전시 서비스는 신제품을 시장의 상황과 고객 트렌드에 맞게 '창의적으로' 포장하는 데 초점을 맞추려 할 수 있다. 그리고 그들이 알고 있는 '패턴' 중 하나를 선택해 실행할 가능성이 높다. 게다가 외부 에이전시들은 기업으로 들어가 런칭 커뮤니케이션 전략을 수립, 집행한 후 그 결과를 직접 경험한 적이 없다. 따라서 기업이 진정으로 원하는 '대박 런칭'을 구현해줄 리 만무하다.

따라서 기업은 기업 스스로의 힘으로 기업이 가진 자원, 조직, 프로세스 등을 효과적으로 활용해 런칭 커뮤니케이션 전략을 수립하고 실행할 수 있어야 한다. 기업의 현재를 확인하고 기업의 미래를 찾아가는 모든 과정은 오롯이 기업의 몫이다. 그 출발점은 성공적인 제품의 런칭을 위한 기업의 런칭 오퍼레이션을 결성하는 일이다.

런칭 오퍼레이션

런칭 오퍼레이션은 신제품의 성공적인 런칭을 위해 기업의 터치 포인트를 담당하는 주요 부서가 함께 협업하고 결정하고 실행하는 조직이다. 그래서 기업 전체가 일관된 런칭 커뮤니케이션 메시지를 전략적으로 실행할 수 있도록 하는 런칭 커뮤니케이션의 컨트롤 타워라고 할 수 있다.

1) 런칭 오퍼레이션의 역할, 구성 그리고 운영

신제품의 성공적인 런칭을 위해 기업이 반드시 거쳐야 할 것이 런칭을 위한 기업 내부 프로세스 과정이라고 한다면, 그 기업 내부 프로세스의 시작점은 •런칭 오퍼레이션의 결성과 운영이다. 기업의 경영진이 런칭 프로젝트를 최종 승인하면 기업은 고객이 기업의 커뮤니케이션을 경험하는 접점, 즉 '•터치 포인트'를 담당하는 주요 부서가 참석한 런칭 오퍼레이션(비상설조직)을 결성하고 본격적인 런칭 준비에 들어간다. 런칭 오퍼레이션은 한 부서나 본부에 국한되지 않는, 기업 구성원 모두가 함께 협업하고 결정하고 실행하는 조직이다. 따라서 런칭 오퍼레이션은 단순하게 각 부서의 런칭 커뮤니케이션의 방향만을 확인하는 자리가 아닌 기업 전체가 일관된 런칭 커뮤니케이션 메시지를 각 부서의 시각으로 해석하고 이를 전략적으로 실행할 수 있도록

적극 돕는 런칭 커뮤니케이션의 '컨트롤 타워'라고 볼 수 있다. 그래서 기업의 CEO는 런칭 오퍼레이션의 구성, 권한과 책임 그리고 실제 운영방식을 명확하게 이해하고, 제품이 성공적으로 런칭될 수 있도록 지원을 아끼지 말아야 한다. CEO는 런칭 오퍼레이션 전체를 총괄하는 책임자를 선정하여 책임과 권한을 적절히 위임하는 것이 매우 중요하다.

런칭 오퍼레이션 총괄책임자

●런칭 오퍼레이션 총괄책임자는 기업 내부 프로세스를 통해 직접 런칭 커뮤니케이션 전략을 수립, 실행하고 고객으로 하여금 제품을 구매토록 하는 신제품 런칭 커뮤니케이션을 책임진다. 따라서 총괄책임자는 기업의 복잡다단한 이해관계를 설득하고 조정해낼 정도로 기업에서 신뢰가 있어야 한다. 그리고 CEO로부터 부여 받은 권한으로 런칭과 관련된 독자적인 결정을 내릴 수도 있어야 한다. 총괄책임자는 신제품 런칭 커뮤니케이션 메시지가 확정되고 커뮤니케이션 전략이 수립되면, CEO나 경영진으로부터 승인을 받고 실행을 하게 된다. 한편, 총괄책임자는 런칭 오퍼레이션의 멤버인 각 부서의 독립성과 자율성을 장려하고 각 부서가 맡은 부분은 책임감 있게 실행해나가되, 부서 간 조정이 필요할 경우 해당 부서 사이의 조율에도 앞장서야 한다. 그리고 중요한 정보가 시스템적으로 적절하게 확산될 수 있도록 막힌 곳이 있다면 뚫어주어야 하고, 각각히 쪼개져 있는 각 부서의 특정 지식과 정보를 집단적 형태로 종합해내는 능력도 갖추어야 한다.

런칭 오퍼레이션 총괄책임자로는 기업의 영업이나 마케팅을 총괄하는 고위급 경영진이 적합하다. 런칭의 성패를 직접 책임질 수 있는 고위 경영진이 런칭 커뮤니케이션 전체를 맡아야만 전략을 수립하고 실행할 수 있다. 또한 고객과 직접적으로 대면하는 기업의 터치 포인트를 담당하는 부서는 대부분 영업이나 마케팅에 속해 있기 때문에 이들을 효과적으로 통제할 수도 있다. 다만 런칭 오퍼레이션 총괄책임자가 제품의 런칭 이후 나타나는 제품의 판매실적에만 매달리는 일은 철저히 경계해야 한다. 판매에만 집착하다 보면, 런칭 커뮤니케이션의 준비 과정 또는 전략의 실행 과정에 담겨 있는 기업의 주요 •브랜드 커뮤니케이션 순간을 놓칠 수 있다.

런칭 오퍼레이션의 목적

런칭 오퍼레이션의 목적은 고객이 신제품을 구매할 수 있도록 예산집행을 포함한 최적의 런칭 커뮤니케이션 전략을 수립하고 효과적으로 실행하는 것에 있다. 그래서 런칭 오퍼레이션은 이미 변화를 거듭하는 고객의 구매결정 방식을 이해하고, 런칭 제품을 구매하는 데 가장 큰 영향을 미칠 수 있는 기업의 주요 터치 포인트를 찾아내야 한다. 또한 가용한 커뮤니케이션 자원을 십분 활용해, 런칭 제품의 메시지를 가장 효과적으로 커뮤니케이션할 수 있는 전략을 수립하고 이를 실행에 옮김으로써 고객이 신제품을 구매하도록 만들어야 한다. 그래서 런칭 오퍼레이션은 해당 런칭 프로젝트의 목표를 설정하고, 어느 부서가 참여하는지 어떻게 그 목표를 얻을 것인지에 대한 커뮤니케이션 전략을 수립, 실행하는 데 책임을 진다. 또한 커뮤니케이션을 실행하면서 목표로 삼는 각종 지표를 적절히 관리하여 만약에 있을 위기를 사전에 제거하면서 기업 내외부의 각종 커뮤니케이션 실행을 적절히 조정하며 이를 위한 예산 및 기타 지원사항 등도 점검한다.

런칭 오퍼레이션의 예산

최근에 고객의 구매결정 방식이 바뀌면서, 런칭 커뮤니케이션의 예산을 확정하고 집행하는 일에도 많은 변화가 요구되고 있다. 따라서 런칭 오퍼레이션 예산의 배분은 고객의 구매에 가장 큰 영향을 미치는 상황에서 신제품의 커뮤니케이션 메시지를 효과적으로 전달해 그들이 런칭 제품을 구매할 수 있도록 하는 데 우선적으로 사용되어야 한다. 그래서 런칭 오퍼레이션은 ROI를 항상 염두에 두고 런칭 커뮤니케이션에 소요되는 비용을 전체적으로 관리해야 한다.

최근 많은 기업들이 마케팅 예산을 편성할 때 '•70:20:10의 원칙'[1]을 활용하고 있다. 70:20:10의 원칙이란 한 제품을 런칭하는 데 가용한 런칭 커뮤니케이션 예산을 70%, 20%, 10%로 나누어 집행하는 기준이다. 먼저 예산 중 70%는 기업이 이미 실행한 바 있고 검증된 기업의 터치 포인트에 실행하는 것이다. 이런 일에는 기업도 익숙하고 비용이 어떻게 집행되며 어떤 결과가 나올지 예측이 가능하다. 따라서 런칭 오퍼레이션은 70%의 예산을 집행하면서 나온 각종 지표를 런칭 커뮤니케이션의 성과를 평가하는 기준으로 활용할 수 있다. 반면에 10%는 •ROI를 전혀 고려하지 않는 실험적인 커뮤니케이션 활동에 사용한다. 런칭 오퍼레이션은 이 10%의 예산 집행에 어떠한 단기적 결과도 강요하지 말아야 한다. 그리고 이런 취지가 끝까지 지켜지도록 해야 한다. 마지막으로 20%의 예산은 지난 번 제품의 런칭 커뮤니케이

---

1 'The 70 Percent Solution: Google CEO Eric Schmidt gives us his golden rules for managing innovation' by John Battelle 〈CNN Money magazine〉 2005. 12. 1

션을 실행했을 때 ROI를 고려하지 않고 실험적으로 집행했던 바로 그 10%의 런칭 커뮤니케이션 중 가장 성공적이었던 아이디어에 사용하는 예산이다. 런칭 오퍼레이션은 예산의 20%가 할당되는 런칭 커뮤니케이션 전략의 수립과 실행에 신중해야 한다. 여기에서 누적된 런칭 커뮤니케이션의 성공 경험은 그 기업만이 가질 수 있는 70%의 예산이 집행되는 기업의 핵심 런칭 커뮤니케이션 활동으로 확대, 발전해나갈 수도 있기 때문이다. 마지막으로 런칭 오퍼레이션이 가용할 수 있는 커뮤니케이션 자산에는 금전뿐만 아니라, 인력이나 기술적인 지원도 포함될 수도 있다는 점을 기억해 두자.

런칭 오퍼레이션의 결성

기업 또는 런칭 제품의 범주에 따라 런칭 오퍼레이션에 참여하는 부서는 각양각색일 수 있다. 그러나 런칭 오퍼레이션은 기업의 일관되고 전략적인 런칭 커뮤니케이션의 도모를 위하여 '정규 멤버'라 할 수 있는 런칭 제품이 고객과 만나는 주요 터치 포인트를 담당하는 부서들로 결성되어야 한다. 대표적인 주요 부서는 다음과 같다.

- ★ 프로젝트 매니저
- ★ 제품기획
- ★ 시장조사
- ★ 디자인 및 설계
- ★ 연구 개발(R&D)
- ★ 마케팅: 광고, 프로모션, 인터넷 등
- ★ 커뮤니케이션
- ★ 영업: 유통 네트워크, 고객센터 등

이와는 별도로 런칭 커뮤니케이션을 준비하고 실행하면서 발생하는 특별한 경우를 위해 다음의 '특별 멤버'를 소집해 운영할 수도 있다.

- ★ 생산기획 및 제조
- ★ 구매
- ★ 파이낸스
- ★ 법무 등

런칭 오퍼레이션의 운영

런칭 오퍼레이션은 '핵심 단계'와 '확장 단계'로 나뉘어 운영된다(그림 1-1 참고). 먼저 런칭 제품의 커뮤니케이션 메시지가 확정되는 '핵심 단계(1단계)'에는 프로젝트 매니저, 제품기획, 마케팅, 커뮤니케이션 등 런칭 프로젝트의 핵심 부서 위주로 결성하여 운영하는 것이 좋다. 기업의 내부 프로세스가 그만큼 효율적으로 운영될 수 있고, 초기부터 너무 많은 임직원이 신제품의 커뮤니케이션 메시지를 공유할 때 발생할 수 있는 정보의 외부 누출 가능성을

그림 1-1 | 런칭 오퍼레이션의 단계별 운영

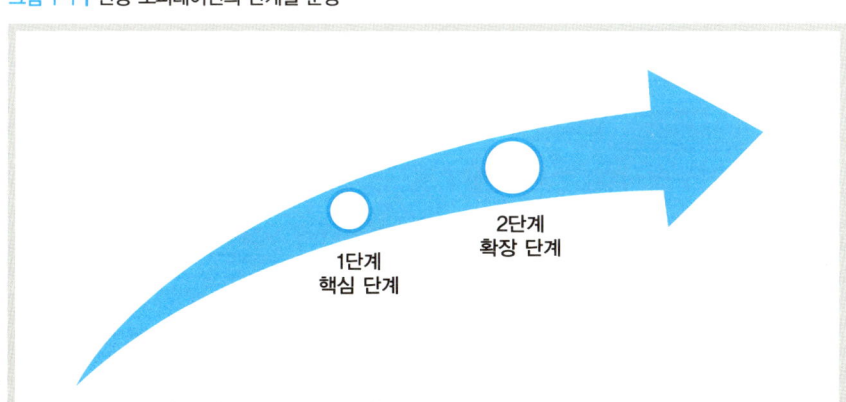

그만큼 줄일 수 있다. 런칭 커뮤니케이션 메시지가 확정되면, 런칭 오퍼레이션은 모든 정규 멤버가 참여하는 두 번째 단계인 '확장 단계(2단계)'로 들어가야 한다. 각 부서들은 이미 확정된 커뮤니케이션 메시지를 바탕으로 ○런칭 커뮤니케이션 크리에이티브와 런칭 커뮤니케이션 전략을 수립하고 실행해야 하기 때문이다.

런칭 오퍼레이션의 목표와 관리

런칭 오퍼레이션은 신제품의 일정 판매량, 매출액, 수익 등의 '○정량적 목표'를 달성해야 한다. 동시에 기업의 브랜드 커뮤니케이션의 일환으로서 기업 브랜드가 가고자 하는 '○정성적 목표'도 염두에 두고 달성해야 한다. 하지만 이러한 목표들은 모든 런칭 커뮤니케이션이 끝나봐야 확인할 수 있는 후행적인 지표다. 따라서 런칭 오퍼레이션은 이러한 후행지표만을 가지고 전략을 실행해서는 안 된다. 런칭 커뮤니케이션 각 단계별로 진행되는 각종 활동들이 일사분란하게 런칭 커뮤니케이션 전략을 바탕으로 실행되려면 단계별로 실행되는 활동에 대한 결과를 예상한 각종 지표를 설정하고 관리해야 한다. 특히, 런칭 오퍼레이션이 목표를 관리할 때 가장 주의를 기울여야 하는 부분은 런칭 오퍼레이션의 정량적·정성적 후행지표와 런칭 단계별로 진행되는 각종 지표 사이에 명확하고 강력한 연관관계를 유지하는 일이다. 연관관계가 떨어지는 복잡한 지표가 존재하면 그만큼 런칭 오퍼레이션의 집중력과 런칭 커뮤니케이션의 성공 확률이 떨어진다.

그리고 앞서 언급한 '70:20:10'의 원칙에 따라 별도의 지표가 없는 10%

의 실험적 커뮤니케이션 활동과 아직까지 명확한 기준점이 없는 20%의 커뮤니케이션 활동에서의 지표는 유동적일 수밖에 없다. 그러므로 30%의 영역에 대해서는 창의적이고 전향적인 지표 관리가 있어야 한다. 그러나 70%의 런칭 커뮤니케이션 예산이 할당된 검증되고 효과가 있는 런칭 커뮤니케이션 활동에 대해서는 명확한 지표 관리가 필요하다.

런칭 오퍼레이션을 시작하면서

런칭 오퍼레이션을 본격적으로 운영하기 전 반드시 짚고 넘어가야 할 두 가지 관점이 있다.

관점 1　새로운 런칭 오퍼레이션을 시작하기 전 반드시 기업의 이전 런칭 프로젝트의 각종 자료들을 검토해야 한다. 그리고 런칭 오퍼레이션 총괄책임자 또는 런칭 오퍼레이터 등 이전 런칭 프로젝트의 주요 담당자들과 미팅을 가져 기업의 런칭 커뮤니케이션 노하우에 귀기울여야 한다. 그들이 말하는 성공 또는 실패사례를 듣고, 그들이 제안하는 좋은 아이디어를 직접 활용할 수도 있다. 기업에서 런칭 오퍼레이션을 통해 모든 런칭 커뮤니케이션을 총괄하는 이유가 바로 여기에 있다. 이처럼 다양한 실전의 런칭 커뮤니케이션 경험은 반드시 기업에 축적, 관리되어야 하는 기업의 자산이다.

관점 2　런칭 오퍼레이션은 위에서 아래로 일방적으로 지시하기보다는 독립된 각 부서가 성공적인 제품 런칭이라는 목표를 위해 최선을 다하는 수평적 형태로 운영되어야 한다. 즉 위에서 아래로 직접 지시하기보다는 자기 중심적이며 독립된 여러 부서가 동일한 문제를 분산화된 방식으로 풀어가는 집단적 해법이 다른 어떤 방법보다 나을 가능성이 높다.[2] 의사 결정 또는 문제 해결의 관점에서 볼 때 분산화는 전문화를 촉진하고, 다시 전문화로 인해 분산화가 더욱 성장한다. 따라서 런칭 오퍼레이션의 총괄책임자는 각 부서의 독립성과 자율성을 장려하는 한편, 각 부서가 맡은 런칭 커뮤니케이션을 스스로 조정하고 다른 부서와 관련된 어려운 문제도 해결할 수 있도록 해야 한다. 다만, 한 부서가 발견한 가치 있는 아이디어가 다른 부서로도 확실히 전달될 수 있도록 런칭 오퍼레이션 내에서 정보가 자연스럽게 공유될 수 있도록 조정자 역할을 하면 된다. 그러나 한국 기업에서는 직급이 높은 한 사람의 주장에 일방적으로 끌려가는 경우가 많다. 어떤 이견도 허용되지 않는 수직적 의사 결정 시스템이라면 비록 런칭 커뮤니케이션이 일사분란하게 계획에 맞춰 실행될 수는 있어도, 그 어디에도 창의적인 아이디어가 자리 잡을 곳이 사라진다.

2) 런칭 오퍼레이션의 런칭 오퍼레이터

신제품이 런칭되기까지 기업의 수많은 임직원의 열정과 헌신이 투입된다 하더라도, 런칭 커뮤니케이션의 결과는 제품을 성공적으로 시장에 런칭해 기업이 투입한 비용과 노력을 수익으로 전환할 수 있어야만 확인할 수 있다. 따라서 런칭 오퍼레이션이 결성되면, 지금까지 기업 내부 프로세스 위주였던

---

2 《대중의 지혜》 제임스 서로위키 지음, 랜덤하우스, 111p

런칭 프로젝트의 패러다임을 기업 외부의 시각, 즉 시장과 고객의 시각으로 바꾸려는 노력이 필요하다. 하지만 칩 히스와 댄 히스의 《스틱!》에 따르면, 지금 세계 곳곳에서는 '지식의 저주'가 재현되고 있다. 지식의 저주의 희생자는 기업의 CEO와 일선 직원들이고, 교사와 학생이며, 정치가와 유권자, 마케터와 고객, 작가와 독자라고 명시했다.[3] 일단 무엇인가를 알고 나면 알지 못한다는 게 어떤 느낌인지 상상하지 못하는 것이다. 우리가 아는 정보가 저주를 내린 셈인데, 이 같은 저주는 듣는 사람의 심정을 두 번 다시 느낄 수 없기 때문에 우리의 지식을 타인에게 전달하기 어렵게 만든다고 주장한다. 《스틱!》은 지식의 저주에서 확실히 벗어나는 방법 중 하나로 '메시지를 받아들여 변형하는 것'을 제안한다. 이 제안은 기업 외부의 시각으로 신제품을 바라봐야 하는 런칭 오퍼레이션에 매우 유효하다.

즉, 런칭 오퍼레이션은 그때까지 런칭 프로젝트를 진행해온 기업의 핵심 부서들의 관점을 충분히 이해하면서도 제품이 기획된 시점과 제품이 시장에 런칭할 시점 사이에서 발생하는 '시장의 미세한 추세 변화'에 초점을 맞춰 런칭 커뮤니케이션 전략을 수립, 실행할 수 있어야 한다. 특히 한쪽으로의 쏠림 현상이 심한 한국 시장의 특징을 감안할 때 정치, 경제, 사회, 그리고 문화적인 측면에서 시장 상황을 주의깊게 지켜봐야 한다. 이러한 변화에 발맞춰 시의적절하게 커뮤니케이션 메시지와 전략을 조율할 수 있어야 한다. 그러나 대부분의 한국 기업은 제품 개발단계에서부터 시장에서의 성공적인 런칭

---

3 《스틱!》 칩 히스 · 댄 히스 지음, 웅진윙스, 38p

커뮤니케이션에 이르기까지 신제품의 런칭 커뮤니케이션 전반을 조율할 수 있는 부서나 담당자를 찾아보기 어렵다. 흔히 기업 내부의 런칭 프로세스에 익숙한 런칭 프로젝트 핵심 인력들이 런칭 커뮤니케이션의 주도권을 갖고 진행하는 일이 많다. 그런데 이런 핵심 인력들은 해당 런칭 프로젝트에 그간의 삶이 투영되다시피 할 정도로 몰입되어 있어 '지식의 저주'에 빠져 있을 가능성이 짙다. 따라서 냉정한 시각으로 시장을 바라보기가 어렵고, 자칫 런칭 프로젝트의 정량적 목표를 달성해야 한다는 강박관념에 빠지기 쉽다. 더군다나 기업 커뮤니케이션의 '꽃'이자 '화룡점정'과 같이 미세한 예술적 감각도 필요한 런칭 커뮤니케이션을 실행하는 데 서툴 수밖에 없다. 게다가 기업과 고객이 직접 만나는 기업의 터치 포인트에 대한 직접적인 경험이 없는 상황이라 런칭 커뮤니케이션 메시지를 성공적으로 시장과 고객에게 전달하는 방식을 통제할 수도 없다. 결국은 런칭 커뮤니케이션 전략을 실행하는 과정에서 고객과 괴리되는 판단을 내릴 가능성이 크다.

유능한 마케터나 •브랜드 매니저는 매스미디어 광고에 일가견이 있을 수 있으나 정작 •뉴스 미디어나 최근의 디지털 미디어 커뮤니케이션에 대한 경험이 전무한 경우가 많다. 거꾸로 뉴스 미디어 관계에 능숙한 커뮤니케이션 매니저는 뉴스 미디어와의 관계를 통해서만 런칭을 바라보려는 경향이 강하다. 이렇듯 대기업처럼 큰 기업은 편의적으로 나뉜 각자의 조직의 이익을 위해 독립적·개별적으로 움직이고, 중소기업은 그 모든 프로세스를 관장하기에는 턱없이 인력이 부족해, 이래저래 한국 기업의 런칭 커뮤니케이션은 낱낱이 쪼개져 있다고 해도 과언이 아니다. 그래서 런칭 오퍼레이션은 총괄책임자를 보좌하는 런칭 오퍼레이터가 필요하다(표 1-1 참고).

표 1-1 | 런칭 오퍼레이션의 조직도

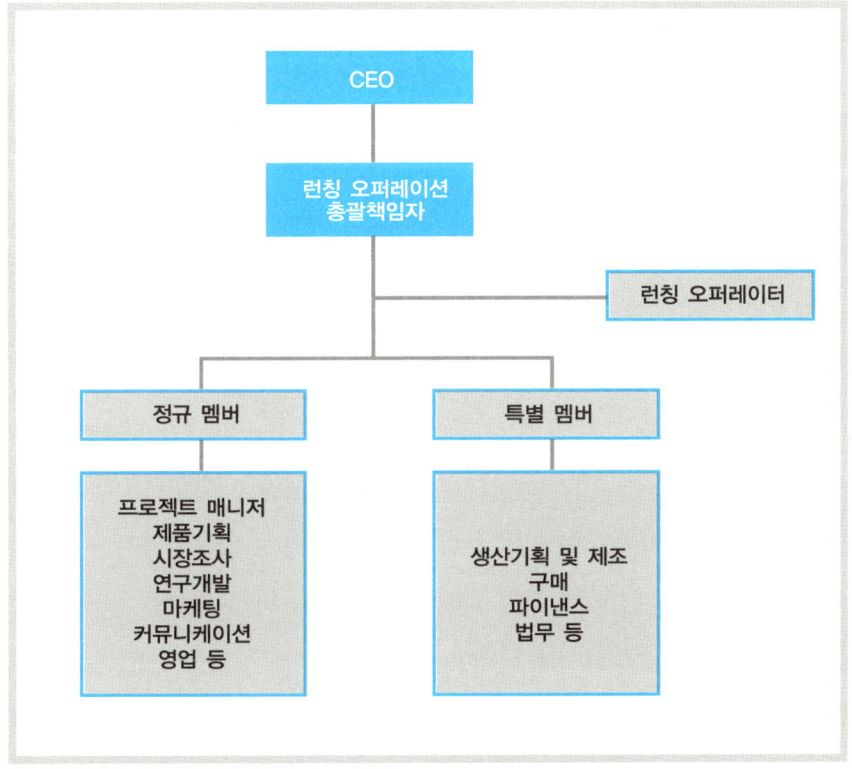

런칭 오퍼레이터는 기업의 런칭 프로젝트의 패러다임을 시장의 시각에서 조망토록 해, 제품이 시장에 성공적으로 런칭될 때까지 주어진 커뮤니케이션 자원으로 최적의 런칭 커뮤니케이션 전략을 실행할 수 있도록 도움을 주어야 한다. 또한 런칭 오퍼레이터는 제품의 커뮤니케이션 메시지를 각 커뮤니케이션 단계에 맞게 다양한 방법으로 고객에게 전달하는 전략적이고 일관성 있는 기업의 런칭 커뮤니케이션을 실행할 수 있도록 조정해야 한다. 따라서 런칭 오퍼레이터에게는 다음과 같은 덕목이 필요하다.

★ 기업의 브랜드 전략을 바탕으로 한 커뮤니케이션 전략 및 커뮤니케이션 활동을 충분히 이해한다

★ 런칭 제품을 잘 알고, 성공적으로 시장에 소개하기 위한 열정과 의지, 기획력, 실행력을 두루 갖추어야 한다

★ 기업의 임직원과 파트너뿐만 아니라 시장과 고객과도 성공적으로 커뮤니케이션할 수 있는 기업 내외부 커뮤니케이션 경험과 안목이 있어야 한다

성공적인 런칭 커뮤니케이션의 시작은 다름 아닌 기업 임직원들 간의 팀워크이다. 따라서 런칭 오퍼레이터는 커뮤니케이션 메시지를 확정하고, 커뮤니케이션 전략을 수립, 실행하면서 제품의 런칭을 바라보는 임직원 각자의 인식의 차이를 좁혀나가야 한다. 또한 런칭의 성공을 위해 서로를 이해하고 돕고, 기꺼이 희생할 수 있는 분위기를 만들어낼 수 있도록 해야 한다. 한편, 기업 외부의 관점에서 런칭 오퍼레이터는 커뮤니케이션 메시지를 시장과 고객에게 효율적으로 커뮤니케이션하는 효과적인 방법을 수립, 실행해야 한다. 런칭하는 신제품을 고객과 만나게 하는 적절한 타이밍을 찾아내는 일도 중요하다. 또 제품이 기획될 때와 런칭 시점의 차이 사이에 변화한 시장 상황을 적절하게 반영할 수 있는 경험과 직관, 그리고 시장과의 커뮤니케이션에 직접적인 노하우도 중요하다.

런칭 오퍼레이션의 총괄책임자 스티브 잡스, 런칭 오퍼레이터 필립 실러와 케이티 코튼

스티브 잡스는 제품 런칭을 위한 별도의 협의체를 구성하지는 않았다. 하지만 런칭 오퍼레이션에 버금가는 강력한 중역팀이 있었다. 스티브 잡스를 포함해 10명으로 구성된 이 팀은 제품 마케팅, 하드웨어 및 소프트웨어 엔지니어링, 운영, 리테일, 인터넷 서비스 및 디자인, 재무 그리고 법률을 담당하는 부사장 급으로 이루어져 있었다. 이들 모두가 애플의 런칭 오퍼레이션의 핵심 멤버인 셈이었다.[4] 이들은 상당히 많은 회의를 진행했다. 매주 월요일에는 경영회의, 수요일 오후에는 마케팅 전략 회의, 그 밖에 끝없이 이어지는 제품 검토 회의도 있었다. 그 중 월요일에 스티브 잡스와 중역팀이 참석하는 경영회의가 가장 중요한 모임이었다. 매주 월요일 아침 9시부터 애플의 사업 상황을 설명하고 나면 애플의 제품 각각에 대해 광범위한 토론이 이어졌다. 잡스는 이 미팅을 활용해 애플의 모든 임직원이 하나의 비전을 공유하고 있다는 느낌을 강화시켰다. 이를 통해 통제력을 중앙에 모으고 훌륭한 애플 제품만큼이나 기업이 철저히 통합되어 있다는 이미지를 만들어냈다.[5]

수요일 오후에는 자유로운 분위기의 세 시간짜리 미팅을 열어 광고대행사

---

4 《Inside Apple》 Adam Lashinsky, Grand Central Publishing, 2012. 1. 71~72p
5 'CNNMoney How Apple works: Inside the world's biggest startup' Adam Lashinsky, 2011. 5. 9

관계자, 마케팅 및 커뮤니케이션 팀원들과 함께 마케팅 전략을 논의했다. 그리고 종종 보안이 철저한 디자인 실에서 개발 중인 제품을 직접 보면서 제품의 런칭 커뮤니케이션 메시지를 모든 사람이 공감할 수 있도록 했다.[6] 그는 격식 갖춘 회의를 질색했고, 직원들로 하여금 탁자에 둘러앉아 각 부서의 다양한 관점과 견해를 바탕으로 충분한 논의를 거친 후 결론을 내리도록 했다.[7] 완벽한 애플의 팀워크는 2000년 초반 많은 기업의 분란을 거듭한 끝에 스티브 잡스가 애플의 정식 CEO로 취임한 지 5년 만인 2005년 가을에야 틀을 구축할 수 있었다. 여기서 주목할 점은 이토록 완벽한 애플의 팀워크가 비로소 자리 잡게 되면서 횡보를 거듭하던 애플의 주가가 대세 상승으로 접어들기 시작했다는 점이다. 특히 2004년부터 TV 광고를 제한적으로 실시하고 홍보와 온라인 마케팅, 고객 입소문을 통한 마케팅을 구사하기 시작한 시점도 의미가 있다. 비로소 애플의 제품 커뮤니케이션, 즉 런칭 커뮤니케이션이 대대적인 변화를 일으키게 되는 시점이기 때문이다.

필자가 주장하는 런칭 오퍼레이션과 런칭 오퍼레이터라는 콘셉트의 관점에서 볼 때 스티브 잡스는 애플의 런칭 오퍼레이션의 총괄책임자다. 잡스는 애플의 중요한 강점이 디자인, 하드웨어, 소프트웨어, 콘텐츠 등을 아우르는 제품 전체의 통합성에 있다고 믿었다. 그래서 그는 모든 부서가 동시에 협력하여 일하기를 바랐다. 제품이 엔지니어링, 디자인, 제조, 마케팅, 유통 단계를 순차적으로 통과하는 공정이 아닌, 이들 여러 부문이 동시에 협력하는 공

---

6 《스티브 잡스》 월터 아이작슨 지음, 민음사, 526p
7 《스티브 잡스》 월터 아이작슨 지음, 민음사, 570p

정을 원했다. 그는 애플의 방식은 통합된 제품을 개발하는 것이고, 이를 위해서는 프로세스 역시 통합적·협력적이어야 한다고 믿었다. 그래서 애플의 모든 결정자들은 스티브 잡스와 가까이에 있었다. 긴밀하게 통합되고 오랫동안 잡스를 보좌한 팀을 통해, 잡스는 모든 상황을 빠르게 알아냈다.[8] 2009년 12월 〈포춘〉은 2000년대를 대표하는 CEO로 스티브 잡스를 선정하면서 애플의 조직구조를 도표로 만들어 공개했다. 애플은 중앙집권적인 기업이었다. 제품의 개발부터 마케팅과 재무까지 모든 부서는 스티브 잡스와 직접 연결돼 있었다. 심지어 애플의 디자인을 총괄하는 조나단 아이브는 오직 스티브 잡스하고만 이어져 있었다. 결국 잡스와 조나단 아이브 이외에는 어떤 애플 경영진도 디자인에 관여할 수 없는 구조였다.[9]

필립 실러 수석부사장은 1993년 애플을 떠났으나 잡스가 애플 복귀를 준비하던 1997년에 애플로 돌아왔고, 그 후 잡스의 최측근으로 성장했다. 잡스가 프리젠테이션의 귀재로 알려졌지만 이런 DNA를 무대 뒤에서 만들어낸 사람이 바로 실러다. 또한 실러는 잡스의 메시지 담당관이었다. 잘 알려진 잡스의 2005년 스탠퍼드 대학교 연설문도 실러의 손을 거쳐 탈고됐다. 그리고 잡스가 병가를 냈을 때인 2009년 아이폰 3G를 성공적으로 발표했다. 또한 신제품 홍보부터 잡스의 인터뷰까지 미디어 업무를 도맡아온 여성 대변인 케이티 코튼 커뮤니케이션 부사장의 역할도 눈여겨볼 필요가 있다. 1996년부터 애플에서 일한 그녀는 애플의 문호를 극소수의 기자들에게만 개방했

---

8 《스티브 잡스》 월터 아이작슨 지음, 민음사, 570p
9 '스티브 잡스 그의 유산' 〈포춘 코리아〉 2011년 11월호

다. 외부 세계에 대한 문지기의 역할을 한 그녀는 사내에서는 엄격한 것으로 소문이 나 있다. 그녀는 애플에 대해 잘못된 인상을 남길 수 있는 사람에 대해서는 일반 직원뿐 아니라 고위 간부에 대해서도 엄격히 대했다.[10]

한편, 단순함이야 말로 애플 조직구조의 핵심이다. 애플에는 위원회라는 것이 없다. 런칭하는 일반적인 조직관리의 개념도 없다. 즉 이윤과 손실로 나타나게 될 비용이나 지출을 관장하는 CFO가 한 명 있을 뿐이다. 애플에서 이윤과 손실은 재무책임자만 신경 쓰는 기업의 일부분일 뿐이다. 잡스는 결코 애플에 준자치적 사업 부문을 편성하지 않았다. 그는 모든 부문을 가까이에서 관리했으며, 그들이 결속력 있고 유연한, 단일 손익구조를 갖는 하나의 조직으로 일했다.[11] 그 결과 명령과 통제 구조 하에서, 아이디어를 하향식이 아니라 상향식으로 공유할 수 있게 됐다. 이 모든 구조는 잡스가 만들어낸 것이다.

---

10 《Inside Apple》 Adam Lashinsky, Grand Central Publishing, 2012. 1. 131p
11 《스티브 잡스》 월터 아이작슨, 안진환 옮김, 민음사, 644p

한국 기업의 런칭 오퍼레이션

에잇세컨즈

국내 패션 업계 1위인 제일모직이 '에잇세컨즈'라는 브랜드로 SPA(제조 및 유통 일괄화 의류) 시장에 뛰어들었다. 유니클로, 자라, H&M 등 외국계 기업들이 약 80~90%의 점유율을 기록 중인 시장에 비로소 국내 기업이 도전장을 내민 것이다. 특히 삼성 이건희 회장의 둘째 딸 이서현 제일모직 부사장이 직접 사업을 챙겨 더욱 힘이 실린 만큼 큰 기대를 하고 있는 상황이다. 이서현 제일모직 부사장은 3년 동안 매달 2회 이상 SPA팀과 미팅을 가졌다고 한다. 에잇세컨즈 브랜드의 성공적 런칭을 위한 런칭 오퍼레이션 총괄책임자가 이서현 제일모직 부사장이라고 할 수 있다. 그는 잦을 때는 1주일에 한 번, 적어도 2주일에 한 번은 꼭 미팅을 갖고 중간 보고를 받았다고 한다. 그가 가장 강조한 부분은 자라, 유니클로보다 뛰어난 품질의 제품으로 최대한 빨리 세계 시장에 진출해야 한다는 것이었다. 타 글로벌 SPA 브랜드에 비해 시장 진출이 늦었다는 생각에 빠른 시간 안에 자라나 유니클로와 대등한 경쟁을 벌이기 위해 단일 브랜드로서는 최대한의 예산과 인력을 전폭적으로 지원한 것으로 알려졌다. 2011년 6월에는 이 브랜드를 운영할 기업에 300억 원의 유상증자를 단행했다. 최고의 디자이너, 최고의 원단을 사용해 초반부터 '값도 싸고 품질도 좋다'는 입소문을 내겠다는 전략을 세웠다. 그리고 자라보다 30% 정도 낮은 가격, 유니클로와는 비교도 안 되는 다양한 컬러와 디자인의 신규 브랜드 '에잇세컨즈'를 런칭했다. 2012년 2월 24일 가로수길에 첫 매장을 연 '에잇세컨즈'는 첫 주말까지 대략 8만 명이 신사동과 명동 두 곳의 매장을 찾아 약 11억 원의 매출을 올렸다. 이는 당초 예상한 것보다 2배 이상의 매출로서 말 그대로 대박을 만들어냈다.

꼬꼬면[12]

2011년 3월, 한국 야쿠르트는 KBS 예능 프로그램 〈남자의 자격〉라면 경연편 세 번째 녹화를 마친 후 방송인 이경규 씨에게 연락을 해 꼬꼬면을 한국야쿠르트에서 제품화하고 싶다고 제안했다. 그리고 얼마 되지 않아 한국야쿠르트 경영진은 제품화를 착수하기로 결정하고 이경규 씨와 정식계약을 체결했다. 그리고 2011년 8월 2일 시장에 런칭된 꼬꼬면은 초반부터 돌풍을 일으켰다. 대형마트, 편의점 등 유통매장에서 주문이 쇄도했다. 폭주하는 주문량을 맞추지 못해 품절 사태까지 벌어졌다. 런칭 이후 2011년 12월까지 월 평균 1,500만 개씩 팔려나갔다. 꼬꼬면의 판매가격은 일반 라면보다 조금 비싼 1,000원으로서 프리미엄 제품에 속하지만 빨간 국물이 선점하던 라면시장에서 하얀 국물 바람을 일으키며 돌풍을 일으켰다.

12 '하얀 국물의 반란: 철옹성 라면 시장 흔들다' 〈동아비즈니스리뷰〉 95호, 38p

한국야쿠르트는 꼬꼬면이 방송된 지 4개월 만에 제품을 런칭했다. 일반적으로 신제품 개발에는 짧게는 6개월에서 길게는 1년 정도가 걸린다. '남자의 자격'에 출연한 한국야쿠르트 관계자의 순발력이 돋보였지만 이후 기업 경영진의 빠른 판단력과 실행도 눈에 띈다. 한국야쿠르트 팔도 R&D 연구원들은 이경규 씨의 레시피를 참고해서 대규모 제품화가 가능하도록 제조법을 개발했다. 그리고 꼬꼬면 런칭과 관련된 모든 부서가 한 마음이 되어 꼬꼬면의 성공적인 런칭을 위해 일사분란하게 움직였다. 성공적인 꼬꼬면 런칭을 위한 일종의 한국야쿠르트만의 런칭 오퍼레이션이 가동되었다고 추측할 수 있는 대목이다. 한국 야쿠르트는 꼬꼬면의 런칭 오퍼레이션을 통해 진정성과 호혜성에 기초한 개방형 혁신, 고객과의 수평적인 소통, 그리고 생생한 스토리 텔링을 위한 런칭 커뮤니케이션 전략을 수립하고 일관성있게 실행했을 것으로 추측된다. 제품 런칭 초기에 조리 시 라면 물 권장량을 일반 라면과 같이 550ml로 표기했다가 그럴 경우 국물이 싱거워질 수 있다는 고객들의 의견을 수용해 물 권장량을 500ml로 수정해 표기하게 됐다는 일화는 유명하다. 이는 일사분란하게 제품의 성공적 런칭을 위해 움직인 한국야쿠르트의 런칭 오퍼레이션의 협업과 런칭 오퍼레이션 총괄책임자의 과감한 결정이 없었다면 불가능했을 것으로 생각된다.

스토리텔링을 위한 프리 런칭 오퍼레이션

런칭 오퍼레이터의 프리 런칭 오퍼레이션은 런칭하는 제품의 성공적인 스토리텔링을 위한 출발점이며, 향후 다양한 관점의 런칭 커뮤니케이션을 위한 '커뮤니케이션 자원의 저축'과도 같다.

본격적인 런칭 오퍼레이션을 운영하기 앞서, 런칭 오퍼레이터가 런칭 프로젝트를 위해 준비해야 할 단계가 하나 있다. 바로 신제품의 런칭 커뮤니케이션 스토리텔링을 위한 •프리 런칭 오퍼레이션이다. 런칭 오퍼레이터는 본격적으로 런칭 오퍼레이션의 1단계인 '핵심 단계'에 들어서기 전 런칭 제품의 성공적인 스토리텔링을 위한 프리 런칭 오퍼레이션을 결성하고 운영에 들어가야 한다(그림 1-2 참고). 런칭 오퍼레이터가 프리 런칭 오퍼레이션을 가동하는 가장 적합한 시점은 제품기획자의 머릿속에 있던 신제품 프로젝트가 기업의 경영진과의 논의를 통해 구체화되고 CEO의 최종 허가를 받아 제품이 개발되기 시작할 때부터다. 기업의 '신제품 개발 프로세스'의 첫 단계인 '아이디어 관리' 단계에서부터 런칭 오퍼레이터가 관여할 수 있으면 가장 이상적이다(〈그림 4〉 '성공하는 기업은 런칭이 다르다'의 개요, 37쪽 참고). 왜냐하면 이 시점부터 런칭 제품의 '스토리텔링'에 활용할 수 있는 런

그림 1-2 | 프리 런칭 오퍼레이션과 런칭 오퍼레이션의 단계별 운영

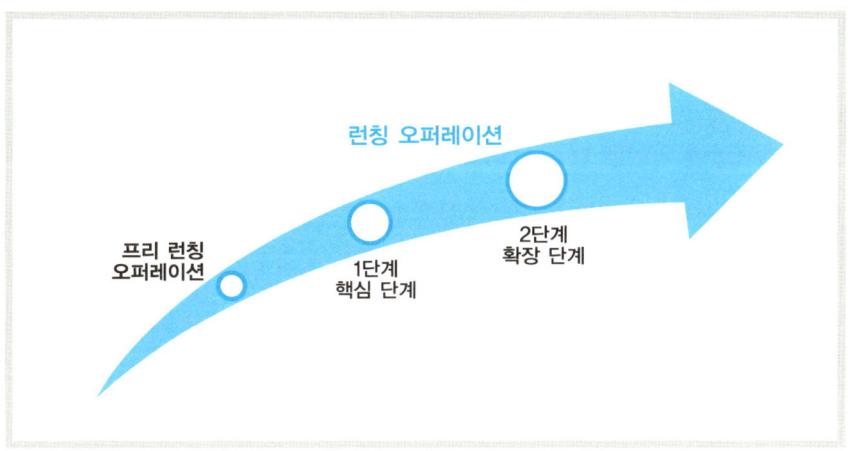

칭 커뮤니케이션 자원(데이터, 사진, 동영상 등 런칭 프로젝트 주요 자료)이 생산되기 시작하기 때문이다. 하지만 이러한 자원은 높은 보안이 요구되기에 관리 시 각별한 주의가 따른다. 그래서 프리 런칭 오퍼레이션의 참석자는 런칭 오퍼레이터를 포함해 런칭 프로젝트의 핵심 인력으로 제한해야 하며, 회의를 갖는 주기도 런칭 커뮤니케이션 자원이 필요한 사항이 있을 경우로만 제한해야 한다.

런칭 오퍼레이터는 런칭 제품의 핵심 커뮤니케이션 메시지를 위주로 런칭 커뮤니케이션 자원을 확보해야 한다. 프리 런칭 오퍼레이션의 이러한 활동은 런칭 제품의 성공적인 스토리텔링을 위한 출발점이며, 향후 다양한 관점의 런칭 커뮤니케이션을 위한 '커뮤니케이션 자원의 저축'과도 같다. 예컨대 런칭 프로젝트의 초기 단계에서 극복한 어려움을 직접 글로 옮겨놓거나, 중요한 초기 테스트나 디자인 스케치들을 해당 부서의 협조를 얻어 체

계적으로 보관해 두면 이러한 모든 자료들은 •프리 런칭 커뮤니케이션에서부터 훌륭한 커뮤니케이션 자산으로 활용될 수 있다.

특히 다양한 기업의 디지털 미디어를 통해 프리 런칭 커뮤니케이션에서부터 핵심 커뮤니케이션 메시지를 중심으로 다양한 런칭 커뮤니케이션 전략을 실행할 수 있는 상황을 고려하면 제품의 개발 초기 단계에서부터 축적되는 런칭 커뮤니케이션 자산의 확보가 중요하다. 그리고 시간이 지날수록 그 활용도는 점점 더 높아질 것이다.

기업은 기업 스스로의 힘으로 기업이 가진 자원, 조직, 프로세스 등을 효과적으로 활용해 런칭 커뮤니케이션 전략을 수립하고 실행할 수 있어야 한다. 기업의 현재를 확인하고 기업의 미래를 찾아가는 모든 과정은 오롯이 기업의 몫이다. 그 출발점은 성공적인 제품의 런칭을 위한 기업의 런칭 오퍼레이션을 결성하는 일이다.

런칭 오퍼레이션은 단순하게 각 부서의 런칭 커뮤니케이션의 방향만을 확인하는 자리가 아닌 기업 전체가 일관된 런칭 커뮤니케이션 메시지를 각 부서의 시각으로 해석하고 이를 전략적으로 실행할 수 있도록 적극 돕는 런칭 커뮤니케이션의 '컨트롤 타워'라고 볼 수 있다.

Park. H. D

런칭 오퍼레이션은 그때까지 런칭 프로젝트를 진행해 온 기업의 핵심 부서들의 관점을 충분히 이해하면서도 제품이 기획된 시점과 제품이 시장에 런칭할 시점 사이에서 발생하는 '시장의 미세한 추세 변화'에 초점을 맞춰 런칭 커뮤니케이션 전략을 수립, 실행할 수 있어야 한다.

런칭하는 제품의 커뮤니케이션 메시지를 확정할 때에는 반드시 기업의 철학이나 기업의 존재 이유인 기업의 '브랜드 플랫폼'을 먼저 고려해야 한다. 그 다음은 그 브랜드 플랫폼을 기반으로 한, 런칭 제품의 존재 이유인 '마케팅 플랫폼'이고, 마케팅 플랫폼을 시장의 언어로 풀어낸 '커뮤니케이션 플랫폼'이 그 뒤를 잇는다. 이러한 핵심 런칭 커뮤니케이션 메시지는 기업의 모든 커뮤니케이션 접점에서 전략적으로 일관성 있게 전달되어야 한다.

SECTION 2

런칭 커뮤니케이션
메시지 확정

LESSON
01

일반적인 스토리텔링과
기업의 런칭 커뮤니케이션 메시지

기업의 제품을 중심으로 기업의 브랜드 전략에 기반한 브랜드 플랫폼을 공고히 할 수 있는 스토리를 발굴, 채택해야 한다. 그리고 기업이 내외부의 고객과 만나는 모든 커뮤니케이션 접점에서 전략적으로 일관성 있게 전달되어야 한다.

최근 기업의 메시지에 대한 중요성이 부각되고 있다. 이에 따라 많은 기업들은 매스미디어 광고에서부터 디지털 미디어에 이르기까지 두루 활용할 수 있는 기업의 핵심 메시지 또는 제품의 커뮤니케이션 메시지를 개발하고 확정하는 '스토리텔링' 부서를 앞다투어 신설 중이다. 이런 상황에 발맞춰 '스토리텔링'에 관한 다양한 이론과 실제 사례가 소개되고 있다. 그러나 여전히 기업에서 커뮤니케이션을 맡고 있는 담당자들은 혼란스럽다. 특히 문학이나 예술에서 통용하는 이야기 방식을 무리하게 기업의 영역에 끌어다 차용함으로써 기업의 비즈니스 스토리가 한 편의 소설로 변신하는 일도 있다. 엔터테인먼트 산업에서부터 기업의 비즈니스 컨설팅에 이르기까지 모두 흥행하는 이야기 구조가 있다며, 난데없이 영웅으로 등장하는 브랜드가 악당과 맞서 싸우고, 갑작스러운 패배와 그로 인한 고통의 세월을 지나 깨달음을 얻게 되어 마침내 그 주인공 브랜드는 다시 악당을 물리치고 세상을 바꾸게 된다.[1]

그러나 런칭 커뮤니케이션을 포함한 기업의 커뮤니케이션은 문학이나 예술에서 통용하는 권선징악의 스토리텔링과는 다르다. 기업 커뮤니케이션의 주인공인 제품과 서비스를 중심으로 기업의 브랜드 전략에 기반한 브랜드 플랫폼을 공고히 할 수 있는 스토리를 발굴, 채택해야 한다. 그와 같은 기업의 스토리는 기업이 내외부의 고객과 만나는 모든 커뮤니케이션 접점에서 전략적으로 일관성 있게 전달되어야 하기 때문이다.

그 동안 기업의 커뮤니케이션은 광고 및 프로모션, 브랜딩을 통해서 구매 시 다른 제품에 비해 고객의 생각에 자사의 제품을 우선적으로 연상할 수 있는 데에만 초점을 맞춰왔다. 그런데 문제는 그러한 커뮤니케이션 메시지가 실제 제품의 질과 항상 정비례하지 않는다는 사실을 알게 되면서 선택의 오류에 대한 문제제기가 끊임없이 있었다. 이러한 고객들의 경험과 더불어 디지털 기술의 발전으로 인해 열람 가능한 정보량이 기하급수적으로 증가하고, 과거보다 훨씬 많은 사람들과 실시간 커뮤니케이션이 가능해지는 등 고객을 둘러싼 환경에 많은 변화가 발생했다. 그리고 특정 카테고리 내의 선택 가능한 경쟁 제품이 크게 증가하면서 제품 차별화의 간격이 점점 줄고 있다. 사람들은 더 이상 그럴 듯하게 포장된 가식적인 산출물들을 받아들이지 않으며, 투명한 출처에서 제공되는 진실한 산출물을 원한다.[2] 오늘날의 고객들은 제품들이 은연중 드러내는 '진실의 증거들'을 제품구매 변수로 고려하기 시작했다. 그래서 기업은 제품을 소유했을 때 보여지는 이미지보다도 객관

---

1 《5가지만 알면 나도 스토리텔링 전문가》리처드 맥스웰·로버트 딕먼 지음, 지식노마드, 19~20p
2 《진정성의 힘(Authenticity)》제임스 길모어·조셉 파인 지음, 세종서적

그림 2-1 | 런칭 커뮤니케이션 메시지와 확정 프로세스

성이 담보된 정보를 강조한다. 또한 가치 판단이 들어간 문구나 슬로건 등을 제시하기보다 제품의 역사나 제품의 성문, 제품의 탄생 지역, 가격, 효용 등 고객이 속을 염려가 없다고 판단되는 증거들을 객관적으로 제시하면서 고객들에게 최종 판단을 넘기려는 경향이 나타나고 있다.[3]

따라서 런칭하는 제품의 커뮤니케이션 메시지를 확정할 때에는 반드시 기업의 철학이나 기업의 존재 이유인 기업의 '브랜드 플랫폼'을 먼저 고려해야 한다. 그 다음은 그 브랜드 플랫폼을 기반으로 한, 런칭 제품의 존재 이유인 '마케팅 플랫폼'이고, 마케팅 플랫폼을 시장의 언어로 풀어낸 '커뮤니케이션 플랫폼'이 그 뒤를 잇는다(그림 2-1 참고).

---

3 '소비자 구매결정의 잣대가 바뀌고 있다' 〈LG Business Insight〉 2011. 11. 30

기업의 존재 이유, 브랜드 플랫폼

LESSON
02

기업의 브랜드 플랫폼이란 기업이 스스로에게 묻는 기업의 정체성, 또는 '기업이 목표로 하는 고객과 그 고객에게 제공하는 것이 무엇인가?'에 답변이다.

제품이란 고객의 욕구를 만족시키기 위해 기업이 시장에 제공하는 모든 것이다. 반면에 브랜드란 고객의 욕구를 충족하기 위해 디자인되어 다른 제품과 차별되도록 특별한 요소를 추가한 제품이다. 브랜드는 고객이 제품과 관련한 많은 정보를 해석, 처리, 저장하는 데 도움을 주며 궁극적으로는 고객의 구매 결정에 영향을 미칠 수 있다. 사전 지식에 의해 고객이 인식한 제품의 질 또는 •브랜드 이미지가 제품의 사용 만족도를 높여주기도 한다. 세계적인 브랜드 전략가 '장 노엘 캐퍼러'는 《뉴 패러다임 브랜드 매니지먼트》라는 책을 통해 "기업 차원에서 브랜드 관리를 위한 전략적 계획인 일종의 •브랜드 플랫폼을 명문화하고, 이를 구체화해 실행함으로써 혁신을 통한 브랜드 라이프 사이클을 관리하라"고 주장했다. 그리고 "기업의 철학을 실제 비즈니스를 통해 실현시키고 그 제반의 과정을 전략적이면서 일관성 있게 관리해야 한다"는 점도 강조했다. 이런 측면에서 보면 런칭 커뮤니케이션 메시지의 출발점은 기업의 철학, 즉 기업의 브랜드 플랫폼이어야 한다.

브랜드 아이덴티티 또는 브랜드 에센스 등 다양하게 불려지는 브랜드 플랫폼은 각 기업이 비즈니스를 바라보는 입장에 따라 다양한 프레임워크를 가질 수 있다. 기업의 브랜드 플랫폼이란 기업이 스스로에게 묻는 기업의 정체성, 또는 '기업이 목표로 하는 고객과 그 고객에게 제공하는 것이 무엇인가?'에 답변이다. 런칭 프로젝트 관점에서 보면, 기업의 브랜드 플랫폼은 이미 신제품이 기획, 연구 및 개발되는 단계에서 나침반 역할을 해왔다. 그래서 모든 런칭 커뮤니케이션 메시지를 개발하고 확정하는 시작점은 브랜드 플랫폼을 이해하는 일에서부터 시작해야 한다. 하지만 브랜드 플랫폼은 특정의 정형화된 형태로 존재하지 않는다. 이제 막 시작한 작은 기업이라면 브랜드 플랫폼은 그 기업을 창업한 대표이사의 마음속에만 존재할 수도 있다. 대기업의 경우라면 기업의 모든 비즈니스 활동을 총괄하는 상당히 복잡한 형태로 존재할 수도 있다. 아래 내용은 이해를 돕기 위해 브랜드 플랫폼을 브랜드 피라미드 형태로 간단히 정리한 것이다(그림 2-2 참고).

기업의 브랜드 플랫폼은 피라미드가 만들어지는 과정을 알아보면 쉽게 이해할 수 있다. 우선, 기업의 브랜드 플랫폼을 이해하는 데 있어서 출발점은 '기업의 펀더멘털'이다. 기업의 펀더멘털은 현재 기업이 존립하고 있는 이유다. 기업이 시장에서 고객이 신뢰하는 시장참여자로 살아남기 위해 기업이 시장에 제공하는 가치 또는 고객이 기업의 제품을 구매하는 근본적인 가치와도 같은 것이다.

그림 2-2 | 브랜드 플랫폼과 브랜드 피라미드

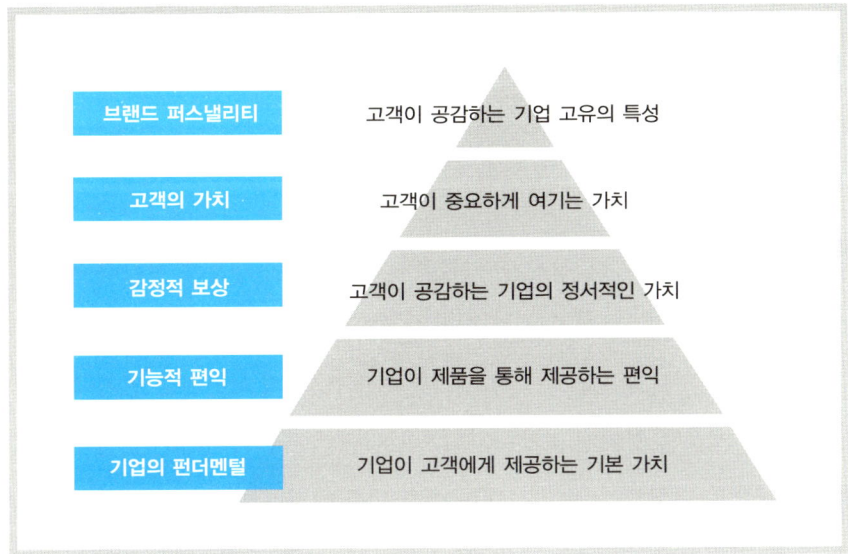

브랜드 퍼스낼리티	고객이 공감하는 기업 고유의 특성
고객의 가치	고객이 중요하게 여기는 가치
감정적 보상	고객이 공감하는 기업의 정서적인 가치
기능적 편익	기업이 제품을 통해 제공하는 편익
기업의 펀더멘털	기업이 고객에게 제공하는 기본 가치

그 다음 단계는, 현재의 고객뿐만 아니라 향후 기업의 제품을 구매할 수 있는 잠재고객이 중요하게 여기는 '고객의 가치'가 있다. 기업은 기업의 제품을 구매하는 혹은 구매할 고객이 중요하게 생각하는 가치를 분석해서 이것을 기업 존립을 위한 최우선 가치로 삼아야 한다. 기업이 이러한 가치를 도출하려면 기본적으로 다음의 질문에 대하여 입장을 정리해야 한다.

★ 기업은 지금 무엇을 하고 있고 앞으로 무엇을 할 것인가?
★ 기업의 고객은 누구이며 고객은 무엇을 중요하게 생각하는가?
★ 기업 및 기업의 비즈니스를 둘러싼 사회적인 메가 트렌드는 무엇인가?

기업은 고객이 중요하게 여기는 가치를 카테고리별로 분류해서 고객의 핵심 가치를 규정한다. 그리고 경쟁자와의 차별화 관점에서 메가 트렌드 분석에서 도출한 핵심 트렌드와 고객의 핵심 가치 중 공통적인 것을 찾아내, 최종적으로 기업의 '고객의 가치'로 확정하면 된다.

다음 단계로, 이렇게 도출된 고객이 중요하게 여기는 가치를 어떻게 제품으로 충족시켜줄 것인가에 대하여 기업의 입장을 정리해야 한다. 우선 '기능적 편익'은 고객이 직접적·간접적으로 기업의 제품을 경험하면서 자연적으로 발생하는, 보여지는 편익과 감정적으로 인지할 수 있는 편익 모두를 말한다. 기능적 편익을 극대화하려면 기업이 현재 제공하고 있거나 앞으로 런칭할 제품을 철저히 고객의 욕구 또는 편익을 만족시키는 관점에서 개발해야 한다. 이렇게 기업이 고객이 중요하게 여기는 가치를 바탕으로 제품을 통해 제공하는 '기능적 편익' 단계를 넘어서면, 기업 브랜드 차원에서 고객이 공감하는 기업의 정서적 가치를 제공하는, 즉 '감정적 보상' 단계에 접어들게 된다. 감정적 보상 단계는 기업이 전달하는 제품의 기능적 이익을 통해 고객이 느끼고 싶어 하는 정서적인 가치를 공감하게 되는 상황을 의미한다.

감정적 보상 단계를 넘어서면, 최종적으로 고객은 기업의 브랜드를 하나의 인격체로 인식하는 '브랜드 퍼스낼리티' 단계에 다다른다. 브랜드 퍼스낼리티는 고객이 기업을 떠올릴 때 연상되는 기업 고유의 특성이다. 고객은 기업의 브랜드 퍼스낼리티를 통해 특정 기업을 다른 경쟁자들과 차별하여 바라보게 된다.

브랜드 플랫폼에 대한 정확한 이해는 성공적인 런칭 커뮤니케이션 메시지를 개발하고 확정하는 데 매우 중요하다. **기업의 브랜드 플랫폼은 기업이 어떤 제품을 런칭하면서 커뮤니케이션해야 할 런칭 커뮤니케이션의 핵심 특징, 즉 런칭 커뮤니케이션 메시지의 원형과도 같기 때문이다.** 또한, 기업이 추구하는 철학(브랜드 플랫폼)은 런칭 제품을 통해 그 진정성을 인정받는다. 따라서 런칭 커뮤니케이션 메시지를 확정하고, 런칭 커뮤니케이션 전략을 실행할 때 런칭 제품 자체에 모든 것이 매몰되면 안 된다. 기업의 •브랜드 플랫폼과 런칭 제품의 •마케팅 플랫폼 사이의 상관관계를 인지하고, 철저하게 기존의 브랜드 플랫폼을 바탕으로 하는 커뮤니케이션 자산을 활용하면서 런칭 커뮤니케이션을 시작할 필요가 있다. 런칭 커뮤니케이션 초기에는 이러한 기업 브랜드의 커뮤니케이션 자산이 런칭 제품을 안정적으로 시장에 소개하는 훌륭한 도우미 역할을 하기 때문이다.

런칭 제품의 존재 이유,
마케팅 플랫폼

런칭 제품의 마케팅 플랫폼은 기업의 브랜드 플랫폼을 기반으로 런칭 제품이 시장에서의
경쟁 관계에 있는 다른 제품들과의 차별점을 정리한 것으로, 런칭하는 제품의 핵심 커뮤
니케이션 메시지다.

기업 내외부의 경영 환경을 고려해 런칭 프로젝트가 최종 승인되면, 런칭 오
퍼레이션은 제품의 •BSP(Basic Selling Points)와 •USP(Unique Selling Points)를
중심으로 제품의 마케팅 전략을 기업의 경영진에게 보고하여 승인을 받게 된
다. 바로 이 마케팅 전략을 바탕으로 런칭 오퍼레이션은 마케팅 플랫폼을 완
성한다. 마케팅 플랫폼은 기업의 브랜드 플랫폼을 기반으로 기업 임직원이 런
칭 제품의 프로젝트를 이해하고 공감할 수 있도록 '기업의 언어'로 정리한 런
칭 제품의 핵심 커뮤니케이션 메시지다. 그래서 마케팅 플랫폼은 런칭 오퍼레
이션의 운영 1단계(핵심 단계)에서 런칭 오퍼레이션의 총괄책임자, 런칭 오퍼레
이터 그리고 핵심 멤버가 작성하고, CEO와 경영진에게 보고해서 승인을 받는
다. 기업의 브랜드 플랫폼이 기업 전체를 아우르는 기업의 포지셔닝 선언문이
라면, 마케팅 플랫폼은 런칭할 제품의 포지셔닝 선언문인 셈이다. 마케팅 플
랫폼 역시 정형적인 양식이 존재하지 않는다. 기업의 특성에 따라 차이는 있

겠지만, 마케팅 플랫폼은 대체적으로 다음 항목을 설명할 수 있어야 한다

- ★ 런칭 프로젝트 개요
- ★ 런칭 프로젝트 목표
- ★ 시장과 고객
- ★ 마케팅 커뮤니케이션 전략
- ★ 유통 전략 및 가격 전략
- ★ A/S 등 기타 터치 포인트에서의 전략 등

첫째, 런칭 프로젝트의 개요는 기업의 과거와 현재, 그리고 미래를 바라보는 관점에서 런칭 제품의 프로젝트를 조망하는 것이다. 기업에서 런칭하는 프로젝트가 어떤 의미를 가지며 기업의 브랜드 플랫폼과 어떤 연관성을 가지고 있는지에 대한 설명이다. 이번 런칭 프로젝트가 성공적으로 실행될 경우, 브랜드 플랫폼의 어떤 영역이 강화되어 기업 브랜드가 더 강력해지는지에 대한 언급도 필요하다. 만약 기업에게 명확한 브랜드 플랫폼이 없다면 CEO가 이번 런칭 프로젝트를 통해 달성하고 싶은 것을 정리해도 무방하다. 런칭 프로젝트의 개요는 추후에 런칭 커뮤니케이션 전략을 수립하고 실행하는 데에 유익한 방향타 역할을 한다.

둘째, 런칭 오퍼레이션은 메시지를 확정하고 전략을 수립하고 실행하면서 일정의 판매량, 매출액 또는 수익 등의 정량적 목표를 확정하고 이를 달성할 수 있도록 노력해야 한다. 동시에 기업의 런칭 커뮤니케이션은 기업의 중요한 브랜드 커뮤니케이션의 일환이다. 따라서 마케팅 플랫폼은 기업 브랜드가 가고자 하는 정성적 목표, 즉 고객만족도나 기업 브랜드 높이기와 같은 목

표를 확정해 이를 달성할 수 있도록 해야 한다.

셋째, 시장과 고객 분석은 런칭 제품이 목표로 하는 고객을 확정하고 구체적인 정보를 제공해야 한다. 최근 시장의 트렌드, 시장의 전체 크기와 성장성, 그리고 어떤 경쟁 기업들이 어떤 제품을 판매하고 있으며, 이러한 경쟁 기업들의 현재 상황과 전략적 방향 등을 분석해 런칭 제품이 목표로 하는 고객에 대한 기업의 입장을 정리해야 한다. 왜냐하면 이러한 분석을 바탕으로 런칭 제품의 고객을 명확히 정의하고 이들이 시장에서 어떻게 행동하고 제품을 구매할지에 대한 분석을 할 수 있기 때문이다. 모든 런칭 커뮤니케이션 전략은 철저하게 고객을 염두에 두고 실행되어야 한다. 제품을 런칭하면 고객이 알아서 제품을 구매해주는 시대가 아니다. 런칭 제품뿐만 아니라 이를 알리는 런칭 커뮤니케이션 자체도 고객이 생각하고, 행동하고 그리고 실제 생활에서 필요한 것을 충족시켜주는, 철저히 고객의 이해를 바탕으로 실행되어야 한다. 충족되지 않은 고객의 욕구도 확인할 필요가 있다. 또한 고객을 인구통계적 · 사회적 · 경제적 또는 가구분석 등 다각도로 분석하여 고객의 프로파일링을 할 수 있어야 한다.

넷째, 마케팅 커뮤니케이션 전략은 런칭 제품의 커뮤니케이션 메시지를 정리하는 것이다. 대략 다음과 같은 관점이 반영되어야 한다.

★ 제품의 포지셔닝 선언문
★ 제품의 BSP(Basic Selling Points)
★ 제품의 USP(Unique Selling Points)
★ 기업의 브랜드 플랫폼에 기여

런칭 오퍼레이션은 기업의 브랜드 플랫폼, 시장과 고객, 지속적으로 조율을 거치고 있는 런칭 제품의 BSP(Basic Selling Points)와 USP(Unique Selling Points), 그리고 최종 포커스 그룹 인터뷰 등에서 도출된 객관적인 인사이트 등을 바탕으로 신제품의 마케팅 커뮤니케이션 전략을 완성한다. 이러한 전략에는 런칭 제품을 한 문장으로 설명하는 '포지셔닝 선언문'이 있어야 한다. 이 선언문은 기업의 임직원뿐만 아니라 외부 에이전시도 쉽게 이해할 수 있도록 간결하면서도 기억하기 쉬워야 한다. 그리고 이러한 주장을 뒷받침하는 제품의 핵심 메시지인 런칭 제품의 BSP와 USP도 설명해야 한다. 런칭 제품 카테고리에서 고객의 니즈를 만족시켜주는 런칭할 제품의 BSP와 경쟁 제품과 가장 차별되는 포인트인 USP는 핵심 런칭 커뮤니케이션 메시지에 해당된다. 나아가 마케팅 커뮤니케이션 전략은 제품의 런칭 커뮤니케이션을 통해 이 제품이 어떻게, 그리고 얼마나 기업의 브랜드 플랫폼을 강화하는 데 도움을 주는지도 제시하는 것이 좋다.

다섯째, 유통 전략에서는 기업이 고객의 욕구를 충족시킬 신제품을 런칭하자마자 고객이 구매할 수 있도록 최적의 유통 채널 운용 전략을 제시해야 한다. 기업은 고객이 런칭 제품의 구매 전 단계에서부터 구매 시 그리고 구매 후까지 온라인 및 오프라인 유통 채널을 직접 운용할 수도 있다. 아니면 기업 외부의 유통 채널을 이용할 수도 있다. 이럴 경우에는 기업 외부의 유통 채널이 기업의 주요 고객이 된다. 결론적으로 런칭 오퍼레이션은 런칭할 신제품을 최종적으로 구매하는 고객뿐만 아니라, 유통 채널의 정서와 정책들을 충분히 이해하고, 런칭 제품이 최적의 상황하에서 런칭될 수 있도록 유통 전략을 준비해야 한다.

여섯째, 가격 전략에서는 런칭 프로젝트의 목표와 기업의 다양한 관점, 그리고 가장 최근에 실시한 포커스 그룹 인터뷰 등을 통해 런칭 제품의 기본적인 가격 전략 방향을 제시하면 된다. 신제품의 최종 가격은 런칭 당시 기업 내외부의 다양한 경영 환경을 고려해서 결정해야 하기 때문에 굳이 런칭 커뮤니케이션 준비 초기 단계에서 확정할 필요는 없다. 다양한 프리 런칭 커뮤니케이션에서의 피드백과 포커스 그룹 인터뷰 등을 통해 런칭 제품에 대한 고객의 반응을 보고 ●영업시작일 이전에만 확정하면 된다.

마지막으로, 런칭 제품이 고객과 직접 만나는 터치 포인트 중 기업의 임직원과 임직원이 활동하는 프로세스가 이번 런칭 프로젝트에서 중요한 역할을 맡을 경우 이에 대한 계획도 명기해야 한다. 예컨대 런칭 커뮤니케이션 메시지가 신제품의 애프터서비스(A/S)나 고객만족 부서의 특별한 프로그램일 수도 있다.

런칭 커뮤니케이션의 바이블, 커뮤니케이션 플랫폼

커뮤니케이션 플랫폼은 기업의 브랜드 플랫폼과 이를 기반으로 하는 런칭 제품의 핵심 메시지인 마케팅 플랫폼을 고객(시장)의 언어로 재해석한 일종의 런칭 커뮤니케이션 가이드라인이다.

런칭 오퍼레이션이 2단계, 즉 모든 정규 멤버가 참여하는 확장 단계로 접어들면 본격적으로 런칭 커뮤니케이션 전략을 수립하여 실행에 들어가야 한다. 런칭 오퍼레이션은 정규 멤버의 부서들이 런칭 커뮤니케이션 메시지를 바탕으로 런칭 커뮤니케이션 크리에이티브를 확정하고, 런칭 커뮤니케이션 실행에 필요한 커뮤니케이션 툴을 제작할 수 있도록 방향을 제시해야 한다. 바로 이때 필요한 것이 •커뮤니케이션 플랫폼이다. 런칭 제품의 기획 단계에서부터 런칭 시까지 런칭 프로젝트를 정리한 마케팅 플랫폼은 런칭 오퍼레이션의 확장 단계에서 참여하는 기업의 부서 또는 기업 외부 에이전시와 공유하기에는 적합하지 않은 기업의 주요 정보가 담길 수도 있다. 혹은 그 양이 너무 방대하거나 구체적이어서 자칫 런칭 커뮤니케이션의 크리에이티브를 고민하고 이를 실제로 실행해야 하는 입장에서는 혼란이 생길 수도 있다. 따라서 오로지 런칭 커뮤니케이션 전략의 성공적인 수립과 실행이라는 관점에서 마케팅 플랫폼을 기업 외부 에이전시도 쉽게 이해할 수 있도록 '시장(고객)의 언어'로 정리할 필요가 있다. 여기에서 기업 및 시장 상황 모두를 잘 아는 런칭 오퍼레이터의 역할이 중요하다. 기업 내외부의 모든 영역을 이해하고 모든 제반 상황을 조율할 수 있는 기업의 임직원이 드문 것이 현실이기 때문이다.

커뮤니케이션 플랫폼은 향후 모든 런칭 커뮤니케이션 활동에서 제품의 런칭 커뮤니케이션 메시지가 어떤 기준으로 일관성 있게 전달되어야 하는지 규정한 런칭 커뮤니케이션의 실무 기본서다. 역시 정형화된 형식은 없지만 쉽게 작성되어야 하며, 아래의 사항을 설명할 수 있어야 한다.

- ★ 기업의 브랜드 플랫폼에 기여
- ★ 고객의 프로파일
- ★ 포지셔닝 선언문
- ★ 런칭 커뮤니케이션 핵심 메시지
- ★ 런칭 커뮤니케이션 SWOT 분석
- ★ 런칭 커뮤니케이션 주요 용어
- ★ 런칭 제품의 비주얼 이미지
- ★ 런칭 제품의 비주얼 아이덴티티

첫째, '기업의 브랜드 플랫폼에 기여'란 기업의 모든 임직원이 런칭 커뮤니케이션 전략을 수립, 실행할 때 염두에 두어야 할 좌표와 같다. 따라서 모든 런칭 커뮤니케이션 활동이 기업의 브랜드 플랫폼을 강화하고, 궁극적으로 기업을 강한 브랜드로 만드는 과정 중 하나로 인식하도록 명시해야 한다.

둘째, 런칭 제품을 구매해줄 고객에 대한 이해가 런칭 커뮤니케이션의 기본이다. 그래서 고객을 정의한 내용을 바탕으로 하여 고객을 더욱 효과적으로 이해하기 위한 방편으로 프로파일 형태로 정리할 수도 있다. 엄밀히 따지면 고객 자체를 이해하는 것이 중요한 게 아니라, 고객의 삶 속에 런칭 제품을 투영해보는 것이 중요하다. 런칭 제품의 BSP(Basic Selling Points) 또는 USP(Unique Selling Points)를 기계적으로 반복하기보다는 런칭할 제품이 고객의 삶 속에 존재하도록 런칭 커뮤니케이션 메시지를 잘 전달하는 '맥락' 잡기가 중요하다.

셋째, 런칭 제품의 포지셔닝 선언문은 제품의 런칭 커뮤니케이션 메시지를 한 문장으로 정리한 런칭 커뮤니케이션 메시다. 이미 마케팅 플랫폼을 결정할 때 작성한 것으로 마케팅 플랫폼의 신제품의 각각의 특징, 그리고 포지셔닝 선언문을 그대로 활용하면 된다.

넷째, 런칭 커뮤니케이션 핵심 메시지의 경우 특정한 형식은 없다. 런칭할 제품의 포지셔닝 선언문과 함께 고객에 대한 정의, 런칭 프로젝트의 목표, 제품의 USP 중 가장 핵심적인 세 가지 항목과 함께 이를 받쳐주는 BSP를 간단하게 한 장으로 정리해 모든 임직원과 외부 에이전시들이 향후 다양한 런칭 커뮤니케이션 전략을 수립하고 실행할 때마다 손쉽게 참고할 수 있도록 하기 위해서 작성하는 것이다(그림 2-3 참고). 만약에 좀더 구체적인 런칭 제품의 BSP와 USP 자료가 필요할 경우에는 마케팅 플랫폼의 '마케팅 커뮤니케이션 전략' 부분의 자료를 직접 활용하면 된다.

그림 2-3 | 커뮤니케이션 플랫폼의 '핵심 메시지'

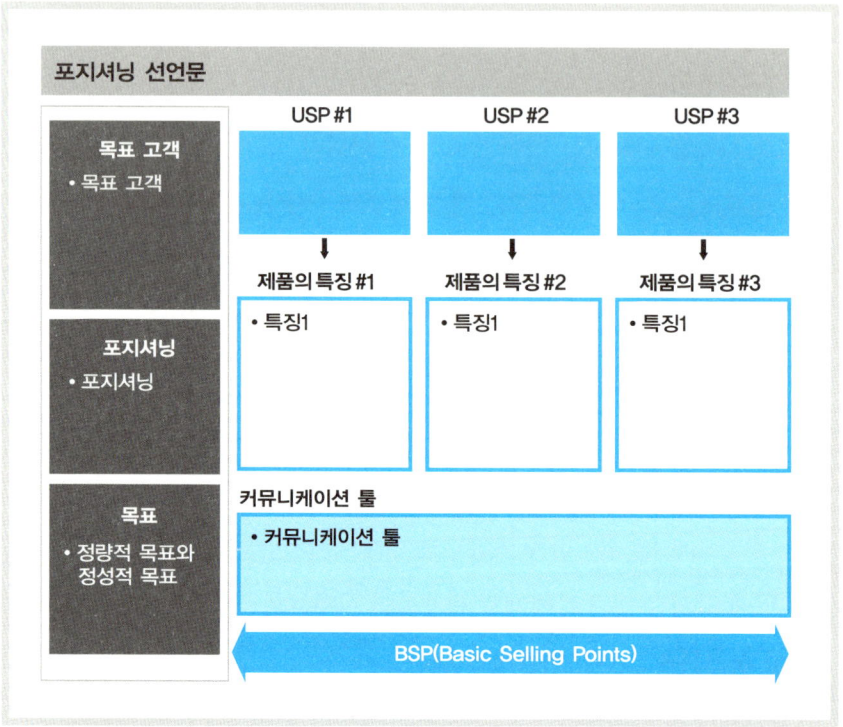

다섯째, 커뮤니케이션 플랫폼에서 주목해야 할 부분이 바로 '커뮤니케이션 SWOT 분석'이다. 기업이 신제품을 기획하고 개발에 들어가기 시작한 시점과 새로운 제품을 시장에 전달하는 시점 간에는 다양한 차이가 존재한다. 런칭 제품과는 달리 시장과 고객은 끊임없이 변하고 있다. 이에 따라 경쟁 기업들이 대응책 마련에 들어가면서 기업의 런칭 커뮤니케이션 환경은 처음 기대와 다른 방향으로 흘러갈 수 있다. 따라서 런칭 오퍼레이션은 이미 확정된 제품의 런칭 커뮤니케이션 메시지를 바탕으로 런칭 커뮤니케이션의 실행 관점에서 강점(S), 약점(W) 그리고 기회(O)와 위기(T) 요인을 분석

그림 2-4 | 커뮤니케이션 플랫폼의 '커뮤니케이션 SWOT 분석'

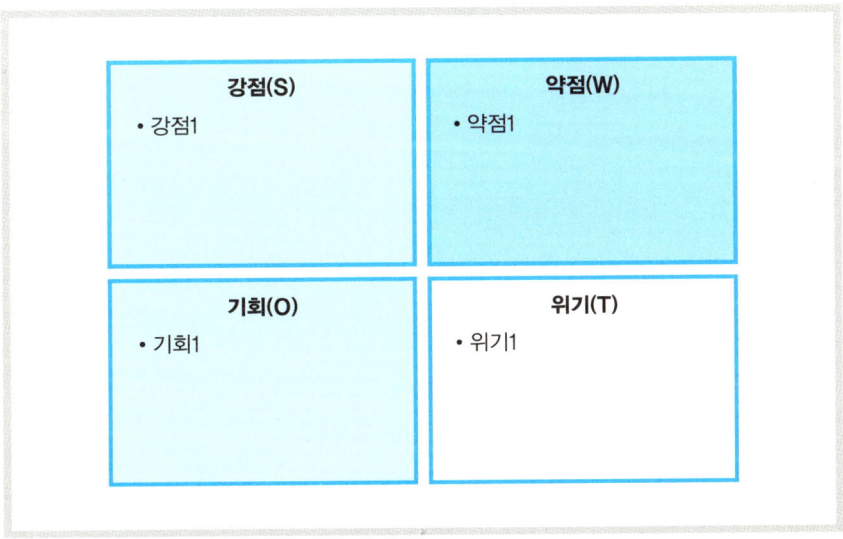

할 필요가 있다(그림 2-4 참고).

특히, 많은 기업이 자신이 새롭게 선보일 신제품의 약점 또는 위기 요인 분석에는 상당히 소극적이다. 런칭 제품을 기획하고 개발하는 단계에서 이미 많은 임직원이 관여해왔기 때문에 런칭 초기에 신제품의 문제점과 그 밖에 런칭과 예상되는 우려사항을 지적하기가 쉽지 않다. 하지만 런칭 오퍼레이션은 지속적으로 시장과 고객, 그리고 경쟁 기업의 변화뿐만 아니라, 런칭 커뮤니케이션에 영향을 줄 수 있는 정치, 경제, 사회, 문화 방면에서의 변수를 고려하여 제품의 런칭 커뮤니케이션 상의 약점과 위기 요인을 정확히 분석해야 한다. 이러한 '커뮤니케이션 SWOT 분석'은 향후 런칭 커뮤니케이션 전략을 실행할 때 중요한 역할을 한다. 런칭 커뮤니케이션 전략을 실행할 때, 런칭 커뮤니케이션 메시지 중 유독 어떤 메시지를 집중적으로 강화하거나 어떤 메시지를 가급적 피해야 하는지 기준을 제시할 수 있기 때문이다. 또한 런칭 커뮤니케이션을 실행하면서 발생할 수 있는 위기 상황을 대처하는 데에도 많은 도움이 된다. 미리 준비된 위기는 더 이상 위기가 아니라는 사실을 깨닫고, 오히려 이미 변화한 시장과 고객의 관심을 바탕으로 런칭 제품의 약점이나 위기를 보완해나가는 전향적인 자세가 필요하다. 만약 단시일 안에 보완이 불가능한 약점이 발견된다면 그 약점을 보완할 수 있는 런칭 커뮤니케이션을 강화하거나 제품의 런칭 이후 빠른 시일 내에 보완할 수 있도록 해야 한다.

여섯째, 런칭 커뮤니케이션의 주요 용어는 향후 실제로 런칭 커뮤니케이션을 실행하면서 사용되는 런칭 제품에 대한 주요 용어를 명확히 정리하는 것이다. 런칭 제품에 대한 프로젝트 소개에서부터 제품의 BSP와 USP를 커뮤니케이션할 때 반드시 따라야 할 방향과 구체적인 용어들을 소개한다. 반대로 커뮤니케이션 실행에서 사용하지 말아야 할 방향과 주요 용어들도 명기해, 기업 전체가 공유할 수 있도록 한다.

일곱째, 런칭 제품의 비주얼 이미지란 새로운 제품이 서비스가 아닌 일정한 물리적인 외형을 가지거나 일정한 디자인의 패키징 형태를 가질 때 제품의 비주얼 이미지를 어떻게 커뮤니케이션할지에 대한 기준이다. 디지털 미디어가 활성화 될 수록 런칭 제품의 비쥬얼 이미지의 중요성은 더욱더 커지고 있다. 그래서 런칭 오퍼레이션은 멤버 중 기업의 디자인을 책임지는 부서와 함께 런칭 제품의 최상의 비쥬얼 이미지를 논의하고 규정하는 것이 좋다.

런칭 제품의 비쥬얼 이미지 역시 런칭 오퍼레이션이 권장하지 않는 이미지 규정까지 예시하면 좋다. 그리고 런칭 오퍼레이션은 향후 모든 런칭 커뮤니케이션에서 이 이미지 규정은 하나의 예외 없이 철저히 지켜나갈 수 있도록 강제해야 한다.[4]

　마지막으로, 런칭 제품의 비주얼 아이덴티티는 신제품의 디자인 즉 모노그램이다. 런칭 제품 이름이 담긴 비주얼 아이덴티티가 어떤 가이드라인으로 제작되어야 하는지, 그리고 어떤 상황에 사용되어야 하는지에 대한 기준이다. 비주얼 아이덴티티의 색상은 런칭할 제품의 주요 색상과 일치시키는 것이 좋다.

---

[4] 《CNNMoney How Apple works: Inside the world's biggest startup》 Adam Lashinsky, 2011. 5. 9

애플의 커뮤니케이션 메시지

애플의 브랜드 플랫폼은 스티브 잡스 그 자체라고 봐도 과언이 아니었다. 애플의 영광은 결국 스티브 잡스에 의해 완성되었다. 스티브 잡스의 인생 자체가 하나의 영웅 스토리를 보여준다. 혼자 힘으로 자수성가했고 성공과 실패를 거듭하며 영웅 이미지가 더욱 극대화될 수 있었다.[5] 애플의 커뮤니케이션 메시지와 같은 애플의 원형인 스티브 잡스의 영웅적 삶과 이미지가 애플의 제품과 결합되면서 최고의 시너지를 만들어냈다. 바로 애플의 브랜드 플랫폼, 즉 애플의 철학이 고스란히 애플의 신제품으로 성공적으로 전이되어 오늘날의 애플을 만들어냈다. 최고의 런칭 커뮤니케이션은 스티브 잡스의 키노트 연설이 되어버렸고, 이 연설은 곧이어 전 세계 뉴스 미디어를 통해서 공짜로 대서특필되기 때문에 훨씬 효과적으로 신제품의 커뮤니케이션 메시지를 고객에게 알릴 수 있다.

그런데 조금 더 들여다보면 이 모든 현상은 철저히 기업이 의도한 커뮤니케이션의 결과라는 사실을 알 수 있다. 스티브 잡스 사후에 출간된 《스티

---

5 《애플, 성공신화의 비밀》 김정남 지음, 황금부엉이, 237~238p

브 잡스》에 따르면, 현재 애플의 디자인 부문 수석 부사장 조나단 아이브는 때때로 잡스가 모든 성과의 공훈을 너무 많이 차지하는 것에 기분이 상했었다고 밝혔다.[6] 즉, 애플은 스티브 잡스가 형성한 영웅적 이미지를 기업의 핵심 메시지로 승화시켜서 이를 전략적으로 기업 차원에서 활용했음을 의미한다. 하지만 애플은 이런 단순한 영웅화에 매몰되지 않았다. 이러한 애플의 이미지를 바탕으로 해마다 새로운 기업 브랜드의 메시지 또는 제품의 메시지로 전략적으로 움직였다. 애플은 1년마다 반복되는 로드맵을 가지고 주제를 바꿔가면서 정보를 통제, 관리해서 기업의 메시지를 계속 생산해냈다.[7]

특히 아이패드, 아이폰, 아이팟처럼 혁신적인 제품을 런칭하면서 언제나 전 세계 IT의 중심에 위치했다. 원래 애플의 스토리텔링은 고객에게 무엇을 사야 하는지를 말하는 대신, 어떤 사람이 될 것인지에 대해 이야기하는 것이다. 이것이 바로 고전이 된 '라이프 스타일' 광고로서 제품 자체보다 브랜드에 연관된 이미지를 판매하는 것이다. 1997년, 오늘날 애플의 상징이 된 '다르게 생각하라!' 캠페인에서는 간디와 아인슈타인, 그리고 밥 딜런의 이미지가 등장했다. 나중에는 실루엣으로 처리한 신세대 젊은이들이 하얀 코드가 유연한 몸을 따라 흘러내리는 듯한 하얀 이어폰을 끼고 아이팟을 들고서 음악에 맞춰 춤추는 장면이 나온다. 애플은 애플이라는 브랜드 플랫폼에서 라이프 스타일을 잡아냈고 이를 판매하는 데 성공했다.

6 《스티브 잡스》 월터 아이작슨 지음, 민음사, 548p
7 《애플, 성공신화의 비밀》 김정남 지음, 황금부엉이, 250p

돌이켜 보면, 오늘날의 애플 브랜드가 있게 한 애플과 스티브 잡스에게 중요한 시기는 2001년이었다. 당시 스티브 잡스는 기술산업 전반을 변화시킬 원대한 비전을 품고서 매킨토시가 뮤직 플레이어와 비디오 레코더, 전화기, 태블릿 컴퓨터 등 다양한 라이프 스타일 기기들의 '디지털 허브' 역할을 할 것이라고 선언했다.[8] 바로 애플의 브랜드 플랫폼이었던 셈이다. 따라서 '디지털 허브' 라는 애플의 브랜드 커뮤니케이션 메시지는 그때부터 지금까지 애플의 커뮤니케이션 메시지, 즉 '애플의 목소리' 로 자리 잡고 있다.

애플은 이러한 자신의 목소리를 제품으로 구현해냈고 그 제품을 간결하고 명확하게 그리고 반복적으로 커뮤니케이션해왔다. 이 같은 애플의 메시지의 일관성은 고객의 충성도를 쌓는 데 큰 도움이 되었고 매출에도 큰 영향을 미쳤다. 아이폰의 제품 마케팅 담당 부사장이었던 밥 보처스는 "하나의 제품 메시지가 확정되면 말하는 사람이 따분해져서 헷갈릴 정도가 되더라도 결정된 메시지를 지속적으로 반복해야 한다"고 주장했다. "듣는 사람 입장에서는 처음 듣는 이야기일 수 있으므로, 수십 번 브리핑하더라도 매번 그 내용은 똑같아야 한다"고 강조했다. 같은 단어를 지속적으로 반복해서 듣다 보면 그 내용을 들은 고객이 친구들에게 애플 신제품에 대해 말할 때에 같은 메시지를 전달하기 때문이다.[9]

---

8 《스티브 잡스》 월터 아이작슨 지음, 민음사, 600p
9 《Inside Apple》 Adam Lashinsky, Grand Central Publishing, 2012. 1. 116p

애플은 절대적인 마니아들의 관심을 잡아두기 위하여 항상 새로운 메시지로 커뮤니케이션했고 이들이 애플의 제품에 대해 좋게 말하도록 만들었다. 무엇보다 애플은 고객에게 전달한 메시지가 지속적으로 회자되도록 최선을 다했다. 이런 측면에서 볼 때 애플이 기업의 메시지를 제공하는 능력은 타의 추종을 불허할 정도다.

성공적인 런칭 커뮤니케이션 전략의 수립과 실행의 목적은 무엇일까? 다름 아닌 기업이 보유한 자원, 조직, 프로세스 등을 효과적으로 활용해 시장에 성공적으로 침투하기 위해서다. 한마디로 런칭 제품이 고객과 만나는 순간, 신제품 메시지를 효과적으로 커뮤니케이션하여 결국 고객이 제품을 구매하도록 만드는 데 있다. 따라서 런칭 오퍼레이션은 확정된 런칭 커뮤니케이션 메시지를 기반으로 어떠한 커뮤니케이션 크리에이티브를 가지고 어떤 커뮤니케이션 미디어를 통해 고객에게 커뮤니케이션할지 결정하는 런칭 커뮤니케이션 전략을 수립해야 한다.

SECTION 3

런칭 커뮤니케이션 전략 수립

아키타이프
런칭 커뮤니케이션

런칭 제품의 원형이라고 할 수 있는 '런칭 커뮤니케이션 메시지'를 커뮤니케이션 단계별로 최적의 미디어를 통해 조금씩 변화를 주며 시장과 고객의 관심을 지속시켜 신제품이 런칭될 때까지 제품 인지도를 높이고 긍정적인 이미지를 창출해야 한다.

심리학자 융은 신화, 꿈, 종교 등을 연구하면서 모든 시대와 모든 장소에 걸쳐 인간은 근본적으로 비슷한 상상력을 가지고 있다는 것을 발견했다. 그는 사람들의 공통적인 심상에 '아키타이프(Archetype: 원형)'라는 이름을 붙였다. 광고업계에서는 이 콘셉트를 빌려, 개인이 무의식적이고 심층적인 이면으로 느끼는 아키타이프, 즉 어떤 대상의 원형적 이미지는 변하지 않게 유지시키되 그것이 커뮤니케이션되는 부분은 조금씩 변화를 주어 광고에 효과적으로 활용해왔다. 즉 아키타이프에 해당하는 원형적 메시지와 항상 조금씩 변하는 광고의 새로운 자극 사이에서 적절히 무게중심을 잡는 것이 광고의 중독성 코드이자, 브랜드의 중독성 알고리즘이 되는 셈이다.[1]

---

1 '광고, 중독의 알고리즘을 발견하다' 〈유니타스브랜드〉 12권, 244p

이 책《성공하는 기업은 런칭이 다르다》의 핵심은 런칭 제품의 원형이라고 할 수 있는 '런칭 커뮤니케이션 메시지'를 제품이 시장에 전달되기 전인 프리 런칭 커뮤니케이션에서부터 지속적인 '아키타이프 런칭 커뮤니케이션' 전략을 수립, 실행하는 것이다. 런칭할 제품의 아키타이프는 앞서 언급한, 기업의 브랜드 플랫폼과 런칭하는 제품의 마케팅 플랫폼, 그리고 커뮤니케이션 플랫폼이다. 런칭하는 제품의 아키타이프는 변하지 않도록 지속적으로 유지, 관리하면서 런칭 커뮤니케이션 단계별로 최적의 미디어를 통해 조금씩 변화를 주며 시장과 고객의 관심을 지속시켜 신제품이 런칭될 때까지 제품의 인지도를 높이고 긍정적인 이미지를 창출할 수 있도록 해야 한다. 즉 런칭 제품의 런칭 커뮤니케이션 메시지와 각 단계별 런칭 커뮤니케이션 사이에서 적절히 무게중심을 잡는 것이《성공하는 기업은 런칭이 다르다》의 중독성 코드이자, 런칭 제품의 중독성 알고리즘이 되는 셈이다.

기업이 고객과 만나는 순간, 터치 포인트

기업은 고객이 기업을 실제로 경험하는 순간인 터치 포인트를 통해 고객이 기업의 런칭 제품을 긍정적으로 경험해 제품의 인지도를 높이고 긍정적인 이미지를 창출해야 한다.

런칭 커뮤니케이션의 목표는 고객이 신제품을 구매하는 데 가장 큰 영향을 미치는 순간, 그 신제품의 메시지를 효과적으로 전달하여 고객이 제품을 구매하도록 만드는 것이다. 따라서 런칭 커뮤니케이션 전략을 실행할 때 기업이 고객과 만나는 접촉점, 즉 고객이 기업의 커뮤니케이션을 경험하는 순간인 터치 포인트를 잘 관리해야 한다. 처음 기업의 터치 포인트 콘셉트를 소개한 《Building Great Customer Experiences》라는 책에 따르면 "경험이란 기업이 고객에게 제공해주는 '물리적인 실행력'과 그것을 겪으면서 '발생하는 감정'의 혼합"이라고 정의한다.[2] 따라서 기업은 고객이 기업을 실제로 경험하는 제품, 기업의 임직원이나 프로세스, 그리고 커뮤니케이션을 통하여 제

---

[2] 《Building Great Customer Experiences》 Callin Shaw and John Ivens, Palgrave Macmillan, 2002

품의 런칭 커뮤니케이션 메시지를 고객에게 성공적으로 전달해야 한다. 그리고 이러한 터치 포인트에서 고객이 느끼는 감정을 잘 관리함으로써 궁극적으로는 신제품이 팔리도록 해야 한다. 그런데 여기에서 주의할 것은 기업의 물리적인 실행력과 그때 발생한 고객의 감정으로 구성되는 경험이 곱셈의 속성을 가진다는 점이다. 기업의 물리적인 실행력은 좋았는데 그때 고객이 부정적인 감정이 생겼다면 결국 부정적인 경험이 된다는 의미다. 따라서 성공적으로 제품을 런칭시키려면 긍정적인 물리적 실행력과 감정 관리를 통해 항상 긍정적인 고객 경험을 만들어내야 한다.[3]

《B2B 브랜드 마케팅》에서 필립 코틀러는 제품의 사전 선택 단계에서부터 지속적인 관계에 이르기까지 고객이 런칭하는 제품을 만나는 모든 접점, 즉 터치 포인트를 잘 설명하고 있다(그림 3-1 참고).[4] 이제까지 고객이 제품을 구매할 때 영향력이 미치는 터치 포인트 콘셉트는, 고객이 어떤 기업이나 제품의 인지도를 바탕으로 그 중 일부에 친밀감을 느껴 여러 가지를 고려한 후 제품을 구매하고, 이때 자연스럽게 해당 기업이나 제품에 높은 충성도를 가지는 순서로 작동한다고 이해되어 왔다. 하지만 구매할 수 있는 제품과 디지털 미디어가 폭발적으로 늘고, 점차 똑똑해지고 많은 정보를 가지게 된 고객이 등장하면서 기업의 터치 포인트 콘셉트에 많은 변화가 생겼다. 고객이 가진 핵심 구매 요인을 완벽하게 설명하지 못하는 것이다. 고객은 이제 기업과 쌍방향으로 커뮤니케이션을 시작했고 기업에 많은 것을 요구한다. 고객들은

---

3 '단골고객 늘리려면 고객경험을 관리하라' 〈동아비즈니스리뷰〉 73호, 55p
4 《B2B 브랜드 마케팅》 필립 코틀러 · 발데마 푀르치, 비즈니스맵, 122p

그림 3-1 | 고객이 제품을 만나는 터치 포인트

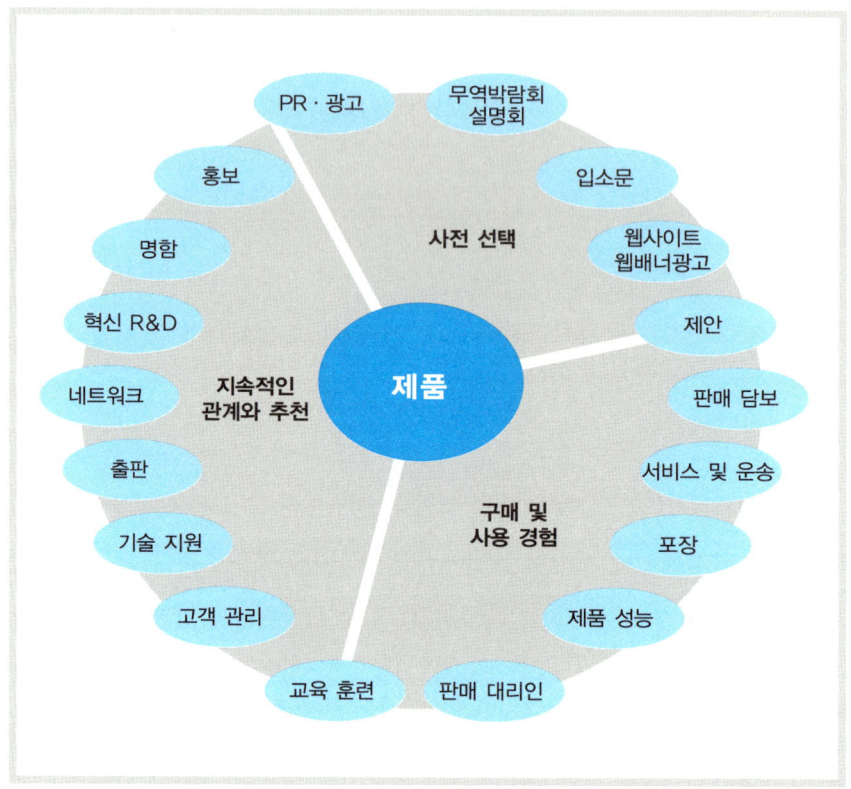

기업이 제공하는 터치 포인트 커뮤니케이션을 통하여 제품을 인지한 후에도 기업이 기대하는 구매 사이클을 따르지 않는다. 수많은 이웃에게 조언을 구하느라 실제로 제품을 구매하는 절차가 예전보다 훨씬 복잡해졌고 예측 또한 힘들다. 특히 다양한 네트워크 상에 떠도는 수많은 제품 정보들로 인해 고객의 특성도 덩달아 다변화되었고, 요구사항은 세분화되고 있다. 고객들의 커뮤니케이션은 기업이 통제할 수 없는 시간과 장소에서 음성통화, 소셜 네트워크, 검색 엔진, 블로그 등 다양한 채널을 통해 이뤄지고 있다. 따라서 기

업들이 고객의 이 모든 성향을 파악하고 통제하기가 사실상 불가능하다.[5]

따라서, 기업은 런칭 커뮤니케이션 메시지(브랜드 플랫폼, 마케팅 플랫폼, 커뮤니케이션 플랫폼)을 바탕으로 각 단계별로 기업의 다양한 터치 포인트 커뮤니케이션을 통해 고객이 기업의 런칭 제품을 긍정적으로 경험할 수 있도록 해야 한다.

---

5   '모바일 앞에 일방마케팅은 없다' 〈동아비즈니스리뷰〉 64호, 38p

애플의 터치 포인트

스티브 잡스는 제품 디자인, 제조 및 판매 모든 과정을 애플이 직접 제어하는 엔드투엔드 커뮤니케이션을 고집했다. 1984년 원조 매킨 토시부터 한 세대 후 런칭된 아이패드에 이르는 모든 제품에서 애플의 핵심 철학은 하드웨어와 소프트웨어를 직접 제조하고 그 제품을 고객과 직접 만나서 판매하는 엔드투엔드 통합이었다.[6] 잡스는 고객이 애플을 경험하는, 그리고 애플이 고객을 만나는 모든 터치 포인트를 통제하기 바랐다. 애플 제품과 관련된 경험 모두를 완전하고 철저하게 제어하는 것이 그의 비전이었다. 이 같은 고집은 2000년대 초반, 애플이 데스크 톱 컴퓨터를 다양한 휴대용 기기에 매끄럽게 연결할 수 있는 디지털 허브 전략을 유리하게 발전시키는 데 훌륭한 밑거름이 되었다. 디지털 허브 전략은 효과적이었다. 2000년 5월 당시 애플의 시장가치는 마이크로소프트의 20분의 1 수준이었으나, 2010년 5월 애플은 결국 마이크로소프트를 뛰어넘었고, 2011년 9월 에는 마이크로소프트보다 70% 더 가치 있는 기업이 되었다. 잡스는 언제나 애플만의 통일된 유토피아를 만들고자 했다. 그는 하드웨어, 소프트웨어,

---

6 《스티브 잡스》 월터 아이작슨 지음, 민음사, 873p

주변 기기 등이 훌륭한 조화를 이루어 사용자에게 멋진 경험을 제공하고, 한 제품의 성공이 다른 모든 제품의 매출 증대로 이어지는 완벽한 브랜드 터치 포인트로 둘러싸인 정원을 꿈꾸었다. 그리고 결국 그의 바람대로 모든 게 이루어졌다.[7]

고객의 요구가 반영된 창조적인 제품 개발에 성공한 애플은 고객과 만나는 터치 포인트 중에서도 특히, 제품 구매 단계인 유통에서도 창조적인 모습을 모색했다. 고객의 모든 것을 통제하고 싶었던 스티브 잡스는 매장에서 애플 제품을 구입할 때 고객이 겪는 경험에 주목했다. 그가 애플에 복귀한 1990년대 말, 당시 컴퓨터 판매는 동네 컴퓨터 전문점에서 대형 체인점과 할인점으로 중심을 옮겨가고 있었다. 대형 매장의 종업원들은 애플 제품만의 독특한 특징을 설명할 지식도 의욕도 없었다. 애플이 성공하려면 혁신을 바탕으로 승리를 거두어야 하는데 고객과 의사소통할 길이 없었기에 이에 대한 혁신이 없으면 승리할 방도가 없다고 잡스는 보았다.[8] 그로부터 약 10년이 지난 2001년 5월, 첫 번째 애플 스토어가 미국 버지니아 주의 대형 쇼핑몰에 문을 열었고 이후 전 세계 어린이 고객에서부터 젊은 세대 그리고 기성 세대까지 폭넓게 끌어들이기 위해 애플 스토어를 세계 전역에 오픈했다. 그리고 2004년 무렵 애플 스토어를 찾는 방문객 수가 1주일 평균 5,400명을 기록했고, 그 해에 애플 스토어는 연 매출 12억 달러를 달성함으로써 소매업계 사상 첫 10억 달러 돌파라는 이정표를 달성했다. 최초로 매장이 문을 연 지

---

7 《스티브 잡스》 월터 아이작슨 지음, 민음사, 640p
8 《스티브 잡스》 월터 아이작슨 지음, 민음사, 583~584p

10년 만인 2011년 기준 애플 스토어 수는 317개에 이른다.[9]

애플은 애플 스토어를 찾는 고객들이 부담 없이 쇼핑할 수 있도록 직원들에게 고객들을 어떻게 대해야 하는지, 어떤 말을 해야 하는지, 또 어떤 행동을 해서는 되고 안 되는지에 이르기까지 교육시켰다. 이러한 판매 기법은 유기적이고 철저하게 계획된 마케팅 메시지와 동일한 효과를 내고 있다. 고객은 기분 좋게 쇼핑을 하지만, 사실 그들은 애플이 홍보하는 내용만 반복해서 듣는 것이다.[10] 더욱이, 애플 스토어들은 애플 사용자들이 모이는 장소로 탈바꿈하고 있다. 애플은 언제든지 고객들이 항상 드나드는 애플 스토어를 통해 고객들과 직접 소통할 수 있다. 뉴욕의 5번가에 있는 애플 스토어의 경우 끊임없이 고객과 소통하고 있다. 이 스토어는 1년 내내 매일 24시간 열려 있다.

9 《스티브 잡스》 월터 아이작슨 지음, 민음사, 591~594p
10 《Inside Apple》 Adam Lashinsky, Grand Central Publishing, 2012. 1. 150p

온드 미디어, 페이드 미디어 그리고 언드 미디어

기업도 미디어다. 기업도 기업의 디지털 미디어를 통해 누구와도 직접 소통할 수 있는 시대가 왔기 때문이다. 이젠 기업의 커뮤니케이션 방식도 새로운 관점에서 접근해야 한다.

인터넷과 디지털 미디어의 등장으로 가장 크게 변한 것이 있다면 기업의 커뮤니케이션 메시지를 전달하던 커뮤니케이션 미디어일 것이다. 과거에는 기업들이 제품을 런칭할 때 매스미디어를 중심으로 비용을 주고 광고를 구매하는 방식을 선택했다. 신문, 잡지, 라디오, TV에 옥외광고, 전단지, 길거리 매체 등을 모두 동원해 런칭 커뮤니케이션에 집중하는 심플한 구조였다. 그러나 점차 환경이 달라지고 있다. 인터넷이 보편화되면서 그 기본적인 전달 구조가 크게 변했다. 인터넷을 통해 사람들은 주체적으로 정보를 검색하거나 공유한다. 매스미디어뿐만 아니라 또 하나의 정보입수 경로를 가지게 된 것이다. 다양한 전송 경로, 콘텐츠, 디바이스가 디지털화되고 인터넷이 쌍방향으로 정보를 주고 받을 수 있게 결합되어 고객은 일상적으로 접하는 정보량이 과거보다 기하급수적으로 늘었다. 더군다나 소셜 미디어나 소셜 네트워크가 전 세계로 확산되었다. 이런 영향력은 한국에서도 무시할 수 없는 존재가 되었다. 또한 스마트폰의 보급으로 모바일 환경에서도 소셜 미디어 및 소셜 네트워크의 활용이 가능해졌다. 기업 입장에서도 런칭 제품에 대해 고객과 직접 대화할 수 있는 수단이 생긴 것이다.

결국, 기업의 디지털 미디어 자체가 미디어가 되어 누구와도 소통할 수 있는 시대가 온 것이다. 이는 기업과 고객이 만나는 터치 포인트가 기존 매스미디어 공간에서 크게 확대되었음을 의미한다. 고객들은 대부분 그때그때의 상황이나 필요에 따라 기업을 직접 방문하거나 기존의 사용자 터치 포인트 중 하나를 택하여 제품을 구입한다. 그러나 기업은 광범위한 기업 자체의 터치 포인트뿐만 아니라 매스미디어, 홈페이지, 블로그, 트위터, 페이스북 등 여러 가지 커뮤니케이션 터치 포인트를 한꺼번에 끌어안고 가야 하는 상황이다. 이와 동시에 고객들의 관심이 정보 생산의 툴인 블로그에서 정보 유통의 툴인 트위터나 페이스북으로 대별되는 소셜 미디어 또는 소셜 네트워크로 넘어가면서 고객들이 생산해내는 정보나 콘텐츠의 양이 줄고 있어 다시금 매스미디어가 생산해내는 정보나 콘텐츠의 비중이 커져가는 것도 현실이다.

온드 미디어, 페이드 미디어, 언드 미디어란?

커뮤니케이션 메시지를 전달하는 미디어를 이해하는 데에는 여러 가지 콘셉트가 있다. 이 책에서는 2009년, 미국 IT 사이트 씨넷CNET의 「멀티미디어 2.0」이라는 논문에 언급된 세 가지 마케팅 미디어 콘셉트를 활용했다. 「멀티미디어 2.0」은 미디어를 '온드 미디어(Owned media)', '페이드 미디어(Paid Media)', 그리고 '언드 미디어(Earned Media)'로 나누어 설명한다. 이들 세 가지 미디어의 유기적인 연계가 마케팅 커뮤니케이션의 기본이라고 주장한다. 최근에는 이 콘셉트를 바탕으로 '트리플 미디어 전략'이라는 책이 번역되어 소개되기도 하였다.[11, 12]

- **온드 미디어** : 기업이 시장 및 고객과 커뮤니케이션하기 위해 활용할 수 있는, 기업의 커뮤니케이션 자산 또는 커뮤니케이션 채널을 의미한다. 예를 들면, 기업의 오프라인 커뮤니케이션 또는 오프라인 커뮤니케이션 채널, 그리고 기업의 홈페이지, 웹사이트, 블로그, 모바일 사이트, 소셜 미디어 등 디지털 커뮤니케이션 채널 등이 있다.

- **페이드 미디어** : 기업이 비용을 지불하고 사용할 수 있는 커뮤니케이션 채널이다. TV, 라디오, 신문, 잡지 등 매스미디어의 광고, 옥외광고, PPL, 프로모션, 온라인 디스플레이 광고, 검색 광고 등이 대표적이다.

- **언드 미디어** : 고객을 포함한 제3자가 기업의 커뮤니케이션 메시지를 자발적으로 자신의 관점에서 해석해 전달하거나 그 메시지 자체를 공유하게 되면서 얻게 되는 미디어다. 예컨대 특정 제품에 매료된 고객이 자발적으로 친구에게 그 제품을 추천하면, 친구는 해당 제품에 대해 언드 미디어를 형성하는 것이다. 대표적으로 고객의 평점이나 의견, 커뮤니티 사이트 순위, 소셜 미디어 또는 네트워크에서의 기업 커뮤니케이션 메시지 등이 있다.

11 《트리플 미디어 전략》 요코하마 류지 지음, 흐름출판, 32~34p
12 'Beyond paid media: Marketing's new vocabulary' 〈Mckinsey Quarterly〉 2010. 11

최근의 디지털 미디어 환경의 변화를 감안할 때, 런칭 제품을 고객에게 더욱 잘 알리고, 기존의 방식과 차별화하기 위해서는 온드 미디어, 페이드 미디어, 언드 미디어가 통합적으로 활용되어야 한다. 기업은 모든 상황에 똑같은 메시지와 똑같은 방식으로 커뮤니케이션하기보다는 고객이 좀더 나은 구매를 할 수 있도록 각 런칭 커뮤니케이션 단계별로 상황에 맞는 커뮤니케이션 메시지와 미디어를 믹스해서 실행함으로써 고객이 신제품에 관심을 갖도록 해야 한다. 그러기 위해서는 고객들이 각 런칭 커뮤니케이션 단계에서 어떤 유형의 미디어를 선호하는지 철저히 분석하고 이 세 가지 미디어 간 상호관계를 활용한 통합적 런칭 커뮤니케이션 전략을 실행할 수 있어야 한다.

기업 입장에서 이 세 가지 미디어 중 언드 미디어가 가장 구미가 당길 것이다. 런칭 제품에 대해 호의적인 관점을 갖게 된 제품 리뷰나, 트위터, 페이스북 업데이트, 블로그 등의 언급은 고객을 포함한 제3자가 자발적으로 자신의 관점에서 제품을 해석해 전달하거나 공유하면서 얻어지는 미디어이기 때문이다. 그래서 언드 미디어의 호의적인 언급이나 포스트 혹은 피드를 증폭시키기 위하여 페이드 미디어나 온드 미디어를 활용할 수도 있다. 예컨대 기업은 페이드 미디어 광고를 통해 언드 미디어의 호의적인 콘텐츠를 좀더 많은 고객에 전달할 수 있다. 마찬가지로 언드 미디어의 호의적인 콘텐츠를 기업의 온드 미디어, 즉 기업의 홈페이지, 웹사이트, 블로그 페이스북 또는 트위터에서 커뮤니케이션함으로써 런칭 제품의 인지도를 높이고 긍정적인 이미지를 창출할 수도 있다.[13]

단, 「멀티미디어 2.0」에서 비롯된 온드 미디어, 페이드 미디어, 그리고 언

---

13 www.imediaconnection.com/content/30906.asp

드 미디어는 태생적으로 디지털 미디어에 초점을 맞춘 콘셉트이다보니 기업 전반의 커뮤니케이션 환경을 설명하는 데 한계가 있다. 온드 미디어는 기업이 전적으로 통제할 수 있는 기업 본연의 미디어다. 따라서 디지털 미디어에 국한하지 않고 기업의 오프라인 커뮤니케이션 또는 오프라인 커뮤니케이션 채널까지 개념을 확장하여 활용할 필요가 있다. 가령, 기업이 참여하는 업계의 유력한 전시회에서 발표되는 CEO의 핵심 메시지는 그 전시회 동안 상영되는 영상이나 현장에서 치러지는 이벤트, CEO의 뉴스 미디어와의 인터뷰에서도 다양하게 커뮤니케이션될 수 있다. 그리고 그 핵심 메시지는 영상 또는 텍스트 메시지로 재구성되어 기업의 홈페이지나 웹사이트, 소셜 미디어 혹은 네트워크 등 기업의 온드 미디어를 통해 재차 커뮤니케이션될 수 있다. 이런 측면에서 볼 때 디지털과 오프라인 커뮤니케이션 전체를 아우르는 온드 미디어 콘셉트의 확장을 통해서, 시장과 고객이 관심을 가질 만한 콘텐츠를 가지고 있는 기업은 일종의 미디어 기업으로 탈바꿈할 수도 있게 되는 것이다.

따라서 기업 런칭 커뮤니케이션의 출발점이자 종착역은 반드시 온드 미디어이어야 한다. 특히, 런칭 커뮤니케이션의 종착역은 기업의 온드 미디어 중에서도 디지털 온드 미디어이어야 한다. 그러한 디지털 온드 미디어는 기업의 홈페이지, 웹사이트, 블로그 또는 다양한 디지털 미디어 등 시장과 고객에게 런칭 제품에 대해 더 자세하고 흥미로운 경험을 제공할 수 있는 공간이어야 한다. 필자는 이 미디어를 런칭 제품을 위한 기업의 '디지털 플랫폼'이라고 부를 것이다. 하지만 모든 디지털 미디어가 제품의 디지털 플랫폼이 되어서는 안 된다. 디지털 미디어 중에서 목표로 하는 시장과 고객에게 가장 적합한 디지털 미디어 한두 개를 선택하고, 선택된 디지털 미디어에 런칭할 제품과 관련된 모든 커뮤니케이션 메시지를 집중해야 한다. 예컨대 어떤 신제품의 디지털 플랫폼이 기업의 홈페이지나 웹사이트가 될 수도 있고, 별도의 블로그가 될 수도 있다는 의미다. 기업의 디지털 플랫폼은 고객에게 흥미로운 경험을 제공하고 제품에 대한 관심을 불러일으키며 더욱 정교하면서도 지속적인 접촉을 구축해나갈 수 있도록 해야 한다. 이러한 진정성이 바탕된 고객과의 지속적인 커뮤니케이션은 기존 •CRM의 콘셉트를 넘어서 새로운 콘셉트의 '디지털 타겟 마케팅'을 위한 훌륭한 출발점이 될 것이다.

그리고 매스미디어에서의 광고나 비용을 지불해 실행하는 제3자의 프로모션을 통한 페이드 미디어 커뮤니케이션을 할 수도 있다. 페이드 미디어는 런칭 제품의 커뮤니케이션 메시지 허브 역할을 하는 기업의 미디어 디지털 플랫폼에 시장과 고객의 관심이 유입되는 데 큰 위력을 발휘한다. 즉 페이드 미디어 광고의 광범위한 도달율이 시장과 고객의 관심이 기업의 홈페이지, 웹사이트, 블로그 또는 디지털 미디어 등의 온드 미디어로 도착하게 해 고객에게 좀더 흥미로운 경험을 제공하고 제품에 대한 관심을 불러일으켜 더욱 정교하면서도 지속적인 접촉을 확고히 구축해나갈 수 있도록 도와줄 수 있다. 다만 프리 런칭 커뮤니케이션에서는 기업에서 지불하는 커뮤니케이션 비용 대비 효율적이지 못해 이 단계에서는 제한적으로 실행하는 것이 좋다. 최근에는 막대한 비용이 드는 페이드 미디어에 대한 의존도가 점차 축소되면서, 고객과 긴밀한 관계를 유지할 수 있는 있는 기업의 온드 미디어 커뮤니케이션이 더욱 중요해지고 있다. 디지털 미디어 시대를 맞아 단발적이고 일과성 위주인 오프라인 페이드 미디어는 그 위치가 점점 축소될 전망이다.

따라서 기업의 성공적인 런칭 커뮤니케이션을 위해서는 기업의 커뮤니케이션 자산을 바탕으로 단계별로 가장 적합한 커뮤니케이션 메시지를 적합한 미디어를 통해 어떻게 효과적·효율적으로 전달할 수 있을지 결정, 실행해

그림 3-2 | 온드 미디어, 페이드 미디어, 언드 미디어의 상호 관계

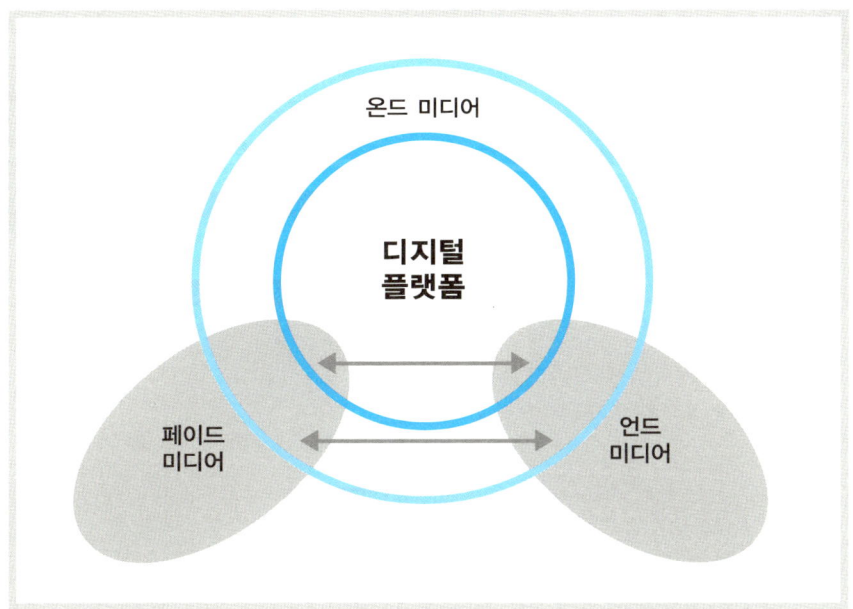

야 한다. 이것이 바로 필자가 주장하는 핵심 내용이다. 〈그림 3-2〉는 이러한 세 가지 미디어 간 상호 관계를 통합적으로 보여준다.

다음 페이지에 소개하는 온드 미디어, 페이드 미디어, 언드 미디어 사례는 한국 시장에서 실제로 활용할 수 있는 채널을 정리한 것이다. 다만 급변하는 커뮤니케이션 환경 속에서 실제 사례는 계속해서 새롭게 창조되고 있기에, 세 가지 미디어의 콘셉트를 아래 사례에만 국한해서 생각해서는 안 된다.[14]

14《트리플 미디어 전략》요코하마 류지 지음, 흐름출판, 33p

온드 미디어

1. 기업 내부 커뮤니케이션 미디어
   - 구두
   - 문자
   - 인쇄
   - 영상
   - 커뮤니케이션 네트워크 시스템
   - 행사: 발표회, 초청행사, 시연회, 교육 등

2. 기업 외부 커뮤니케이션 미디어
   - 퍼블리시티 및 PR
   - 기업의 사회공헌 활동
   - 기업이 가지고 있는 본연의 커뮤니케이션 채널
     • 제품 및 서비스
     • 유통 채널과 임직원을 통한 각종 고객 프로모션: 매장 디스플레이, 카탈로그 등
   - 오프라인 커뮤니케이션
     • 각종 오프라인 이벤트: 인터뷰, 발표회, 초청 행사, 기업 투어, 시연회, 각종 BTL 프로모션 등
     • 각종 업계 전시회 및 컨퍼런스
   - 디지털 커뮤니케이션: 기업의 홈페이지, 웹사이트, 모바일 사이트, 블로그, 브랜드 사이트, 커뮤니티, 소셜 미디어 및 소셜 네트워크 계정, 이메일 마케팅 등

페이드 미디어

1. 매스미디어 광고
   - TV, 라디오, 신문, 잡지 광고
   - 유료 기사 광고

2. 다이렉트 광고: DM, 전화권유 등

3. 장소 광고: 간판 및 게시판, 포스트, 교통광고, 극장 광고 등

4. 디지털 미디어 광고
   - 디스플레이 광고
   - 검색광고
   - 디지털 캠페인
   - 소셜 미디어 혹은 소셜 네트워크 광고
   - 독립 리뷰 웹사이트 광고
   - 온라인 커뮤니티 광고

5. 스폰서십: 스포츠, 예술, 엔터테인먼트 등

6. 오피니언 리더 프로모션
   - 오피니언 리더의 리뷰를 위한 런칭 제품 무료 제공

언드 미디어

1. 오프라인 미디어
   - 매스미디어의 보도
   - 고객의 추천 또는 입소문
   - 영업직원의 추천

2. 디지털 미디어
   - 뉴스 미디어의 온라인 기사
   - 디지털 미디어의 평판
   - 소셜 미디어 및 소셜 네트워크의 평판

기업의 디지털 플랫폼과 블로그

런칭 커뮤니케이션 중심에는 기업의 온드 미디어 중 디지털 플랫폼이 자리 잡고 있어야 한다. 기업의 런칭 커뮤니케이션에서 가장 적합한 디지털 플랫폼을 꼽자면 블로그가 대표적이다. 일단 블로그는 양질의 콘텐츠를 생산하고 축적해놓을 수 있다. 사진과 동영상까지도 활용해 자유롭게 콘텐츠를 생산할 수 있고 런칭 제품에 대한 모든 커뮤니케이션 메시지를 쉽게 한 곳에서 확인할 수 있다. 또한 블로그는 검색을 통해 끊임없이 방문자를 끌어들일 수 있다. 아울러 화면 설정이 자유로워 런칭 제품의 이미지를 부각하는 데 용이하다. 배너광고뿐만 아니라 위젯이나 플러그인을 장착할 수도 있다.[15] 이처럼 자유로운 화면 설정을 통해 블로그는 훨씬 용이하게 제품의 런칭 커뮤니케이션 메시지를 전달할 수 있게 된다.

LG전자는 지난 3월 8일 기존의 기업 블로그 '더 블로그(The Blog)'를 개편해 한층 업그레이드된 형태의 소셜미디어 통합사이트 '소셜 LG전자 (http://social.lge.co.kr)를 오픈했다(그림 3-3 참고). '소셜 LG전자'는 기업 블로그 '더 블로그(The Blog)'와 트위터(www.twitter.com/LGElectronics), 페이스북

---

15 '소셜 시대에 더욱 돋보이는 블로그의 가치' 〈The PR〉 2012. 3

그림 3-3 | 소셜 LG전자 첫 화면

(facebook.com/theLGstory) 등 기업에서 운영하는 디지털 미디어를 한 곳으로 통합했다. 해외 법인에서 국가별로 운영하는 블로그, 트위터, 페이스북도 '클릭' 한 번으로 쉽게 방문할 수 있다. '고객과 적극적으로 소통하는 LG' 철학을 바탕으로 진솔한 대화가 오가는 정감 있는 기업형 오픈 미디어를 지향하는 '소셜 LG전자'는 LG 전자의 디지털 플랫폼인 셈이다. 따라서 향후 LG 전자의 모든 신제품 런칭 커뮤니케이션 메시지는 물론, 관련된 런칭 커뮤니케이션을 고객들이 이곳에서 경험할 수 있도록 만들고 있다.

블로그를 통해 디지털 플랫폼을 통합적으로 활용하는 사례는 점점 늘고 있다. 2012년 2월 23일 런칭한, 제일모직이 3년간 준비한 글로벌 SPA 브랜드 '에잇세컨즈'의 디지털 플랫폼도 블로그(http://8secondsblog.com)다. 이 기업은 공식적인 런칭 이전인 1월 20일 에잇세컨즈 공식 블로그를 오픈했다. 그리고 블로그를 통해 에잇세컨즈 브랜드 소개와 홍보, 오프라인 매장 및 쇼핑에 대한 정보를 공유하여 브랜드 이미지를 확립하고 다양한 콘텐츠를 통해 에잇세컨즈만의 흥미로운 공간으로 활용했다. 특히 브랜드 네임 숫자 '8'과 관련된 다양한 커뮤니케이션을 통해 패션을 사랑하는 20 ~ 30대 모두에게 활기찬 에너지와 즐거움을 전달하는 데 주력했다. 하지만 블로그는 소셜 네트워크나 소셜 미디어와 유기적으로 연동되어 상호 보완적으로 운영되어야 효과적이다. 이러한 디지털 미디어가 블로그의 단점인 실시간 소통을 커버해줄 수 있기 때문이다. 또한 이미 긍정적인 관계가 형성되어 있기 때문에 블로그의 커뮤니케이션 메시지에 훨씬 긍정적으로 반응해줄 수 있기 때문이기도 하다. 블로그가 소셜 네트워크, 소셜 미디어와 유기적으로 연동되면 더욱 긍정적인 반응을 이끌어낼 수 있다. 그래서 에잇세컨즈의 두 번째 디지털 플랫폼은 에잇세컨즈의 페이스북 페이지(http://www.facebook.com/8seconds.kr)다. 그들의 페이스북 페이지는 앞서 언급한 에잇세컨즈의 블로그의 약점을 보완해주는 역할을 한다.

최근 기업의 디지털 플랫폼 전략은 동영상 블로그로 확대 중이다. 아웃도어 브랜드 '네파(Nepa)'는 동영상 기반의 '네파TV(http://tv.nepa.co.kr)'를 런칭했다. 최근 디지털 콘텐츠의 방향성이 텍스트와 이미지에서 동영상으로 옮겨가고 있다는 점을 착안, 소셜과 동영상 콘텐츠를 기반으로 한 기업형 블로그를 운영하는 것이다. 네파는 여기에 페이스북과 트위터, 플리커 등 디지털 미디어를 끌어들여 사이트 자체를 소셜허브화했다. 바이러스가 퍼져나가 듯 소셜 상의 네트워크를 통해 자연스러운 콘텐츠 확산을 꾀한다는 아이디어다.

런칭 커뮤니케이션 크리에이티브:
파는 이유에서 사는 이유로

런칭 제품에 새로운 의미와 가치를 발견하여 아이디어를 일으켜 고객에게 어떻게 커뮤니
케이션할 것인가의 콘셉트를 만들고, 그것을 구체적으로 문장화, 시청각화, 영상화하는 모
든 프로세스가 런칭 커뮤니케이션 크리에이티브다.

지금까지 기업이 전략적이고 일관되게 전달해야 할 커뮤니케이션 메시지와
그 메시지를 시장과 고객에게 효율적·효과적으로 전달할 수 있는 커뮤니케
이션 미디어를 확인했다. 이 시점에서 잊지 말아야 할 것은 브랜드 플랫폼,
마케팅 플랫폼 그리고 커뮤니케이션 플랫폼은 어디까지나 기업에서만 통용
되는, 런칭 제품이 잘 팔려야 하는 이유를 정리한 일종의 기업의 내부 런칭
지침서라는 점이다. 따라서 기업의 언어이자 제품을 팔아야 하는 이유인 런
칭 커뮤니케이션 메시지를 고객이 쉽게 인지하고 공감할 수 있도록 고객의
언어로 변환하는 작업이 필요하다. 이 작업이 '런칭 커뮤니케이션 크리에이
티브'다.

한국언론진흥재단이 정의한 '광고의 크리에이티브'의 콘셉트를 빌려서
설명하자면, 런칭 커뮤니케이션 크리에이티브는 런칭 제품에 새로운 의미와

가치를 발견하여 아이디어를 일으켜 고객에게 어떻게 커뮤니케이션 할 것인가의 콘셉트를 만들고, 그것을 구체적으로 문장화, 시청각화, 영상화하는 모든 프로세스다. 따라서 런칭 커뮤니케이션 크리에이티브는 기업의 터치 포인트 중 하나인, 기업이 기업의 모든 가치와 약속을 전달하는 '커뮤니케이션' 영역에서 중요한 역할을 차지한다.

전략경영의 창시자 마이클 포터 교수는 경쟁력 있는 전략은 다름에 관한 것이라고 말했다. 따라서 경쟁력 있는 전략이 되려면 고객에게 독특한 가치를 전달하기 위해서 남과 다른 일련의 활동을 선택하는 것이라고 했다.[16] 런칭 커뮤니케이션의 목표가 고객이 런칭 제품을 구매하는 데 가장 큰 영향을 미치는 순간 고객과 만나 신제품의 런칭 커뮤니케이션 메시지를 효과적으로 커뮤니케이션해서 고객이 제품을 구매하도록 하는 것이다. 따라서 경쟁력 있는 런칭 커뮤니케이션 크리에이티브는 경쟁 기업의 커뮤니케이션과 차별되는 인문학적 상상력과 예술적인 창의력을 필요로 한다.

최근 스마트 폰과 태블릿 등 모바일 기기가 보편화되면서 미디어 환경이 빠르게 변하고 있다. 온드 미디어, 페이드 미디어 그리고 언드 미디어, 이 세 가지 미디어를 유기적으로 연계하는 것이 기업의 커뮤니케이션 전략의 토대가 되면서 기존 런칭 커뮤니케이션 크리에이티브 개념이 여러 가지 도전에 직면해 있다. 인터넷과 모바일 등을 통해서 항상 느슨하게 연결된 환경은 지

---

16 'What is strategy' Michael Porter, 〈Harvard Business Review〉, 1996. Nov-Dec

구 전체를 하나로 묶을 정도로 공동체 의식을 발현시킬 뿐만 아니라 개인의 취향이나 성격, 가치관에 따른 무수한 작은 커뮤니티를 구성하면서 경험과 연결, 교감으로 이어지는 새로운 라이프 스타일의 흐름을 만들어내고 있다. 이제 한 사람의 영향력은 교감하는 사람을 통해 네트워크 전체에 빠르게 전파된다.[17]

하지만 결정적인 것은 기존의 광고 위주의 커뮤니케이션에 대한 고객들의 수용도가 점차 감소하고 있다는 점이다. 또한 인터넷과 정보 기술의 발달로 고객 구매 행태에 근본적인 변화 조짐이 나타났다. 단순히 런칭 제품의 BSP(Basic Selling Points)와 USP(Unique Selling Points)를 근간으로 기업이나 제품의 '이미지'를 부각하는 런칭 커뮤니케이션 크리에이티브에서, 변화된 미디어 환경을 고려해 신제품의 콘텐츠 또는 정보 형태로 커뮤니케이션되기 시작했다.[18] 즉 경쟁사 또는 경쟁 제품에는 없는 독창적인 포인트를 가지고 그 기업만의 고유한 커뮤니케이션 크리에이티브를 만드는 'USP(Unique Selling Proposition: 고유판매제안)' 방식 등 기존 커뮤니케이션 크리에이티브는 더 이상 고객을 움직이지 못한다. 그만큼 단순한 이미지 전달 방식으로는 경쟁사 또는 경쟁 제품과 차별화되기가 어렵다. 따라서 런칭 제품의 원형을 근간으로 신제품의 다양한 '아키타이프 런칭 커뮤니케이션'을 위한 스토리텔링이 점차 중요해지고 있다.

17 '라이프 3.0: 항상 연결된 사람들, 경험을 공유하다' 〈동아비즈니스리뷰〉 92호, 84p
18 '광고마케팅 상의 가장 큰 변화상' 〈제일기획 2011 디지털 리더스 포럼〉

이렇게 급변하는 기업의 커뮤니케이션 크리에이티브 중심에는 기업의 '진정성'이 자리 잡아가고 있다. 기업에게 진정성이란 고객을 속이지 않고, 고객의 이익을 최우선으로 하는 제품과 서비스를 제공하는 것이다. 경영 측면에서는 고객을 진정으로 위한다는 진정성을 인정 받아 타사와 차별적 경쟁 우위를 누리도록 하자는 것이다. 진정성을 인정 받은 기업은 강한 신뢰와 존경을 기반으로 차별화된 경쟁 우위를 차지할 수 있다.[19] 왜냐하면 진정성에 대한 수요에 비해 공급이 현저히 적기 때문이다. 희귀한 것은 늘 가치를 가진다. 따라서 이러한 기업의 진정성은 기업의 런칭 커뮤니케이션 크리에이티브까지 확장되어가고 있다. 부정직한 제품, 가식적인 서비스, 허위의 런칭 커뮤니케이션으로는 제품을 성공적으로 런칭시킬 수 없게 되었다. 디지털 미디어의 발달로 고객이 제품과 관련된 정보와 지식을 실시간으로 공유할 수 있기 때문이다. 새로운 디지털 미디어를 통해 기업이 속이는지 아닌지 쉽게 파악할 수 있게 된 것이다.[20] 설득력 있는 메시지, 화려한 비주얼, 유명 연예인보다 기업 또는 런칭 제품의 진정성을 얼마나 전달할 수 있느냐가 성공 여부를 결정할 것이다.

결국 기존의 광고 커뮤니케이션 위주의 런칭 커뮤니케이션 크리에이티브에서 벗어나 제품, 가격, 유통 경로 등 소비 상황 전체로까지 확대되야 한다. 런칭 커뮤니케이션에서 창의성을 논할 때 많은 경우 광고 커뮤니케이션 활

19 http://economyplus.chosun.com/special/special_view_past.php?boardName=C19&t_num=5938&img_ho=87 2012년 신년 특별기획 〈이코노미플러스〉 · IGM 공동 선정
20 '진정성 마케팅: 가짜많은 세상을 뚫는 힘' 〈동아비즈니스리뷰〉 79호, 94p

동으로만 국한하여 생각하는 경향이 있다. 하지만 광고 중심의 창의성에는 한계가 있다. 변화된 미디어 환경을 고려해 제품, 가격, 유통경로 등 4P의 나머지 영역에서도 반짝이는 아이디어 발굴이 필요하다.[21]

마지막으로, 런칭 오퍼레이션은 모든 부서의 런칭 커뮤니케이션을 아우를 수 있는 런칭 오퍼레이션 차원의 커뮤니케이션 크리에이티브 콘셉트를 제안하고 이를 모든 부서가 활용할 수 있도록 해야 효과적이다. 이는 프리 런칭 커뮤니케이션에서의 기업의 온드 미디어 커뮤니케이션에서부터 •디-데이 런칭 커뮤니케이션의 페이드 미디어 커뮤니케이션에 이르기까지 어떤 특정의 크리에이티브 콘셉트로 기업의 모든 런칭 커뮤니케이션 크리에이티브를 통제하는 것이다. 따라서 런칭 오퍼레이션의 주요 부서와 그 부서들과 함께 일하는 외부 에이전시가 모여 머리를 맞대고 고객의 삶 속에 존재하는 진정성 있는 런칭 커뮤니케이션 크리에이티브를 합의해 이를 바탕으로 커뮤니케이션 활동을 일관성 있게 실행해야 한다.

---

21 '진정성 갖춘 혁신, 고객과의 벽을 깬다' 〈동아비즈니스리뷰〉 74호, 42p

최고의 커뮤니케이션 크리에이티브는
진정성이다

1997년은 스티브 잡스가 애플에 복귀한 첫 해였다. 그는 추락하는 애플의 브랜드 이미지를 되살리려면 새로운 관점의 커뮤니케이션 전략이 필요하다고 보았다. 애플은 아직 건재하고 변함 없이 특별한 뭔가를 추구한다는 걸 세상에 보여줘야 한다고 그는 생각했다. 그래서 일방적으로 제품을 소개하는 광고가 아닌 강력한 브랜드 이미지를 전달하는 대대적인 커뮤니케이션 캠페인을 만들기로 했다. 애플 컴퓨터의 기능과 장점을 강조하는 게 아니라 창의적인 사람이 컴퓨터를 이용해 성취해낼 수 있는 것이 무엇인지 느끼도록 하는 광고였다. 그 광고는 단순히 잠재 고객들에게 어필하기 위한 것이 아니라 애플의 직원들에게도 던지는 메시지이기도 했다. 당시 애플 직원들은 자신의 정체성을 잊어버린 상태였다.[22] 같은 해 8월 초, 보스턴 맥월드 행사의 기조 연설에서 스티브 잡스는 이 커뮤니케이션 캠페인의 콘셉트와 캠페인의 슬로건 '다른 것을 생각하라(Think Different)'를 처음 소개했다.[23] 이 캠페인은 성공을 거두었고 다음 해에 런칭된 아이맥의 성공으로 이어졌다. 결국

---

22 《스티브 잡스》 월터 아이작슨 지음, 민음사, 520p
23 《스티브 잡스》 월터 아이작슨 지음, 민음사, 522p

이 캠페인의 성공을 통해, 스티브 잡스는 구조조정으로 비용을 절감하고 외주 생산으로 제조의 효율성을 구축하였으며, 다르게 생각하기를 통해 위대한 제품을 연속적으로 내놓는 데 성공한다.[24] 이렇듯 스티브 잡스는 애플은 새로운 런칭 커뮤니케이션 크리에이티브를 만들어야 할 때 계속해서 독특하고 새로운 콘셉트를 요구했다. 하지만, 결국 스스로 '애플의 목소리' 라는 애플의 진정성에서 해답을 찾았다. 스티브 잡스가 생각하기에 그 목소리는 단순성, 서술성, 명확성이라는 일련의 차별화된 특징을 갖고 있다고 생각했다. 이러한 애플의 진정성은 애플을 세계 최고의 기업 반열에 올려놓았다.

---

24 《애플, 성공신화의 비밀》 김정남 지음, 황금부엉이, 81p

최근 기업의 커뮤니케이션은 보여지는 이미지보다 객관성이 담보되는 정보를 강조한다. 제품의 역사나 제품의 성분, 제품의 탄생 지역, 가격, 효용 등 고객이 속을 염려가 없다고 판단하는 증거들을 제시하면서 고객들에게 기업의 진정성을 전달하고자 노력한다. 유니클로는 이런 추세를 잘 반영하는 대표적인 기업이다. 인위적인 설정이나 광고 대신 실제 제품의 활용 장면이나 착용 장면, 가격 등을 제시한다. 고객에게 객관화된 정보만 제공하고 선택은 강요하지 않는다는 인상을 심는 것이다(참고사진).[25] 미국의 화장품 업체 키엘은 2000년 로레알에 인수된 이후 역사와 진실성에 기반한 마케팅을 통해 세계적인 브랜드로 발돋움하는 데 성공했다. 키엘은 진실성을 고객에게 과장하지 않고 전달하는 데 초점을 맞추어 자발적인 입소문에 의존했다. 1851년에 뉴욕에서 시작한 약국이라는 탄생 배경과 함께 수수한 용기에 천연원료를 사용한다는 점을 강조했다. 진실성을 강조한 키엘의 커뮤니케이션은 큰 성공을 거두어 인수 10년 만에 전 세계 매출이 5배 이상 성장하였으며, 국내에서도 2011년 상반기 기준 전년 대비 60%에 육박하는 매출 성장을 기록하였다.[26] 진정성이 결여된 기업의 메시지에는 고객이 호응하지 않는다. 변화한 고객의 구매결정 방식을 감안할 때, 이제 기업의 커뮤니케이션에도 경험과 진실성을 기반으로 고객의 공감을 이끌어내는 것이 중요해졌다.

25 '소비자 구매결정의 잣대가 바뀌고 있다' 〈LG Business Insight〉 2011. 11. 30
26 '자발적 입소문과 지인의 추천' 〈광고계 동향〉 Vol 251

런칭 커뮤니케이션 일정

런칭의 제반 일정을 확정할 때에는 기업의 내부 상황뿐만 아니라 시장의 커뮤니케이션 흐름을 정확하게 파악하고 분석해서 결정을 내려야 한다.

피터 드러커는 '모든 노력의 성공에서 가장 중요한 요소는 타이밍이다' 라고 강조했다. 아무리 탁월한 전략과 대대적인 커뮤니케이션 캠페인을 준비했더라도 적절한 타이밍을 놓치면 런칭이 수포로 돌아가고 준비했던 것은 바로 용도폐기될 수 있다는 의미다. 그래서 런칭의 제반 일정을 확정할 때에는 기업의 내부 상황뿐 아니라 시장의 커뮤니케이션 흐름을 정확하게 파악하고 분석해서 결정을 내려야 한다. 런칭이 예상되는 시점의 시장 커뮤니케이션 흐름을 예측하는 것은 고도의 축적된 경험과 남다른 감각이 필요한 일이다. 런칭 커뮤니케이션 메시지와 이를 표현할 크리에이티브 등을 논의하고 있다면, 런칭 오퍼레이션은 언제부터 프리 런칭 커뮤니케이션을 시작할지, 그리고 런칭 제품의 모든 커뮤니케이션 메시지를 시장에 전달하는 '디-데이 런칭' 을 언제로 할지 등등 런칭 커뮤니케이션과 관련된 전체 일정을 확정해야 한다.

앞서 언급한 바와 같이 기업이 제품을 기획하고 개발에 들어가기 시작한 시점과 런칭 제품을 시장에 전달하는 시점 간에는 다양한 차이가 존재할 수밖에 없다. 특히 한쪽으로의 쏠림 현상이 심각한 한국 시장의 특수성을 감안할 때, 런칭을 해야 하는 시점을 결정할 때는 런칭 즈음에 일어날 혹은 일어날 수 있는 다양한 정치, 경제, 사회 및 문화적인 상황을 미리 예측해야 한다. 그리고 런칭 커뮤니케이션 메시지를 어떻게 시장에 시의적절하게 전달할 것인지 고민하면서 미세한 흐름을 조율할 수 있는 준비를 해야 한다. 런칭 제품이 고객을 만나게 하는 적절한 타이밍을 찾아내는 일은 상당히 중요하면서도 쉽지 않은 일이다. 제품을 기획할 때와 런칭하는 시점 간의 시차가 클수록 이미 변화된 시장 상황을 적절하게 반영하는 일은 경험과 직관, 그리고 시장과의 커뮤니케이션 노하우가 필요하다. 그래서 런칭 오퍼레이터가 필요하다.

기업의 커뮤니케이션이 일어나는 시점에 수신자인 고객의 관심을 사로잡으려면 고객의 시선을 붙잡을 수 있는 강력한 화제(話題)가 필요하다. 그런데 그러한 시점에 기업의 커뮤니케이션 메시지와는 별개의 강력한 사회적 메시지가 존재하면 그만큼 고객의 관심을 지속적으로 잡아두기가 힘들다. 예컨대 일본 동북부 지역의 대규모 지진에 이은 후쿠시마 원전 방사능 누출 사고는 그 시기를 전후로 제품의 런칭 등 커뮤니케이션 활동을 준비 중이던 기업 입장에서 보면 재앙과 같다. 불가항력적인 강력한 화제가 시장을 상당한 시간 동안 장악하면 기업은 아무리 많은 커뮤니케이션 자원과 역량을 투입하더라도 의도했던 결과를 얻기 힘들다. 지진이나 방사능 누출과 같은 예측할 수 없는 천재지변은 어쩔 수 없다 해도, 런칭 오퍼레이션은 런칭 커뮤니케이

션 실행 일정을 확정할 때 아래의 관점에서 다각도로 검토하여 결론을 내려야 한다.

- ★ 정부의 정책과 최근 움직임
- ★ 업계 및 경쟁 기업의 동향
- ★ 뉴스 미디어의 최근 관심사
- ★ 주요 고객들의 최근 동향
- ★ 각종 계절적 요인들
- ★ 국가적인 대규모 행사 또는 시상식

결국 런칭 오퍼레이션과 런칭 오퍼레이터는 다양한 미디어를 통해 외부의 정보를 습득하는 데 노력을 기울여야 한다.

갤럭시 S3 런칭 첩보전

애플의 아이폰5가 2012년 하반기 출시될 것으로 예상되는 가운데, 삼성전자는 5월 3일(현지 시간) 영국 런던 얼스코트에서 열린 '삼성 모바일 언팩' 행사에서 올해 스마트폰 시장의 최대 기대작인 '갤럭시 S3'를 전격 공개했다. 삼성전자는 삼성이 올림픽 공식 파트너사인 점을 감안해 2012년 런던 올림픽 마케팅 효과를 위해 런던을 발표 장소로 잡고, 갤럭시 S3의 다양한 신기능으로 무장하고 슈퍼 스마트폰 시장 '미래 전쟁'의 서막을 올렸다. 미국의 시장조사기관 스트래티지 애널리틱스에 따르면, 삼성전자는 2012년 1분기에 스마트폰 4,450만 대를 팔았고, 애플은 3,510만 대를 판매했다. 이제 스마트폰 시장은 삼성전자와 애플 두 회사의 양강체제가 굳어져가고 있는 셈이다.[27] 그래서 이번 삼성 갤럭시 S3 공개 행사는 최대 경쟁자인 애플 아이폰5에 대한 기대를 더욱 커지게 만들었다. 그리고 이러한 스마트폰 시장의 양강 체제는 나머지 제조사에게는 생존을 위해 끊임없이 노력해야 하는 절박한 상황을 만들어내고 있다.

---

27 '불붙은 차세대 스마트폰 경쟁…아이폰5도 관심' 〈조선일보〉 2012. 5. 4

삼성전자가 공식적인 행사를 갖기 몇 시간 전, 한국 시간으로 5월 3일, 팬텍은 서울 상암동 본사에서 미디어데이 행사를 갖고 '베가레이서 2'를 공개했다. 팬텍은 원래 4월 말 간단히 신제품 발표회를 치를 계획이었다. 그러나 첩보로 삼성의 발표 일정을 미리 알아내고 긴급히 런칭 일정 수정에 나섰다. 팬택 관계자는 "삼성전자가 일정을 발표하기 전날인 15일 홍보, 상품 기획, 마케팅 팀장 등이 모여 발표회를 삼성전자와 같은 3일 하기로 결정했다"고 전했다.[28]

LG전자는 그 다음 날인 5월 4일 새벽 전략 LTE 스마트폰 '옵티머스 LTE2'를 전격 공개했다. 삼성전자가 '갤럭시 S3'를 발표한 지 몇 시간 만에 나온 맞불 작전이었다. 이미 5월 중 런칭하기로 내부 조율을 끝냈지만 정확한 일정을 잡지 못하고 있었는데, 이날 LG전자는 5월 중순부터 SK텔레콤과 KT, LG유플러스 등으로 '옵티머스 LTE2'를 런칭한다고 밝히기도 했다. 몇 달 간 갤럭시 S3에 대한 소문이 무성해도 삼성전자는 일절 이러한 소문을 공식적으로 확인하지 않았다. 그리고 2012년 4월 16일, 5월 3일이라는 런칭 행사 일정을 발표했다. 따라서 팬택이나 LG전자 입장에서는 이미 삼성전자와 애플의 2강 체제로 굳어진 스마트폰 시장에서 신제품 런칭 일정을 잡기 위해 삼성전자와 애플의 눈치를 볼 수밖에 없었다. 삼성전자의 갤럭시 S3나 애플의 아이폰5가 런칭되고 나면 후발주자의 신제품에 대한 미디어와 고객의 관심은 현저히 떨어질 수밖에 없기 때문이다.

---

28 '팬택, 갤럭시 S3 발표 일정 '첩보' 듣자…' 〈한겨레〉 2012. 5. 4

삼성전자의 갤럭시 S3는 2012년 5월 말 유럽에서 3G 모델을 런칭하는 것을 시작으로 본격적인 런칭 커뮤니케이션을 시작할 예정이다. 애플의 아이폰5도 2012년 하반기에 출시되면 전 세계 스마트폰 시장의 패권을 위한 본격적인 정면승부가 전개될 전망이다. 따라서 두 회사는 디-데이 런칭 또는 영업시작일 이전에는 소위 '신비주의' 전략을 취할 것이다. 프리 런칭 커뮤니케이션 단계에서는, 기업의 오프라인 온드 미디어 행사를 통해 런칭 제품의 핵심 커뮤니케이션 메시지만을 공개하고, 그 외의 정보에 대해서는 일정 확인해주지 않는 프리 런칭 커뮤니케이션 전략을 이미 수립하고 실행에 들어간 것이다. 그리고 런칭 제품의 모든 커뮤니케이션 메시지를 시장에 공개하는 디-데이 런칭 시점 또는 영업시작일 이전까지 전 세계 미디어와 시장의 반응을 지켜보면서 향후 런칭 커뮤니케이션 일정과 전략을 순발력 있게 조정하면서 런칭 커뮤니케이션을 실행할 것이다. 이게 바로 성공하는 기업의 런칭 커뮤니케이션 전략이다.

런칭 커뮤니케이션 전략의 수립

런칭 제품의 모든 커뮤니케이션 메시지를 공개하는 '디-데이 런칭'을 기준으로 그 이전 단계인 프리 런칭 커뮤니케이션과 디-데이 런칭 커뮤니케이션, 그리고 그 이후 단계인 포스트 런칭 커뮤니케이션 등 세 단계로 나누어 단계별 런칭 커뮤니케이션 전략을 수립해야 한다.

일반적으로 제품의 수명주기상 제품 개발 단계는 기업이 신제품 아이디어를 발견하고 개발하는 것에서부터 출발한다. 이 단계에서는 매출은 없고 기업의 투자 금액은 늘게 마련이다. 이 과정을 지나 도입 단계에 이르면 비로소 시장에 제품을 런칭하면서 제품의 인지도를 높이는 데 집중한다. 하지만 이러한 접근 방법은 제품이 런칭하자마자 단기간 내에 제품의 핵심 커뮤니케이션 메시지를 시장에 전달하면서 인지도를 높여야 하는 부담이 있었다. 또한 런칭을 하면서 기업의 커뮤니케이션 자원을 일시에 대대적으로 투입해야 하기에 단기적으로 기업에 상당한 경제적 부담을 가중시키는 결과를 가져올 수도 있었다. 기업은 고객과 만나게 되는 터치 포인트를 고객이 제품을 구매하기 이전, 구매 시, 그리고 구매 이후로 분류하여 기업의 비즈니스 메시지를 전략적으로 일관성 있게 커뮤니케이션하고 있다(그림 3-1, 104쪽 참고). 따라서 이 책에서도 시장과 고객에게 런칭 제품의 모든 커뮤니케이션 메시지를 공개하는 '●디-데이 런칭'을 기준으로 그 이전 단계인 프리 런칭 커뮤니케이션과 디-데이 런칭 커뮤니케이션, 그리고 그 이후 단계인 ●포스트 런칭 커뮤니케이션 등 세 단계로 나누어 단계별 런칭 커뮤니케이션 전략을 수립하고 실행해나갈 것이다.

런칭 커뮤니케이션 전략을 수립하기에 앞서, 다섯 가지 내용을 살펴봐야 한다.

첫째 '신제품 구매력'이라는 콘셉트를 이해할 필요가 있다. 고객이 신제품을 구매하게 되는 '신제품 구매력'이라는 콘셉트는 시장에 런칭되는 제품을 고객이 구매하고 싶은 생각이 들게 하는 '●시도 구매력'과 이를 다시 구입하고 싶도록 만드는 '●반복 구매력'의 합이며, 〈그림 3-4〉처럼 나타낼 수 있다.[29]

시도구매력은 고객이 제품을 최초로 구입하게 하는 힘이다. 기업이 실행하는 런칭 커뮤니케이션이 종합적으로 영향을 미친다. 중요한 것은 제품을 사용하기 전에 이루어지며, 평생 단 한 번의 구매만 여기에 해당된다. 최초의 구매가 없으면 반복구매도 없다. 즉, 반복구매에 결정적 영향을 주는 제품의 품질력이 아무리 뛰어나도 최초 구매가 이루어지지 않으면 아무 소용이 없는 것이다. 따라서 런칭 커뮤니케이션 전략을 수립할 때에는 고객이 제품을 직접 사용하기 전에 시도구매력을 극대화하기 위해 제품 인지도를 높이고 긍정적인 이미지를 창출해야 한다는 사실을 알아야 한다.

29 《신상품 마케팅 전략》 김기석 지음, 인플로우, 49p

그림 3-4 | 신제품 구매력

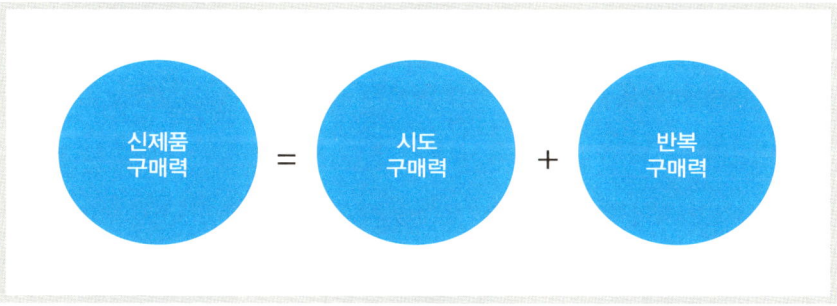

둘째, 런칭 커뮤니케이션 전략을 수립할 때 염두에 두어야 할 것은 런칭 제품의 아키타이프를 바탕으로 프리 런칭 커뮤니케이션에서부터 포스트 런칭 커뮤니케이션까지 조금씩 변화를 주며 일관성 있게 런칭 커뮤니케이션 활동을 꾸준히 유지, 관리해야 한다는 점이다. 확정된 런칭 커뮤니케이션 메시지를 바탕으로 전략적인 아키타이프 런칭 커뮤니케이션 전략의 수립이 필요하다. 많은 제품들의 경우 시장에 존재를 알리는 커뮤니케이션 활동이 부족해 모멘텀을 창출하는 것에 어려움을 겪는다. 고객은 평소 수없이 많은 구매의사 결정을 내린다. 따라서 제품의 이름과 그 편익에 대해 지속적으로 회상시켜주는 전략이 필요하다.[30]

셋째, 기업이 런칭 커뮤니케이션 전략을 수립할 때에는 온드 미디어, 페이드 미디어, 언드 미디어 위주로 변화한 미디어 환경에서 런칭할 제품을 구매

30 《광고와 프로모션》 7판 트렌스 심프 지음, 20p

할 고객에게 가장 최적화된 미디어를 믹스하고 실행할 수 있어야 한다. 특히 그 중 뉴스 미디어의 역할을 간과하면 안 된다. 프리 런칭 커뮤니케이션에서 기업의 런칭 제품에 대한 독점적인 정보는 시장과 고객의 관심을 주도하는 뉴스 미디어에게도 관심이 높을 수밖에 없다. 뉴스 미디어에게는 그 제품의 커뮤니케이션 메시지 자체가 '뉴스 가치'가 있는 알아야 하는 목적이기 때문이다. 따라서 기업이 프리 런칭 커뮤니케이션에서부터 런칭 제품에 대한 시장과 고객, 그리고 뉴스 미디어의 긍정적인 관심을 제품이 시장에 전달되는 시점까지 성공적으로 유지시킬 수 있다면 런칭 제품은 전형적인 제품 수명 주기의 도입부 패턴에서 벗어나 제품이 영업에 들어가자마자 불티나듯 팔리는 대박신화가 되는 것이다(그림 3-5 참고).

넷째, 고객에게 런칭 제품을 구매하도록 설득하는 방식이 진정성을 바탕으로 이루어져야 한다는 점이다. 부정직한 제품, 가식적인 서비스, 허위의 런칭 커뮤니케이션으로는 제품이 성공할 수 없다. 기업의 철학인 브랜드 플랫폼에서 런칭 커뮤니케이션을 시작해야 하며, 그 철학을 바탕으로 마케팅 플랫폼이 결정되어야 한다. 그리고 런칭 오퍼레이션은 이 핵심 메시지들을 시장의 언어, 런칭 커뮤니케이션 크리에이티브로 풀면 되는 것이다. 따라서 기업의 런칭 커뮤니케이션은 특정 광고팀이나 프로젝트 매니저, 제품의 마케터, 홍보담당자의 전횡으로 실행되어서는 안 된다. 런칭 커뮤니케이션은 기업의 모든 임직원과 파트너가 참여해 공감, 실행하는 기업의 축제와 같기 때문이다. 좀더 구체적으로 각 커뮤니케이션 단계별로 런칭 커뮤니케이션 전략을 수립할 때 고려할 점을 정리했다.

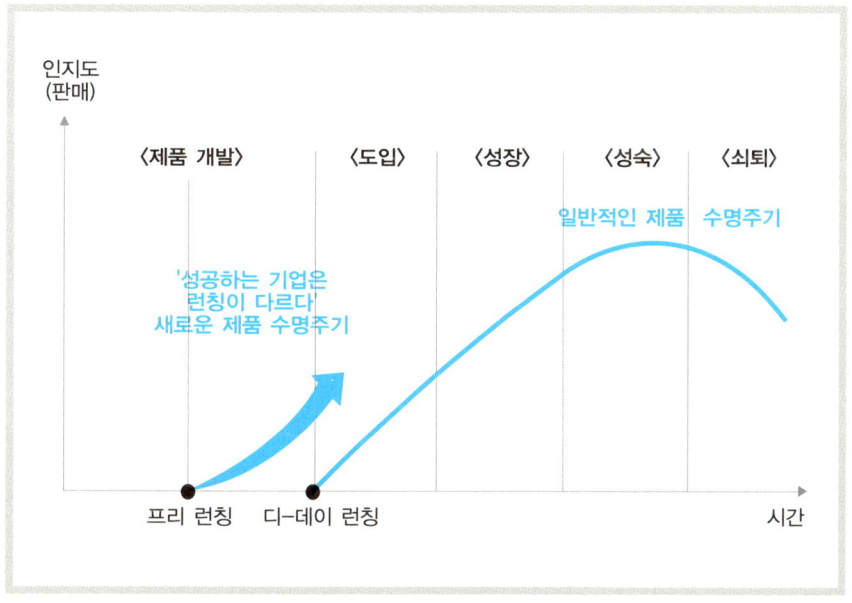

그림 3-5 | '성공하는 기업은 런칭이 다르다'의 새로운 제품 수명주기

다섯째, 런칭 커뮤니케이션 전략을 수립할 때 염두에 두고 있어야 할 점은 실제 전략의 실행과정 속에서 예기치 못한 다양한 변수가 발생할 수 있다는 점이다. 예컨대 런칭 신제품의 생산이 늦춰지거나 제품 배송에 문제가 생겨 최종 디-데이 런칭 및 영업시작일 일정이 늦어질 수도 있다. 혹은 경쟁 기업이 제품의 런칭 소식을 듣고 맞대응을 하려는 움직임을 보일 때는 오히려 런칭 실행 일정을 앞당겨야 할 수도 있다. 따라서 각종 런칭 커뮤니케이션 스케줄과 예산, 그리고 전략은 늘 유동적으로 바뀔 수 있다는 점을 기억하자.

1) 프리 런칭 커뮤니케이션

•프리 런칭 커뮤니케이션에서는 런칭 제품의 커뮤니케이션 메시지는 기업만 알고 있는 정보다. 따라서 기업은 이러한 비대칭적 우위 상황을 십분 활용해, 시장 또는 고객의 관심을 주도하는 뉴스 미디어를 기업 쪽으로 끌어당기는 '•풀 커뮤니케이션'을 적극 활용해야 한다. 뉴스 미디어는 기존의 매스미디어뿐만 아니라 블로그, 커뮤니티, 소셜 네트워크를 총합하는 가치 중립적인 미디어도 포함된다. 기업의 제품을 구매할 때 점점 더 많은 사람들이 인터넷을 이용해 뉴스 미디어의 전문 블로거나 영향력 있는 전문가들의 의견을 살펴본 후 구매결정을 내린다. 따라서 프리 런칭 커뮤니케이션에서는 가치 중립적인 뉴스 미디어를 런칭 제품에 호의적인 관점을 가지게 된 언드 미디어가 될 수 있도록 노력해야 한다. 궁극적으로 프리 런칭 커뮤니케이션의 목표는 런칭 제품의 인지도를 높이고 긍정적인 이미지를 창출하는 것이다. 또한 풀 커뮤니케이션은 제품이 시장에 런칭되었을 때 제품을 시장에 알리는 최고의 전도사인 기업의 임직원과 파트너를 위한 기업 내부 커뮤니케이션에서도 유효하다. 따라서 제품에 대한 정보가 기업 외부로 누설되지 않는다는 전제 아래, 적절한 기업 내부 커뮤니케이션 활동을 통하여 제품의 런칭 커뮤니케이션 메시지가 공유되고, 그래서 기업의 임직원과 파트너가 런칭 제품에 대한 확신과 지속적인 관심을 가질 수 있도록 하는 일도 중요하다.

기업은 런칭 제품의 프리 런칭 커뮤니케이션에서부터 디-데이 런칭 단계에 이르기까지 뉴스 미디어가 신제품에 대해 호의적인 뉴스를 생산하도록 최선을 다해야 한다. 따라서 프리 런칭 커뮤니케이션은 뉴스 미디어를 기업에 호의적인 언드 미디어로 만들기 위한 커뮤니케이션이라 봐도 무방하다. 따라서 이 단계에서는 반드시 제품에 대한 커뮤니케이션 우선 순위를 뉴스 미디어에 두어야 한다. 뉴스 미디어에 먼저 런칭 제품의 커뮤니케이션 메시지를 전달한 후 기업의 디지털 플랫폼, 즉 기업의 홈페이지, 웹사이트, 블로그 또는 디지털 미디어 등의 온드 미디어를 통해 구체적인 커뮤니케이션 메시지를 공개함으로써 시장, 고객, 그리고 뉴스 미디어의 최종 도착지가 기업의 디지털 플랫폼이 될 수 있도록 해야 한다. 나아가 기업의 디지털 플랫폼은 고객에게 좀더 흥미로운 경험을 제공하고 제품에 대한 관심을 불러 일으키며 더욱 정교하면서도 지속적인 접촉을 확고히 구축해나갈 수 있도록 해야 한다. 한편 매스미디어에서의 광고나 비용을 지불해 실행하는 제3자의 프로모션을 통한 페이드 미디어 커뮤니케이션도 효과적이다. 다만 프리 런칭 커뮤니케이션에서는 비용 대비 효과가 크지 않아 제한적으로 실행하는 것이 좋다(그림 3 –6 참고).

2) 디-데이 런칭 커뮤니케이션 및 포스트 런칭 커뮤니케이션

시장과 고객에게 런칭 제품의 모든 커뮤니케이션 메시지가 공개되는 디-데이 런칭 시점부터는 기업의 온드 미디어를 중심으로 하는 풀 커뮤니케이션뿐만 아니라 런칭 커뮤니케이션 메시지를 시장과 고객에게 밀어내는, 푸시 커뮤니케이션도 병행해야 한다. 그래서 단시간 안에 좀더 광범위한 고객에게 도달해 런칭 제품의 인지도를 높이고 긍정적인 이미지를 창출해 고객이

그림 3-6 | 기업의 풀 커뮤니케이션 그리고 푸시 커뮤니케이션

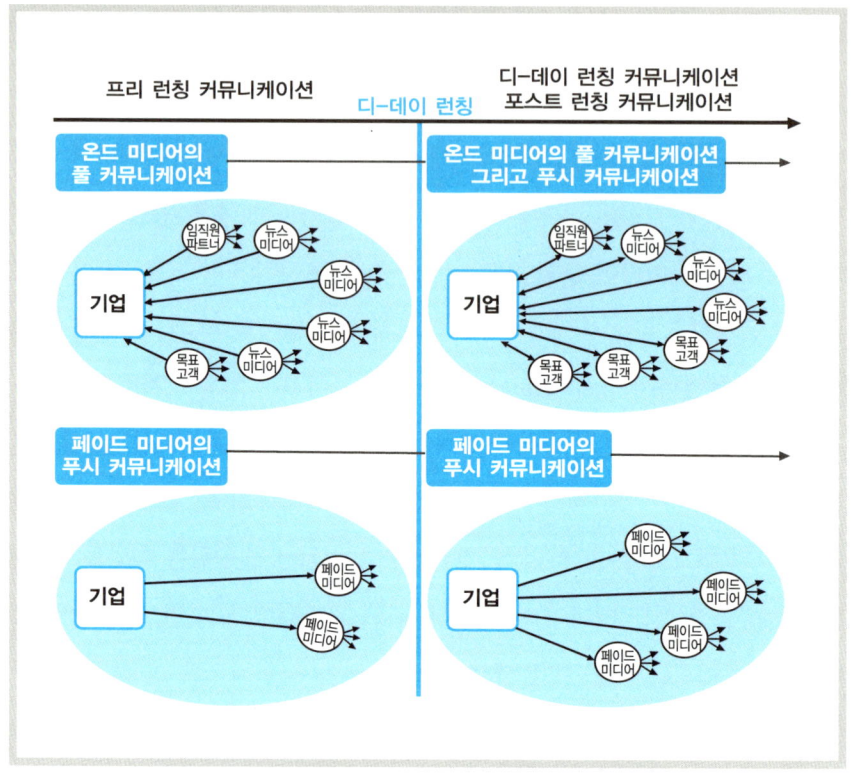

신제품 카테고리의 제품을 구매할 때 런칭 제품을 쉽게 기억할 수 있도록 해야 한다(그림 3-6 참고). 그리고 포스트 런칭 커뮤니케이션에서는 런칭 제품의 최초 구매율이 높았다 하더라도 사용해본 제품이 마음에 들지 않으면 재구매율이 낮아지고 이는 매출하락의 결과로 이어질 수 있음을 주의해야 한다. 따라서 고객이 기업과 만나는 제품, 기업의 임직원이나 프로세스 또는 커뮤니케이션 등 터치 포인트의 모든 영역에서 체계적·전략적으로 기업의 제품 커뮤니케이션 경험이 전달될 수 있도록 해야 한다.

런칭 커뮤니케이션 전략의 수립은 런칭 오퍼레이션이 가용한 기업의 런칭 커뮤니케이션 자산을 바탕으로 런칭 커뮤니케이션 단계별로 제품의 런칭 커뮤니케이션 메시지를 고객에게 최적의 방식으로 전달할 수 있는 온드 미디어 또는 페이드 미디어를 선별, 믹스하는 것을 결정하는 일이다. 따라서 런칭 커뮤니케이션 전략이 수립되면 런칭 오퍼레이션의 모든 멤버들은 성공적으로 전략이 실행될 수 있도록 최선을 다해야 한다.

런칭 커뮤니케이션 툴 제작

런칭 커뮤니케이션 전략이 완성되면 본격적인 런칭 커뮤니케이션 실행에 앞서 런칭 커뮤니케이션 실행에 사용될 커뮤니케이션 툴 제작에 들어가야 한다.

런칭 오퍼레이션은 주요 부서가 제안한 각 부서의 런칭 커뮤니케이션 방안과 크리에이티브를 바탕으로 기업 차원의 총괄하는 런칭 커뮤니케이션 전략과 런칭 커뮤니케이션 크리에이티브를 확정, 수립해야 한다. 이 말은 거꾸로 런칭 오퍼레이션은 런칭 제품의 마케팅 플랫폼과 커뮤니케이션 플랫폼을 바탕으로 각 부서가 일관되면서도 창의적인 런칭 커뮤니케이션 방안과 크리에이티브를 수립할 수 있도록 기준을 제시, 조정하는 역할을 훌륭히 수행해야 한다. 이렇게 런칭 커뮤니케이션 크리에이티브를 포함해 기업 차원의 런칭 커뮤니케이션 전략이 완성되면 본격적인 런칭 커뮤니케이션 실행에 들어가기 전, 각 부서가 커뮤니케이션 실행을 위한 커뮤니케이션 툴 제작에 들어가야 한다.

따라서 런칭 오퍼레이션은 각 부서 간의 각종 런칭 커뮤니케이션 툴의 제작 일정을 서로 유기적으로 조율해 적은 비용으로 최대의 효과를 낼 수 있도

그림 3-7 | 런칭 커뮤니케이션 툴 제작

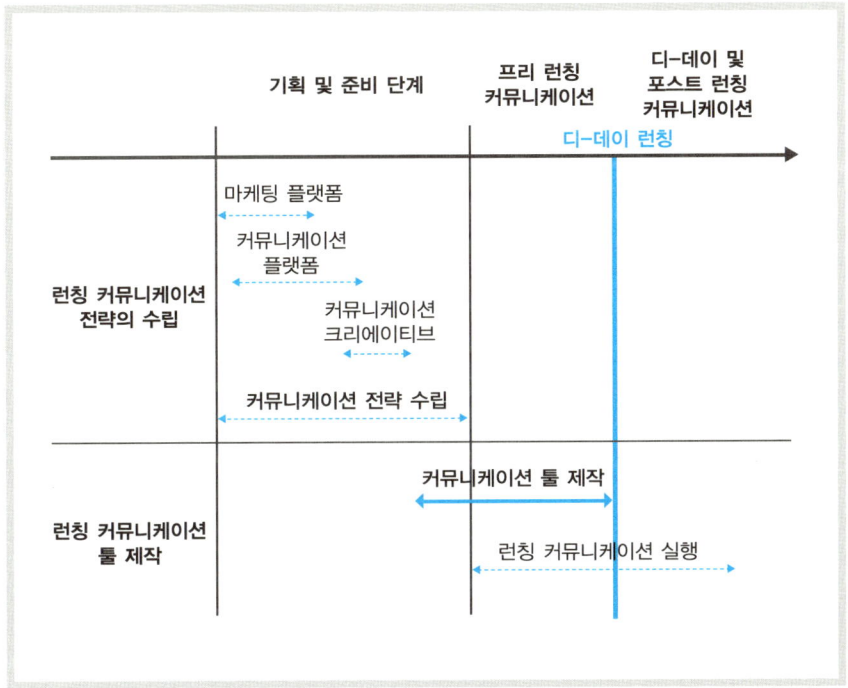

록 조정자 역할을 해야 한다. 예컨대 TV 광고나 인쇄물에 소개할 신제품 촬영이 있다면, 한 부서의 목적으로만 이 촬영 결과물을 활용하지 말고, 런칭 오퍼레이션을 통해 합의된 프리 런칭 커뮤니케이션에서 다른 부서가 활용할 수 있도록 함으로써 비용을 줄여야 한다. 또한 런칭 오퍼레이션은 런칭 커뮤니케이션 툴이 스케줄에 맞게 문제없이 제작될 수 있도록 기업 내부의 협조를 얻어내는 데에도 적극 도와야 한다. 가령, 런칭커뮤니케이션 크리에이티브를 바탕으로 TV 광고를 촬영해야 한다면, 런칭 오퍼레이션은 광고 촬영이 순조롭게 일정대로 완료될 수 있도록 해당 부서의 협조를 요청하고 조율해야 한다(그림 3-7 참고).

런칭 커뮤니케이션 전략이 수립되면 런칭 오퍼레이션은 프리 런칭 커뮤니케이션에서부터 포스트 런칭 커뮤니케이션까지 수립된 전략이 일관성 있게 시장과 고객에게 전달될 수 있도록 최선을 다해야 한다. 성공적인 런칭 커뮤니케이션 실행을 통해 고객이 제품을 구매하도록 만드는 것이 목표임을 잊지 말고 런칭 오퍼레이션을 중심으로 모든 멤버들이 팀워크를 발휘해, 실행 중에 발생하는 난관들을 하나씩 극복해나가야 한다.

SECTION 4

런칭 커뮤니케이션의 실행

단계별
런칭 커뮤니케이션의 실행

런칭 커뮤니케이션을 단계별로 실행할 때 '전략적이고 일관되게 말하기' 못지 않게 '전략적이고 효율적으로 듣기'도 중요하다라는 점을 잊어서는 안된다.

지금까지 신제품을 시장에 성공적으로 런칭하려면 '제품 수명주기' 콘셉트의 제품 개발 단계와 도입 단계 지점에서부터 프리 런칭 커뮤니케이션을 시작해야 한다는 점을 강조했다. 더 구체적으로 말하면, 아래 그림처럼 화살표로 표시된 부분을 확대하여 전략적으로 커뮤니케이션해야 한다(그림 4-1 참고).

신제품을 런칭해 판매에 들어가면서 런칭 커뮤니케이션을 실행하면 기업은 상당한 비효율을 감수해야 한다. 실제로 제품을 판매하기 시작해야 하는 상황에서 단기간 안에 기업의 자원을 집중적으로 투입해 제품의 인지도를 높이고 긍정적인 이미지를 창출해 구매로 이어지도록 하기란 쉽지 않다. 경쟁 기업을 포함해 여러 기업들이 쏟아내는 커뮤니케이션 메시지의 홍수 속에서 새로 런칭하는 제품만을 위한 차별화된 커뮤니케이션을 하기도 녹록지 않다.

그림 4-1 | '성공하는 기업은 런칭이 다르다'의 새로운 제품 수명주기

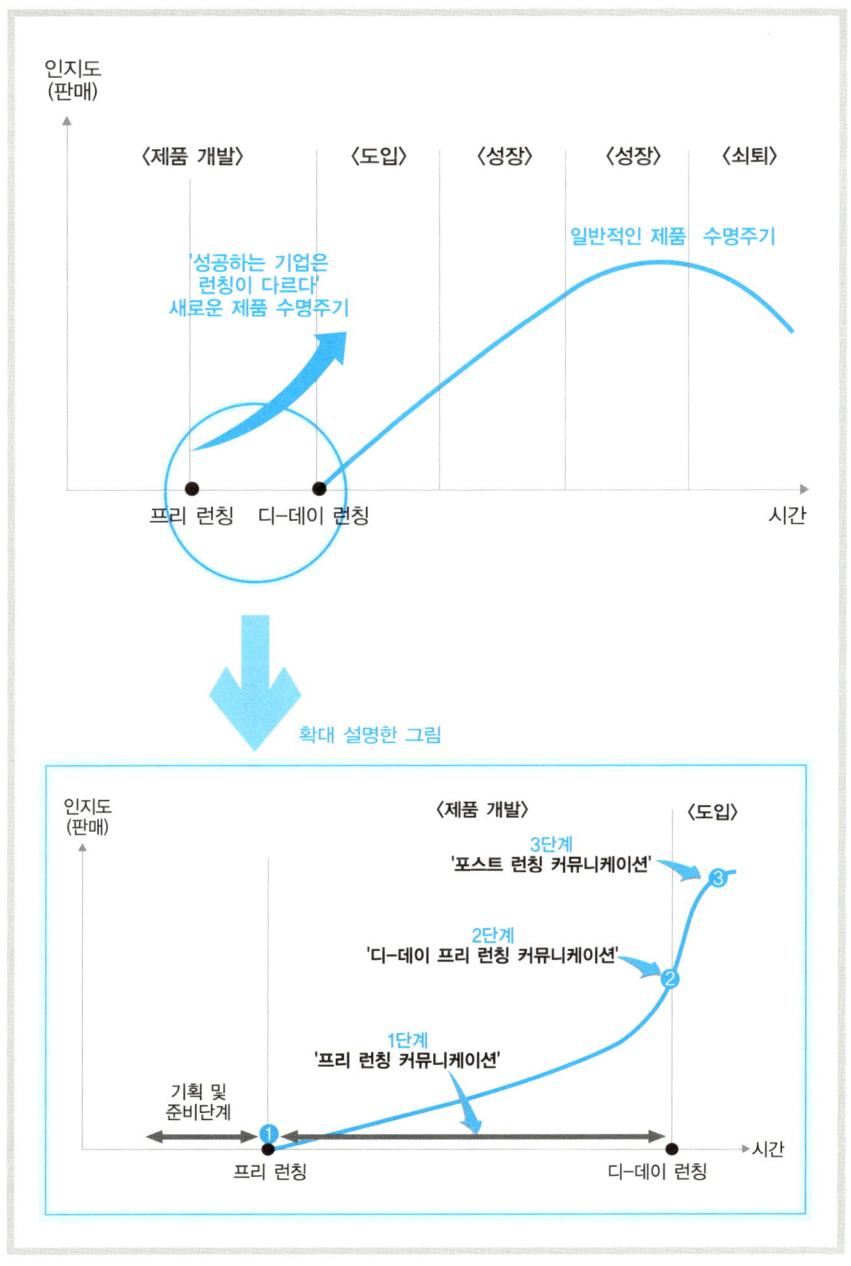

최근에는 고객들이 다양한 디지털 미디어를 이용해 자신들의 목소리를 내기 시작하면서 기업의 커뮤니케이션 입장에서 '전략적이고 일관되게 말하기' 못지 않게 '전략적이고 효율적으로 듣기'도 중요해졌다. 대부분의 기업은 정성적이라고 하지만 사실 직감과 우연에 의존해 고객의 목소리를 들어왔다. 따라서 기업 입장에서는 성공적인 제품 런칭을 위해 신제품에 대한 고객의 다양한 시각을 '전략적이고 효율적'으로 듣기 위한 시스템도 만들어야 한다. 그래서 제품이 시장에 완전히 소개되지 않은 프리 런칭 커뮤니케이션에서 고객과 시장의 이야기를 듣는 기업의 '검색' 기능이 중요하다.

프리 런칭 커뮤니케이션 단계에서부터 기업의 커뮤니케이션 활동 후에는 반드시 런칭 제품에 대한 시장과 고객의 목소리를 듣는 기업의 듣기 시스템을 늘 가동해야 한다. 군인이 매일 베이스 캠프로 돌아와서 무슨 일이 일어났는지 확보한 정보를 분석하고 이러한 과정을 통해 무엇을 배웠고 내일은 어떻게 하면 좀더 나은 성과를 얻을 수 있는지 끊임없이 분석하듯, 단계별로 런칭 제품과 관련해 시장에서 어떤 이야기가 오고갔는지, 그리고 누가 신제품에 대해 말하는지 면밀하게 분석함으로써 성공적인 런칭을 위한 정보로 삼아야 한다. 런칭 오퍼레이션은 기업이 런칭 제품에 대한 시장의 피드백 말고도 통제 불가능한 외부 변수도 염두에 두어야 한다. 주요 외부 변수는 다음과 같다.

★ 정치, 경제, 사회 및 문화적인 상황을 포함한 외부 환경의 변화
★ 고객의 기호, 제품 가격 및 유통채널의 변화를 포함한 시장 환경의 변화
★ 경쟁 기업의 대응

런칭 오퍼레이션은 환경 변화를 모니터링하면서 그와 같은 변화의 발생 요인을 분석하고 변화에 잘 적응할 수 있는 적절한 행동 계획을 빠르게 도출해내야 한다. 따라서 런칭 오퍼레이션 차원에서 경쟁사의 반응을 모니터링하고 만약에 있을 수도 있는 상황을 가정해 기업 차원에서 즉각 대응할 수 있는 시스템을 구축, 운용할 필요가 있다. 따라서 이미 제품을 런칭하는 시점에 런칭과 관련하여 있을 수도 있는 상황별 비상 계획을 수립할 필요가 있다. 이때 핵심은 제품과 관련한 부정적인 문제들이 실제로 발생할 때 기업 차원에서 즉각적인 대응책을 마련해 준비하는 계획이 필요하다.

프리 런칭 커뮤니케이션의 꽃, 기업 내부 커뮤니케이션과 뉴스 미디어 커뮤니케이션

프리 런칭 커뮤니케이션에서는 시장과 고객이 선호하는 뉴스 미디어와 런칭하는 제품의 최고의 전도사가 될 기업의 임직원과 파트너를 신제품 쪽으로 끌어당기는 풀 커뮤니케이션을 제품이 런칭될 때까지 지속해야 한다.

1) 프리 런칭 커뮤니케이션과 풀 커뮤니케이션

런칭 오퍼레이션이 런칭 제품의 마케팅 플랫폼과 커뮤니케이션 플랫폼을 바탕으로 런칭 커뮤니케이션 믹스 전략을 포함한 전략을 완성하면 본격적인 실행에 들어가게 된다. 우선 런칭 오퍼레이션은 기업의 온드 미디어 커뮤니케이션을 중심으로 프리 런칭 커뮤니케이션에 돌입한다. 프리 런칭 커뮤니케이션에서 가장 중요한 목표는 시장과 고객이 선호하는 뉴스 미디어다. 뉴스 미디어는 TV, 라디오, 신문, 잡지 등의 매스미디어뿐 아니라 직접 뉴스를 생산하는 블로그, 소셜 미디어(또는 소셜 네트워크) 등의 디지털 미디어도 포괄한다. 그 존재 자체로는 기업에 중립적이어서 큰 의미가 없다. 하지만 뉴스 미디어는 고객의 제품 구매에 상당한 영향을 미칠 수 있는 뉴스를 끊임 없이 생산해내고 의견을 제시하기 때문에 프리 런칭 커뮤니케이션 초기에는 굉장

히 중요한 역할을 한다.

프리 런칭 커뮤니케이션 초기에는 기업이 런칭 제품을 시장에서 공식적으로 커뮤니케이션하지 않은 상황이기에, 신제품에 대한 작은 커뮤니케이션 메시지마저도 시장에서는 큰 반향을 일으킬 수 있다는 점을 명심해야 한다. 항상 새로운 뉴스와 콘텐츠에 목말라 있는 뉴스 미디어의 특성을 고려하면 런칭 제품에 대한 제한적인 커뮤니케이션 메시지마저도 뉴스 미디어에는 상당한 가치가 있기 때문이다. 따라서 기업은 프리 런칭 커뮤니케이션에서부터 런칭 제품의 커뮤니케이션 메시지에 대한 유리한 상황을 십분 활용해 아키타입 런칭 커뮤니케이션 방식을 적극 실행해야 한다. 런칭 제품의 아키타입, 즉 런칭 커뮤니케이션 메시지는 변하지 않게 지속적으로 유지관리하면서도 각 상황마다 조금씩 변화를 주며 지속적으로 뉴스 미디어의 긍정적인 관심을 유발함으로써 뉴스 미디어가 런칭 신제품에 우호적인 언드 미디어로 변신할 수 있도록 해야 한다.

뉴스 미디어의 기본 역할은 고객이 선호할 만한 기업 또는 제품의 소식을 스스로 평가를 내려, 고객에게 알리고 그 메시지를 수용하는 고객에게 영향을 주는 것이다. 결과적으로 뉴스 미디어의 결과물은 기록의 과정을 거치면서 시장의 기록으로 남게 되면서 언제나 재생산될 수 있는 형태로 존재한다. 그래서 프리 런칭 커뮤니케이션의 최우선 목표는 뉴스 미디어야 한다. 뉴스 미디어를 위한 기업의 온드 미디어 커뮤니케이션 이후에는 기업의 홈페이지, 웹사이트, 블로그, 소셜 미디어 계정 등의 기업 디지털 플랫폼에 더욱 구체적인 메시지를 커뮤니케이션하는 것이 효과적이다.

결과적으로 뉴스 미디어뿐만 아니라 시장과 고객의 관심은 기업의 온드 미디어인 선택적인 디지털 플랫폼으로 향하도록 해야 한다.

그래서 프리 런칭 커뮤니케이션에서부터 런칭 제품의 커뮤니케이션 허브는 기업의 특정 디지털 온드 미디어로 통합 운영해야 한다. 이러한 기업의 디지털 플랫폼을 통해 기업은 고객에게 흥미로운 경험을 제공하고 제품에 대한 관심을 불러 일으키며, 더욱 정교하면서도 지속적인 접촉을 확고히 구축해나갈 수 있다. 물론 프리 런칭 커뮤니케이션에서도 •티징 커뮤니케이션 관점에서 광고와 같은 제한적인 페이드 미디어 커뮤니케이션도 가능하다. 즉 페이드 미디어의 광범위한 도달률이 시장과 고객의 관심을 기업의 홈페이지, 웹사이트, 블로그, 디지털 미디어 등의 온드 미디어로 도착하게 함으로써 고객에게 더욱 흥미로운 경험을 제공하고, 제품에 대한 관심을 불러일으켜 더욱 정교하면서도 지속적인 접촉을 확고히 구축해나갈 수 있도록 하고 있다. 하지만 막대한 비용이 소요되는 페이드 미디어 커뮤니케이션은 프리 런칭 커뮤니케이션에서는 비효율적이다.

따라서 고객이 선호하는 최적의 뉴스 미디어, 즉 언드 미디어를 선별해내는 것은 프리 런칭 커뮤니케이션에서 중요한 과제다. 무작정 모든 뉴스 미디어를 목표로 하기보다는 기업과 런칭 제품, 시장, 고객 등을 고려해 런칭 커뮤니케이션에 가장 적합한 뉴스 미디어를 선택하여 집중해야 한다. 결론적으로 프리 런칭 커뮤니케이션에서는 매스미디어 광고 중심의 페이드 미디어를 위주로 런칭 커뮤니케이션 메시지를 시장과 고객에게 밀어내는 푸시 커뮤니케이션보다 기업의 온드 미디어 커뮤니케이션을 통해 고객이 선호하는 뉴스 미디어를 기업 쪽으로 끌어당겨 언드 미디어로 만드는 풀 커뮤니케이션이 훨씬 효과적이다. 또한 기업의 임직원과 파트너는 제품이 시장에 런칭되었을 때 가장 긍정적인 메시지를 나눌 기업 최고의 전도사라는 점을 인식해야 한다. 그리고 런칭 제품의 커뮤니케이션 메시지가 외부로 누설되지 않는다는 전제 아래, 기업 내부의 적절한 커뮤니케이션을 통해 제품의 커뮤니케이션 메시지를 소개하고 기업의 임직원과 파트너 스스로 런칭 제품에 확신을 갖도록 하는 일도 중요하다.

시장과 고객이 선호하는 뉴스 미디어를 최우선 목표로 하는 프리 런칭 커뮤니케이션을 통해 런칭 제품의 인지도를 높이고 긍정적인 이미지를 창출하는 데 총력을 기울여야 한다. 그래서 제품이 시장에 전달되기 전에 런칭 제품에 우호적인 집단을 만들어내야 한다. 그러기 위해서는 기업 내부적으로는 임직원과 파트너가 런칭 제품을 응원해야 하며, 기업 외부적으로는 최우선 목표로 삼은 뉴스 미디어가 언드 미디어로 탈바꿈하여 많은 고객들이 기업과 신제품에 호의적인 의견을 갖도록 만들어야 한다. 이같이 적정한 규모의 우군 확보가 이루어져야만 신제품의 사전 예약 단계에서부터 긍정적인 호응을 얻어 시장에 성공적으로 안착할 수 있다. 이런 목적을 달성하기 위해 런칭 오퍼레이션은 프리 런칭 커뮤니케이션을 실행할 때 다음과 같은 사항들을 주의해야 한다.

첫째, 런칭 제품에 대한 철저한 보안이다. 프리 런칭 커뮤니케이션에서 기업이 의도하지 않은 제품의 정보가 외부로 누설되면 뉴스 미디어의 런칭 제품에 대한 뉴스 가치가 훼손될 수 있다. 최악의 경우 런칭 자체가 실패하는 심각한 상황이 벌어질 수도 있다. 따라서 런칭 오퍼레이션의 정규 멤버뿐 아니라 제품의 기획, 개발, 생산, 등과 관련된 기업의 모든 임직원과 파트너는 절대로 런칭 오퍼레이션의 동의없이 런칭 제품의 커뮤니케이션 메시지를 외부로 커뮤니케이션하면 안 된다. 만약 누설될 경우 기업 차원에서 강력하게 제재해야 한다. 런칭과 관련된 커뮤니케이션 메시지는 반드시 철저하게 런칭 오퍼레이션이 장악, 관리해야 한다.

둘째, 프리 런칭 커뮤니케이션의 주인공은 반드시 기업의 CEO 또는 제품과 관련된 고위급 경영진으로 제한해야 한다. 즉, 프리 런칭 커뮤니케이션에서 런칭 제품 커뮤니케이션의 최초 발신자는 반드시 CEO나 고위급 경영진으로 국한함으로써, 급변하는 시장의 환경을 고려해 철저하게 통제된 커뮤니케이션 메시지를 혼선없이 시장에 전달할 수 있다. 앞서 말한 것처럼 프리 런칭 커뮤니케이션에서도 시장은 끊임없이 변화를 거듭하고, 시장에서 중요시하는 화두도 시시각각 변한다. 따라서 런칭 오퍼레이션의 판단으로 가장 적합한 타이밍에 가장 적합한 커뮤니케이션을 실행할 수 있어야 한다. 이와 동시에 기업 내부적으로는 런칭 커뮤니케이션 활동을 기업의 결속을 다지는 기회로도 삼을 수 있다. 기업의 CEO가 발표한 메시지가 기업 외부 행사를 통해 전달되고, 다양한 기업의 내외부 미디어를 통해 기업의 임직원과 파트너가 전달받을 때 그들 모두는 프리 런칭 커뮤니케이션에서 일체감을 느끼는 효과가 생길 수 있다.

셋째, 프리 런칭 커뮤니케이션을 통해 확보한 피드백은 반드시 런칭 오퍼레이션의 런칭 커뮤니케이션 피드백 시스템을 통해 기업 내부로 전달됨으로

써 여러 가지 문제점에 대한 답을 준비해야 한다. 런칭 오퍼레이션은 환경 변화를 모니터링하면서 왜 그런 변화가 발생했는지 분석하고 변화에 대한 적절한 행동 계획을 빨리 도출해내야 한다. 특히 기업의 온드 미디어를 통해 시장에 전달된 커뮤니케이션 메시지는 언드 미디어를 통해 확산되며 시장에서 소비된다. 이 시점에서 교환되는 런칭 제품에 대한 피드백의 방향성은 향후 런칭 커뮤니케이션에 상당히 중요하다. 호의적인 메시지는 더욱 확산될 수 있도록 하되, 부정적인 언드 미디어는 신속하게 바로 잡아야 한다. 기업에서 별도의 보완 작업이 필요한 이슈일 경우, 프리 런칭 커뮤니케이션 단계에서 되도록 빨리 수습하여 제품이 런칭되었을 때 더 이상 문제가 되지 않도록 처리해야 한다.

애플의 풀 커뮤니케이션

1997년 스티브 잡스가 애플로 복귀하기 이전만 해도 애플은 참신한 아이디어로 멋진 제품을 개발해놓고도 시장에서 주도권을 놓치는 일이 허다했다. 하지만 스티브 잡스가 복귀한 후에는 사정이 달라졌다. 시간이 지나면 지날수록 애플의 런칭 커뮤니케이션 저력이 발휘되기 시작했다. 이처럼 성공적인 런칭 커뮤니케이션의 중요한 원인 가운데 하나는 신제품을 개발해서 런칭할 때까지 철저히 비밀에 부쳤다가 뉴스 미디어를 포함해 모든 사람들의 궁금증이 최고조에 달했을 때 전격적으로 발표하는 런칭 커뮤니케이션 전략이 주효했다.[1] 아이패드가 런칭되기 전인 2009년으로 돌아가면, 2009년부터 애플이 아이폰에 이어서 새로운 모바일 제품이 나올 것이라는 소문이 인터넷에 떠돌기 시작했다. 이를 두고 애플 마니아뿐만 아니라 뉴스 미디어까지 가세하면서 인터넷은 온통 새로운 모바일 제품에 대한 견해로 가득 찼다. 그리고 가끔 확인되지 않은 제품 사진들이 등장하면 전 세계 인터넷은 사진의 진위 여부를 두고 떠들썩했다. 애플 신제품에 대한 이야기가 최고조에 달할 때, 애플은 전 세계 뉴스 미디어에 제품의 런칭 발표회를

---

1 《스티브 잡스의 창조 카리스마》 김영한 지음, 리더스북, 155p

열겠다는 초대장을 보냈다. 이렇게 하나의 제품을 발표하기 전까지 수많은 루머들이 양산되고, 시간이 지날수록 더욱 구체화되면서 고객들이 궁금할 만한 내용들이 감칠맛나게 공개되는데 타이밍 역시 절묘했다. 애플의 루머 는 어디까지나 루머에 불과했다. 프리 런칭 커뮤니케이션에서 애플은 그 어 떤 미디어의 문의에 대해 절대로 확인해주지 않는다. 그러다 보니 애플 루머 중에는 사실이 아닌 것이 수도 없이 많다. 발표하기 전까지는 아무도 자세한 내용을 모른다. 이것이 애플의 프리 런칭 커뮤니케이션의 핵심이다.

1년에 여러 번에 걸쳐 스티브 잡스가 직접 제품을 발표했던 이벤트만 보 아도 애플은 스티브 잡스를 IT 업계의 중심에 서게 하기 위해 얼마나 철두 철미하게 준비하는지 알 수 있다. 과도한 비밀주의라고 비판 받고는 있지만 어쨌든 애플은 철저히 신제품에 대한 커뮤니케이션 메시지를 통제했고, 런 칭하기도 전 각종 루머를 통해 애플 마니아들이 각종 예측을 쏟아낼 수 있 도록 하고 있다. 그리고 막상 제품 런칭 발표회가 시작되면 사람들은 그 동 안의 루머가 적중할지 아닐지 관심 있게 지켜본다. 제품 런칭 발표회가 끝 나고 나면 루머가 아닌 진짜 정보들이 뉴스로 알려지고, 점차 각종 디지털 미디어들은 애플 이야기로 가득 차게 된다.[2] 이때는 애플에 전혀 관심 없는 사람도 뉴스나 디지털 미디어를 통해 애플의 신제품 런칭 소식을 자연스럽 게 접한다.

---

2 《애플, 성공신화의 비밀》 김정남 지음, 황금부엉이, 249~250p

2) 정적인 이미지 런칭 커뮤니케이션 vs 동적인 이미지 런칭 커뮤니케이션

프리 런칭 커뮤니케이션의 핵심은 런칭 커뮤니케이션 메시지의 단계적·점진적 노출을 통한 아키타이프 런칭 커뮤니케이션을 통해 시장과 고객이 선호하는 뉴스 미디어의 관심을 기업과 런칭 제품 쪽으로 끌어당기는 풀 커뮤니케이션이다. 프리 런칭 커뮤니케이션에서의 커뮤니케이션 메시지의 단계적 노출은 시간배열을 기준으로 '정적인 이미지 런칭 커뮤니케이션(Static Image Launching Communication)'과 제품이 시장에 전달되는 영업시작일 직전에 실행되는 '동적인 이미지 런칭 커뮤니케이션(Dynamic Image Launching Communication)'으로 나눌 수 있다(그림 4-2 참고).

그림 4-2 | 정적인 이미지 런칭 커뮤니케이션과 동적인 이미지 런칭 커뮤니케이션

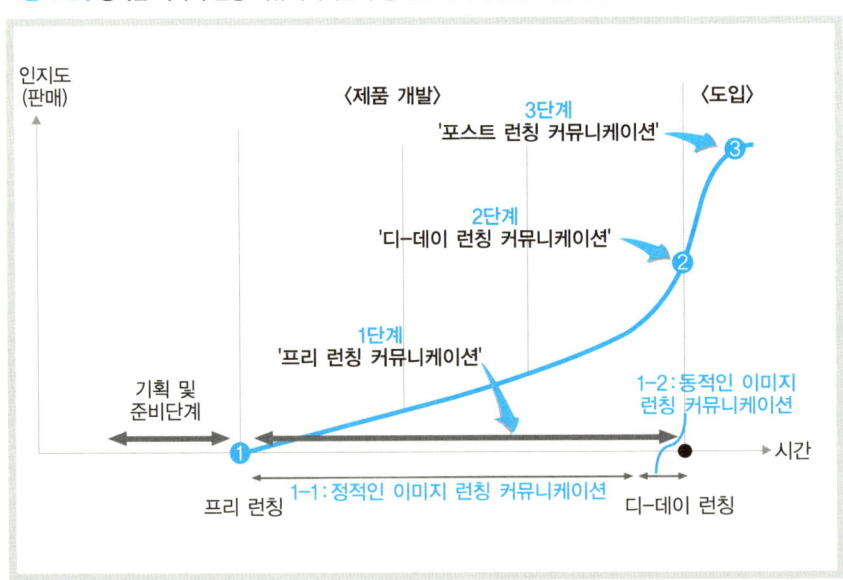

1단계 정적인 이미지 런칭 커뮤니케이션

프리 런칭 커뮤니케이션 초기, 뉴스 미디어에 런칭 제품의 모든 것을 보여준다는 건 부담이다. 이 때에는 런칭 제품의 완성도가 떨어질 수밖에 없기 때문이다. 런칭 오퍼레이션은 이런 점을 감안해 제품의 런칭 커뮤니케이션 메시지를 구동 가능한 완제품 시연을 통해서가 아닌, 제품의 외부 디자인 등 단순한 비주얼과 함께 런칭 커뮤니케이션 메시지의 일부를 점진적으로 전달하는 정적인 이미지 런칭 커뮤니케이션부터 시작한다.

정적인 이미지 런칭 커뮤니케이션 초기에는 기업의 브랜드 플랫폼과 런칭 제품의 마케팅 플랫폼의 교집합 부분에 있는 메시지를 활용하는 게 좋다. 예를 들어, 브랜드 플랫폼에 명시된, 제품의 핵심 특징이자 런칭 신제품의 핵심 특징이기도 한 '•기업 제품에 통용되는 주제'를 발굴해 이를 런칭 커뮤니케이션 초기에 집중적으로 부각하는 것도 성공적인 런칭 커뮤니케이션의 첫 걸음이 될 수 있다. 그리고 기업 차원에서 이미 진행하고 있는 기업의 커뮤니케이션 활동이 있다면, 이러한 기존의 커뮤니케이션 활동의 메시지가 런칭 제품의 런칭 커뮤니케이션에 도움을 줄 수 있는 부분이 있는지 확인하여 시너지 효과를 낼 수 있는 활용 방안도 모색해야 한다. 프리 런칭 커뮤니케이션 초기에 기업 브랜드 차원의 커뮤니케이션 지원을 받음으로써 런칭 제품이 고객 및 고객이 선호하는 뉴스 미디어의 큰 저항 없이 받아들여질 수 있기 때문이다.

예컨대 2009년 당시 '디자인'은 르노삼성자동차의 '기업 제품에 통용되는 주제' 중 하나였다. 그래서 르노삼성자동차는 2009년 7월 초에 런칭된

SM3의 프리 런칭 커뮤니케이션의 일환으로 2009년 4월, 서울모터쇼에 SM3 모형 모델을 전격적으로 공개했다. 동급 모델 대비 가장 큰 차체와 유려한 외부 디자인은 바로 미디어의 관심을 한 몸에 받았고, 서울모터쇼에서 '기자들이 선정한 최고의 자동차'로 선정되면서 '기업 제품에 통용되는 주제'의 커뮤니케이션은 성공을 거뒀다. 연이어 2010년 1월에 런칭된 SM5도 런칭 커뮤니케이션의 일환으로 2009년 연말에 '르노삼성자동차 중앙연구소' 및 '르노삼성자동차 디자인 센터'에 미디어를 초청해 SM5의 모형 모델 공개와 함께 SM5의 디자인이 개발된 연구소를 공개하는 행사를 가졌다. 이러한 프리 런칭 커뮤니케이션 결과, SM3는 사전예약을 통해 런칭 전까지 약 1만 5,000대 이상 계약되었고, SM5는 2010년 1월 18일 출시 이래 2주 만에 4,702대가 판매되었다. 대기 고객 차량만 2만 대에 육박하는 대박 런칭을 연출한 것이다.

그리고 정적인 이미지 런칭 커뮤니케이션에서는 주로 기업이 갖고 있는 온드 미디어를 통해 런칭 커뮤니케이션 메시지가 전달된다. 하지만 이러한 정적인 이미지 런칭 커뮤니케이션의 시작은 반드시 뉴스 미디어부터 시작해야 한다는 것을 잊지 말아야 한다. 변화하고 있는 고객의 구매 결정 방식을 고려하면 프리 런칭 커뮤니케이션 단계에서 가치중립적인 뉴스 미디어의 신제품에 대한 긍정적인 뉴스야말로 가장 효과적인 런칭 커뮤니케이션이기 때문이다. 그래서 뉴스 미디어를 위한 기업의 온드 미디어 커뮤니케이션을 실행한 이후 기업의 홈페이지, 웹사이트, 블로그, 소셜 미디어 계정 등에 더욱 구체적인 메시지를 커뮤니케이션하는 것이 순서다. 그래서 런칭 오퍼레이션은 각 부서 간 런칭 커뮤니케이션 메시지의 노출 수위와 노출 순서를 잘 조절해야 한다. 런칭 커뮤니케이션의 전체 일정과 함께 런칭 커뮤니케이션 크리에이티브가 적절하게 조율되어 노출의 폭을 조금씩 넓혀나가며, 제품에 대한 지식을 점차 높여갈 필요가 있다. 페이드 미디어를 통한 제한적인 티징 커뮤니케이션도 가능하다. 하지만 되도록이면 제품의 런칭 커뮤니케이션 메시지가 자발적으로 언드 미디어를 통해 유통되는 데 초점을 맞춰 언드 미디어의 관심이 런칭 제품에 다가와 호의적으로 되게끔 해야 한다.

여기서 주의할 점은 제품이 시장에 런칭되기까지 상당한 시간이 있기 때문에 고객 또는 고객이 선호하는 뉴스 미디어가 런칭 커뮤니케이션 메시지에 관심을 가질 정도의 제한적인 런칭 커뮤니케이션 메시지를 공개해야 한다는 것이다. 프리 런칭 커뮤니케이션 초기에 과도한 커뮤니케이션 메시지가 공개되면 경쟁 기업이 런칭을 무력화시키는 빌미가 제공될 수 있다. 결국 정적인 이미지 런칭 커뮤니케이션을 통해 런칭 제품의 인지도를 높이고 긍정적인 이미지를 창출할 수 있도록 제품에 대한 입소문을 내는 데 주력해야 한다. 이러한 활동이 성공적이라면, 경쟁 기업 제품의 판매를 억제하는 효과도 생긴다.

이 단계에서부터 런칭 커뮤니케이션의 피드백은 무척 중요하다. 정적인 이미지 런칭 커뮤니케이션을 두고 뉴스 미디어가 내놓은 다양한 반응을 런칭 오퍼레이션 차원에서 논의하고, 이에 대한 기업의 입장을 분명히 해두어야 한다. 부정적인 반응에는 대책을 세우고, 제품이 시장에 선보이는 런칭 시점까지 수정과 보안 작업을 거쳐야 한다. 아울러 예상 밖의 긍정적인 반응에 대해서는 향후 커뮤니케이션에 적극 활용하는 것도 검토해야 한다. 마지막으로 이 단계를 기업의 임직원이나 파트너를 대상으로 하는 기업 내부 행사나 선별된 고객을 대상으로 하는 포커스 그룹 인터뷰 등을 통해 런칭 커뮤니케이션 크리에이티브뿐 아니라 런칭 제품의 유통이나 가격 전략 등도 최종 점검할 수 있는 기회를 가질 필요가 있다. 이때 나온 중요한 피드백은 런칭 오퍼레이션이 중심이 되어 기업 차원에서 만반의 준비를 해 최종 결정에 고려할 수 있도록 해야 한다.

2단계 동적인 이미지 런칭 커뮤니케이션

런칭 제품의 모든 커뮤니케이션 메시지가 시장에 공개되는 디-데이 런칭에 임박하면, 기업은 고객에게 제품을 판매하기에 앞서 런칭 제품에 대한 모든 커뮤니케이션 메시지를 1차적으로 뉴스 미디어에 적극적으로 알리는 동적인 이미지 런칭 커뮤니케이션을 실행해야 한다. 여기서 말하는 '동적'이라는 뜻은 기업이 제품을 직접 작동해보이거나 실제로 직접 체험하게 하는 활동으로, 런칭 제품의 런칭 커뮤니케이션 메시지를 뉴스 미디어를 중심으로 직접 경험케 하는 것이다. 달리 말하면, 기업이 시장에 제품을 선보이기 전 프리 런칭 커뮤니케이션 막바지 시점에 뉴스 미디어를 대상으로 신제품에 대해 엄정한 평가를 받는 것이다. 동적인 이미지 런칭 커뮤니케이션을 통한 런칭 제품에 대한 호의적인 언드 미디어는 고객에게 큰 영향을 준다. 따라서 런칭 오퍼레이션은 완벽한 동적인 이미지 런칭 커뮤니케이션을 치를 수 있도록 철저히 준비해야 한다.

동시에 뉴스 미디어를 비롯한 외부 고객을 위한 동적인 이미지 런칭 커뮤니케이션은 기업의 임직원과 파트너를 위한 목적으로도 활용되어야 한다.

동적인 이미지 런칭 커뮤니케이션도 정적인 이미지 런칭 커뮤니케이션처럼 기업의 온드 미디어 커뮤니케이션을 통해 뉴스 미디어가 자발적으로 제품의 런칭 커뮤니케이션 메시지를 유통하는, 즉 호의적인 언드 미디어가 제일 중요한 목표다. 따라서 기업이 활용할 수 있는 커뮤니케이션 미디어는 정적인 이미지 런칭 커뮤니케이션과 다를 것이 없다.

신제품의 최종 런칭 행사와 같은 동적인 이미지 런칭 커뮤니케이션 시점과 디−데이 런칭 또는 영업시작일 시점과는 약간의 시차를 둘 필요가 있다. 동적인 런칭 커뮤니케이션을 실행한 후에 확보할 수 있는 런칭 제품에 대한 피드백은 반드시 디−데이 런칭 또는 영업시작일 이전에 철저히 분석해 기업 차원의 입장을 가지고 있어야 한다. 만약 부정적인 피드백이 런칭 제품의 근본적인 결함에 의한 것이라면 런칭 오퍼레이션 내부에 '런칭 커뮤니케이션 위기관리 TFT'를 결성해 이에 대한 명확한 해결책을 준비해야 한다. 예상되는 문제점들이 런칭 오퍼레이션이 커뮤니케이션 플랫폼의 '커뮤니케이션 SWOT 분석'을 작성하면서 제기되어 대책을 준비해왔던 약점이나 위협 요인들 중 하나일 수도 있다. 이럴 경우에는 미리 준비한 대응책으로 부정적인 피드백이 최소화될 수 있도록 적극적인 커뮤니케이션 활동을 벌여야 한다.

끊임없이 이슈를 만들어내라!
정적인 이미지 런칭 커뮤니케이션

프리 런칭 커뮤니케이션의 시작이 바로 정적인 이미지 런칭 커뮤니케이션이라고 한다면, 이 단계에서부터 아키타이프 런칭 커뮤니케이션으로 끊임없이 런칭 제품의 이슈를 만들어내어 고객과 커뮤니케이션할 수 있어야 한다.

2011년 한국야쿠르트의 '꼬꼬면'은 너무나 매력적인 브랜드였다. 꼬꼬면이라는 네이밍이 제품의 성격과 딱 맞아떨어질 뿐아니라 공중파 방송을 통해 여러 차례 브랜드가 노출되면서 런칭 효과를 톡톡히 보았기 때문이다. 2011년 3월 한국야쿠르트가 이경규 씨와 계약하자 꼬꼬면을 정식으로 맛볼 수 있게 됐다는 뉴스 기사가 쏟아졌다. 한국야쿠르트는 비용을 한 푼 들이지 않고 엄청난 광고 효과를 누릴 수 있었다. 하지만 한국야쿠르트는 짧게는 3개월 이상 걸리는 제품 개발 기간 동안 꼬꼬면이라는 이슈가 사라질 수 있다는 불안이 있었다. 그래서 한국야쿠르트는 주로 맛집이나 식품 브랜드 리뷰를 하는 파워블로거 40명을 선발해 이들에게 내부 시식용 꼬꼬면을 보낸 후 피드백을 요청했다. 40명 중 39명이 자발적으로 꼬꼬면 시식 후기를 블로그에 올렸다. 그리고 많은 네티즌들이 이 후기에 공감하고 서로 공유하면서 꼬꼬면은 또다시 이슈의 중심에 서게 됐다. 자연스럽게 꼬꼬면은 '출시되면 꼭

한 번 먹어보고 싶은 라면'이 됐다.[3] 특히, 정적인 이미지 런칭 커뮤니케이션에서 고객의 피드백을 적극 수용하고 이를 런칭 제품에 신속하게 대응한 한국야쿠르트의 '고객과의 수평적 소통'은 주목할 만하다. 제품 런칭 이전에 파워블로거들에게 시식 기회를 제공함으로써 그들의 피드백을 수용하면서도 입소문을 창출하는 효과를 얻을 수 있었고, 제품이 시장에 런칭되기 전 시장과 고객의 관심을 계속 확보할 수 있었다.

하나의 사례를 더 보자. 제일모직이 3년 정도 걸쳐 준비한 글로벌 SPA 브랜드 '에잇세컨즈'는 '8초마다 채널이 바뀌는 TV'라는 콘셉트에서 시작된 브랜드다. 에잇세컨즈는 8의 다양한 변신으로 만들어지는 8개 캐릭터를 통해 8이 가진 무한한 변화와 더불어 에잇세컨즈가 가진 무한대의 스타일을 지향한다. 에잇세컨즈의 브랜드 아이덴티티이자 런칭 커뮤니케이션 메시지는 가장 대중적이고 친숙한 매체인 TV 속 다양한 채널이 가진 특징을 패러디하여 에잇세컨즈만의 유쾌하고 재기 발랄한 모습과 매일매일 새로운 콘셉트로 다양한 매력을 발산하는 것이다. 에잇세컨즈는 공식적인 런칭 이전인 2012년 1월 20일 공식 블로그를 오픈했다. 그리고 블로그의 단점인 실시간 소통을 커버해할 수 있는 페이스북 페이지도 오픈했다. 두 가지 디지털 플랫폼을 통해 2012년 2월 23일 동적인 이미지 런칭 커뮤니케이션을 실행하기까지, 20~30대 젊은 고객들을 위한 다양한 정적 런칭 커뮤니케이션 전략을 수립, 실행했다. 가령 다음과 같은 것들이었다.

---

3 '하얀 국물의 반란: 철옹성 라면시장 흔들다' 〈동아비즈니스리뷰〉 95호, 38p

- **8Seconds on the Street** : 이는 88명의 사람들, 88가지 스타일, 88개의 메시지라는 콘셉트이다. 에잇세컨즈 브랜드 네임의 숫자 8과 관련하여 88명의 패션 피플들을 거리에서 만나는 커뮤니케이션을 패션 웹진 무신사닷컴과 공동으로 진행했다. 에잇세컨즈가 만난 88명의 사람을 통해 그들의 88가지 스타일을 공유하고, 88개의 새해 소망 메시지를 들었다. 88개의 모든 콘텐츠는 에잇세컨즈 블로그를 통해 공개되었다.

- **8 Teams of 8Seconds** : 에잇세컨즈 블로그가 이 기업의 핵심 부서인 본사 8팀(디자인, 영업, 마케팅, MD, R&D, 생산, 패턴, VMD)을 직접 방문하여 직원들의 이야기를 듣고 블로그에 소개하는 커뮤니케이션이다. 에잇세컨즈 런칭 오퍼레이션의 핵심 멤버라 할 수 있는 8개 부서를 하나씩 소개하며 이 기업의 런칭 커뮤니케이션 메시지를 자연스럽게 전달했다. 이 같은 한국 젊은이들의 런칭 스토리는 외국계 SPA 브랜드에 한국 시장을 내줘버린 현재 상황을 타개하기 위한 좋은 방편이 되고 있다. 자연스럽게 한국을 대표하는 젊은이들의 이야기 속에 에잇세컨즈는 진정으로 한국을 대표하는 글로벌 SPA 브랜드라는 이미지를 강조할 수 있었기 때문이다. 또한 각 부서의 대표로 소개된 젊은 직원들을 런칭 커뮤니케이션 주인공으로 내세움으로써, 기업의 결속을 다지는 계기로도 활용했다.

- **8Seconds on Air** : 유명한 스타가 에잇세컨즈 제품과 함께하는 모습을 담아놓은 공간이다. 아직 시장에 런칭하지 않은 에잇세컨즈 제품을 착용한 스타들의 스타일과 아이템이 어떤 방송과 매거진에 노출되었는지 블로그에 공개하고, 스타들의 다양한 패션 팁을 공유한다. 드라마 〈샐러리맨 초한지〉의 정려원 씨, 〈슈퍼스타K 3〉의 히어로 강승윤 씨, 탤런

트 서효림 씨, 가수 세븐, 〈해를 품은 달〉의 여진구 씨 등이 참여했다.

- ● 8's Movie : 모든 일은 8초 안에 벌어진다는 콘셉트이다. 일상에서 쉽게 일어날 수 있는 상황들을 8초라는 짧은 시간 안에 영상으로 표현하는 시리즈다. 역시 에잇세컨즈의 블로그와 페이스북을 통해 공개되었다.
- ● 8Seconds Magazine : 에잇세컨즈의 다양한 아이템들로 콘셉트, 룩을 제안하는 코너다. 에잇세컨즈의 아이템으로 어떤 스타일이 표현되었는 지와 스타일링에 대한 팁을 공유한다. 패러디를 바탕으로 한 에잇세컨 즈 스타일 화보는 유명 매거진 〈보그(VOUGE)〉, 〈오 보이(Oh Boy!)〉, 〈지 뮤(GQ)〉, 〈DAZED&CONFUSED〉 등을 선정, 매거진의 특징과 아이덴 티티를 살리면서 그 속에 에잇세컨즈만의 스타일과 메시지를 스타일 화보로 담았다.

그리고 에잇세컨즈는 정적인 이미지 런칭 커뮤니케이션 차원에서 다양한 영상을 디지털 플랫폼으로 공개했다. 우선 에잇세컨즈의 에센스인 'Happy People'의 연상과 무드를 느낄 수 있는 에잇세컨즈의 첫 캠페인 영상 및 촬영 비하인드 컷을 공개했다. 또한 에잇세컨즈의 첫 번째 스톱모션 룩북 영상도 공개했다. 움직이는 영상을 필요한 순간에 필요한 시간만큼 정지시킨 상태의 화면 또는 그 기법을 '스톱 모션'이라고 하는데, 에잇세컨즈의 다양한 룩을 소화한 모델들의 피팅 모습을 영상으로 공개했다. 그리고 호주의 따뜻한 햇살 아래에서 진행된 에잇세컨즈와 패션매거진 크래커의 댄스 무비 〈ALL ABOUT DANCE〉도 블로그에 공개했다. 또한 에잇세컨즈 블로그를 통해 공개된 모든 영상은 오픈한 에잇세컨즈 가로수길점과 명동점에 설치된 스크린에서도 볼 수 있도록 조치했다. 이렇게 이 기업은 에잇세컨즈의 원형과 같은 런칭 커뮤니케이션 메시지를 중심으로 다양한 프리 런칭 커뮤니케이션을 진행했다. 그리고 2012년 2월 23일 가로수길점과 24일 명동점 런칭을 앞두고는 앞서 실행된 프리 런칭 커뮤니케이션의 결과로 확보된 고객의 인지도와 관심을 바탕으로 고객이 매장을 직접 방문하도록 유도하는 프로모션도 실행했다. 실제로 이러한 일련의 프리 런칭 커뮤니케이션은 제품의 구매로 이어지도록 치밀하게 준비했다. 결국 신규 브랜드 에잇세컨즈는 2012년 2월 23일 가로수길에 이어 24일 명동에 2호점을 런칭했고 첫 주말에만 5만 3,000여 명이 방문하는 등 오픈 4일 만에 8만 명의 고객이 방문하여 11억 원 안팎의 매출을 올리는 성과를 올렸다.

예술과 기술의 만남!
동적인 이미지 런칭 커뮤니케이션

불은 꺼지고 청중은 기대감에 부풀어 숨을 죽인다. 유명한 팝송이 흘러나오고 이내 잦아들면서 스티브 잡스가 무대위로 올라오면 청중들이 열광한다. 애플의 고위급 임원들이 VIP들과 함께 맨 앞줄에 앉아 있다. 이들은 다른 사람들과 마찬가지로 박수를 치고 웃는다. 쿠퍼티노에 있는 애플 본사에서는 애플 직원들이 식당에 모여 CCTV로 방송을 지켜본다. 그리

고 스티브 잡스의 기조연설이 시작된다. 고도로 다듬어진 프레젠테이션을 통하여 그 동안의 노력이 결실이 되는 순간이다.[4] 스티브 잡스는 연설을 예술의 경지로 끌어올렸다. 모든 것이 그저 쉽게 즉석에서 이루어진 것처럼 보이지만, 애플은 이미 몇 개월 전부터 런칭 오퍼레이션에 해당하는 조직을 통해 리허설을 준비해왔다. 슬라이드나 사진 하나도 신중하게 고른 것이고 발표 내용은 모두 철저하게 준비된 것이다. 스티브 잡스도 프레젠테이션을 수십 번 연습해 너무나 자연스럽게 보일 정도다. 스티브 잡스는 음악, 그림, 영상을 사랑했다. 그리고 컴퓨터를 사랑했다. 2001년부터 애플의 비전이 된 디지털 허브의 본질은 창조적 예술 작품에 대한 감상을 훌륭한 엔지니어링과 결합하는 데 있었다. 그래서 스티브 잡스는 신제품의 모든 것을 공개하는 런칭 커뮤니케이션의 클라이맥스와 같은 동적인 이미지 런칭 커뮤니메이션, 즉 뉴스 미디어를 위한 신제품 발표회에 그의 모든 것을 투영하려고 했다. 하지만 동적인 이미지 런칭 커뮤니케이션의 귀재라고 알려진 스티브 잡스에게도 이 모든 게 한 순간에 이루어지지는 않았다.

1998년 아이맥의 동적인 이미지 런칭 커뮤니케이션이 성공한 후, 스티브 잡스는 한 해에 네다섯 차례씩 신제품의 극적인 프레젠테이션을 연출하기 시작했다. 그는 이 예술 장르에 통달했으며, 다른 기업의 리더들은 그를 도저히 따라올 수 없었다. 잡스의 동적인 런칭 커뮤니케이션은 정교하게 구성되었다. 그는 청바지와 터틀넥을 입고 생수병을 든 채 무대를 느긋하게 거닐었

---

4 《Inside Apple》 Adam Lashinsky, Grand Central Publishing, 2012. 1. 122~123p

다. 객석은 마니아들로 가득했다. 뉴스 미디어를 위한 자리는 객석 중앙에 가득했다. 발표회 분위기는 마치 어떤 종교의 부흥회와 비슷했다. 정작 잡스는 말을 하기보다는 말을 아껴 더 큰 메시지를 전달했다. 스티브 잡스는 표현 하나하나까지 신중하게 골랐고, 몇 번이고 연습했으며, 무대 위에 올라가서는 준비된 말 이외는 어떤 단어도 함부로 쓰지 않았다.[5]

스티브 잡스 이외에는 드물게 허락된 임원 말고는 어느 누구도 애플을 대변할 수 없었다. 이는 철저하게 애플의 런칭 오퍼레이션을 통해 통제된 메시지만 충실하게 전했다는 증거이기도 하다. 철저한 런칭 커뮤니케이션 메시지의 통제는 애플이라는 기업의 커뮤니케이션 전반에도 영향을 주었으리라고 예측을 할 수 있다. 애플의 동적인 런칭 커뮤니케이션, 즉 제품 발표회는 애플의 런칭 커뮤니케이션 중 가장 효과적이었다. 애플의 제품만큼이나 런칭 제품을 너무나 멋지게 포장해주었기 때문이다. 이러한 오프라인 신제품 발표회는 인터넷으로 생중계되기도 하고, 발표회가 끝나면 바로 애플이 가지고 있는 홈페이지, 웹사이트 또는 블로그를 포함해 다양한 온드 미디어, 즉 애플의 디지털 플랫폼을 통해 대대적으로 2차 커뮤니케이션이 시도된다. 비용도 지불하지 않으면서 최적의 런칭 커뮤니케이션을 실행하는 셈이다.

---

5 《Inside Apple》 Adam Lashinsky, Grand Central Publishing, 2012. 1. 123~124p

3) 기업 내부 커뮤니케이션은 성공적인 런칭의 출발점

기업 내부 커뮤니케이션이란?

기업의 일관되고 전략적인 브랜드 커뮤니케이션의 중요성이 부각되고 있다. 이에 따라 기업이 고객과 직접 만나는 기업의 터치 포인트 전체를 아우르는 통합적 커뮤니케이션의 필요성이 점점 커졌다. 따라서 기업과 고객이 직접 만나는 터치 포인트를 책임진 기업의 임직원들이 기업의 브랜드와 런칭 제품의 커뮤니케이션 메시지를 명확히 이해하고, 고객에게 정확하게 전달하는 건 매우 중요하다. 기업의 임직원이 런칭 커뮤니케이션 메시지에 십분 공감하고 런칭과 관련된 모든 활동에 기업의 전도사 역할을 자임하고 나설 때 성공하는 런칭 커뮤니케이션의 토대가 마련되는 것이다. 동시에 기업 또는 런칭하는 제품과 협력 관계에 있는 파트너의 이해와 적극적인 협조 또한 성공적인 런칭 커뮤니케이션에서 매우 중요하다.

하지만 이들의 개인 디지털 미디어를 통해 기업의 정보와 이미지가 외부에 노출될 가능성이 점점 높아지고 있다. 이제 기업의 임직원과 파트너는 런칭 제품의 전도사가 될 수도, 내부 고발자가 될 수도 있다. 따라서 기업 내부 커뮤니케이션을 통해 런칭 제품에 대한 단순한 정보 전달이 아닌, 기업의 임직원과 파트너가 신제품의 런칭으로 비전을 공유하고 서로에게 애정을 갖도록 하는 일이 무척 중요해졌다.[6] 그래서 프리 런칭 커뮤니케이션에서 기업

---

6 '커뮤니케이션은 기술이 아니라 태도다' 〈동아비즈니스리뷰〉 72호, 94p

내외부 커뮤니케이션을 일관성 있게 조율하는 일은 런칭 오퍼레이션의 중요한 임무 중 하나다. 이러한 활동이 전제되어야만 고객이 기업의 런칭 커뮤니케이션을 언제, 어디서, 어떻게 만나든지 런칭 제품의 일관된 커뮤니케이션 메시지를 경험할 수 있게 된다.[7] 그러나 우리는 이 같은 기업 내부 커뮤니케이션에 대한 명확한 조율 없이 일방적으로 기업 외부 커뮤니케이션에만 집중해 런칭을 준비하는 사례들을 종종 본다. 런칭 커뮤니케이션을 하나부터 열까지 관여해온 소수의 기획자 입장에서는 런칭 제품의 기획과 개발 단계를 거치는 동안 많은 임직원이 런칭 프로젝트에 관여했기에 런칭 제품을 잘 알거라고 생각하기 쉽다. 만약 명확한 기업 내부 커뮤니케이션이 없다면 기업의 임직원과 파트너는 단편적으로 알고 있는 지식을 종합해 엉뚱한 결론을 갖게 되거나, 심지어 기업 내부의 이해 관계에 따라 런칭 프로젝트 자체에 대해 부정적인 결론을 갖고 무성한 소문을 만들어지는 일이 벌어질 수도 있다.

기업 내부 커뮤니케이션은 런칭 커뮤니케이션의 출발점

프리 런칭 커뮤니케이션에서 '기업 내부 커뮤니케이션'을 정의하면 다음과 같다

'기업의 CEO나 고위급 경영진이 런칭 오퍼레이션이 제안한 런칭 제품의 커뮤니케이션 메시지를 기업의 내부 커뮤니케이션 채널을 통해 기업의 임직원과 파트너에게 전달하는 활동'

---

7 《IMC—the next generation: five steps for delivering value and measuring returns using marketing communication》 Don E. Schultz & Heidi F. Schultz., The McGraw.Hill Companies

기업 내부 커뮤니케이션 역시 임직원과 파트너의 관심을 기업과 런칭 제품 쪽으로 끌어당기는 풀 커뮤니케이션이 중심이 되어 이미 런칭 오퍼레이션을 통해 조율된 런칭 커뮤니케이션 메시지를 임직원과 파트너에게 효과적으로 전달할 수 있도록 해야 한다. 그리고 그 기업 내부 커뮤니케이션 중심에는 일반적으로 기업의 CEO가 있어야 한다. CEO야말로 기업의 모든 자원을 최종적으로 조율할 수 있으며 기업이 한 방향으로 움직이도록 지시할 수 있다. CEO는 기업의 자원, 돈, 제반 커뮤니케이션을 자기 뜻대로 할 수 있다. 현재 기업이 무슨 생각을 하는지 파악해야 하고 만약 그들이 엉뚱한 곳을 향하고 있다면 바로 잡아야 하는 책무도 CEO에게 있다.[8] 런칭 오퍼레이션은 CEO를 도와 기업의 임직원과 파트너가 런칭 커뮤니케이션 메시지에 공감할 수 있도록 다양한 기업 내부 커뮤니케이션 활동을 기획, 실행해야 한다.

런칭 커뮤니케이션 실행 측면에서 볼 때 기업 내부 커뮤니케이션 단계에 이르렀다면, 신제품은 이미 기획과 개발 단계를 끝내고 생산을 위한 막바지 단계에 접어들었다고 봐야 한다. 따라서 기업이 성공적으로 제품을 알리려면 고객과 직접 만나는 기업의 터치 포인트에서 기업의 임직원 전체가 전략적으로 움직여야 한다. 이런 관점에서 성공적인 기업 내부 커뮤니케이션을 기획, 실행할 때 염두에 두어야 할 것은 다음과 같다.[9]

---

8 《The Attention Economy》 Thomas H. Davenport & John C. Beck, Harvard Business School Press, 14p
9 《The Marketer's Guide to Public Relations in the 21st Centery》 Thomas L. Harris & Patricia T. Whalen, Thompson, 2006

첫째, 신제품이 시장에 전달되기 전에 기업의 임직원과 파트너를 대상으로 런칭 제품에 대한 교육이 실행되어야 한다. 특히 기업이 별도의 유통채널을 가지고 있지 않다면, 기업 외부 유통채널의 핵심 인력들도 교육 대상에 포함되어야 한다. 시장과 고객을 위한 프리 런칭 커뮤니케이션을 실행할 때마다, 런칭 오퍼레이션은 기업 내부의 온드 미디어 커뮤니케이션을 통해 외부에 공개되는 제품에 대한 메시지를 사전에 공유함으로써 시장이나 고객의 다양한 피드백에 큰 혼란없이 대응할 수 있도록 해야 한다. 또, 기업 내부 커뮤니케이션 후에 임직원과 파트너의 피드백을 분석해보면 미처 발견하지 못한 제품의 하자나 런칭 커뮤니케이션의 실수를 확인해 수정할 수도 있다. 정적인 이미지 런칭 커뮤니케이션 위주의 프리 런칭 커뮤니케이션 초기에는 별도의 기업 내부 행사를 갖기보다, 외부에 커뮤니케이션될 제품에 대한 메시지를 사전에 설명해주는 정도의 커뮤니케이션만 해도 무방하다. 커뮤니케이션 미디어는 별도의 비용이 소요되지 않는 기업 내부의 온드 미디어, 즉 문자, 인쇄물, 영상물, 기업 내부의 커뮤니케이션 네트워크 시스템 등을 활용하면 좋다. 최근에는 유, 무선 웹 등 디지털 채널을 활용한 사례가 두드러진다.[10] 하지만 프리 런칭 커뮤니케이션의 마지막 단계인 동적인 런칭 커뮤니케이션 단계에는 런칭 오퍼레이션은 온라인이나 오프라인으로 제품 시연회 또는 발표회 등을 열어 모든 임직원과 파트너가 런칭 제품에 대해 분명히 이해할 수 있도록 하는 기회를 마련하는 게 좋다.

10 '우리 회사 DNA와 찰떡 궁합 커뮤니케이션 찾기' 〈동아비즈니스리뷰〉 61호, 30p

둘째, 런칭 오퍼레이션은 기업의 모든 임직원과 파트너가 런칭 제품의 최고의 전도사가 될 수 있도록 신제품을 중심으로 활발한 기업 내부 커뮤니케이션이 일어날 수 있도록 조율해야 한다. 따라서 런칭 오퍼레이션은 프리 런칭 커뮤니케이션 단계별로 외부 커뮤니케이션에 대한 전략을 수립, 실행하면서도 동시에 기업의 모든 임직원과 파트너가 이에 대한 관심을 유지할 수 있도록 세밀하게 조율된 커뮤니케이션의 실행도 필요하다.

셋째, 기업의 임직원이 런칭 제품 자체에 대한 이해뿐 아니라 그 제품을 구매하는 고객에 대한 이해도 충분히 진행되어야 한다. 이미 런칭 오퍼레이션은 커뮤니케이션 플랫폼에서 고객의 프로파일을 규정한 바 있다. 따라서 기업의 임직원은 신제품의 고객에 대한 프로파일을 충분히 숙지하고 어떻게 하면 신제품과 고객이 자연스럽게 만나 함께 지내도록 할 수 있을지에 대한 나름의 방법을 찾도록 도와주어야 한다. 그리고 각각의 터치 포인트에서 이를 자발적으로 추진할 수 있어야 한다. 고객의 프로파일이 중요한 게 아니라 런칭 제품이 고객의 삶의 일부분이 될 때 비로소 신제품이 성공적으로 런칭된 것이기 때문이다. 기업의 임직원이 일사불란한 커뮤니케이션을 펼치지 못하면 그 느낌이 고스란히 고객에게 전달될 것이고, 결국 고객들은 등을 돌리게 마련이다. 세계에서 가장 일하기 좋은 기업으로 수년째 1위에 뽑힌 SAS의 대표이사는 한 인터뷰에서 '직원의 행복이 곧 고객의 행복으로 이어진다'고 말했다. 이는 시사하는 바가 크다. 구성원이 만족 못 하고 늘 불신에 가득차 있다면 고객의 얼굴도 덩달아 찌푸려질 것이다.

넷째, 프리 런칭 커뮤니케이션에서 기업의 내부 커뮤니케이션을 강조하는 이유는 바로 이 지점에서 런칭 제품의 가장 극적인 '기업의 스토리'가 나올 수 있기 때문이다. 이제 시장은 이미 만들어진 제품을 소비하는 데 만족하지 않는다. 왜 그 제품을 스스로 선택하고 나아가 기업을 응원해야 하는지를 스스로 확신할 수 있는 제품의 뒷 이야기가 필요한 것이다. 기업 내부의 관점에서 보면 기업의 임직원들이 런칭 제품을 기획, 개발 생산하면서 어떤 힘든 과정이 있었고 이를 어떻게 극복했는지에 대한 '런칭 성공 스토리'가 나올 수 있다. 기업 외부의 관점에서 보면, 고객이 왜 신제품을 구매하게 되었고 사랑하게 되었는지, 고객들이 만들어내는 감동적인 이야기들이 자발적으로 다른 고객에게 전달될 때 무엇보다 효과적인 런칭 커뮤니케이션이 된다. 최근 인기를 끌고 있는 각종 오디션 프로그램의 홍수는 고객들이 더 이상 만들어진 제품, 즉 엔터테인먼트 서비스를 일방적으로 소비하는 구조가 아닌 그 서비스를 왜 소비해야 하는지에 대해 이유를 직접 묻고 나서기 시작했다는 점을 의미한다. 런칭 오퍼레이션은 이러한 모든 기업 내외부의 자발적인 런칭 성공 스토리는 되도록이면 기업의 브랜드 플랫폼을 기반으로 하는 런칭 제품의 마케팅 플랫폼과 커뮤니케이션 플랫폼의 핵심 메시지 내에서 발생할 수 있도록 조율할 필요가 있다. 의도적으로 모든 상황을 제한된 핵심 메시지로 국한시킬 수는 없지만, 가능하다면 런칭 제품의 핵심 커뮤니케이션 메시지에 집중해 일관된 제품의 커뮤니케이션 메시지가 시장과 고객에게 전달되는 것이 기업 입장에서는 상당히 유리하기 때문이다.

마지막으로, 프리 런칭 커뮤니케이션에서 기업 내부 커뮤니케이션 전략을 수립, 실행할 때에는 메시지 보안에 주의를 기울여야 한다. 제품이 런칭되기

표 4-1 | 프리 런칭 커뮤니케이션에서의 기업 내부 커뮤니케이션

구분	기업 내부 커뮤니케이션
발신자	• 기업의 CEO, 고위급 경영진
메시지	정적인 이미지 런칭 커뮤니케이션 • 브랜드 플랫폼, 마케팅 플랫폼, 커뮤니케이션 플랫폼에 기반한 선택적이고 제한적인 메시지 동적인 이미지 런칭 커뮤니케이션 • 브랜드 플랫폼, 마케팅 플랫폼, 커뮤니케이션 플랫폼에 기반한 제품의 메시지 ※기업의 외부 커뮤니케이션 메시지와 연동
미디어	온드 미디어 • 구두 • 문자 • 인쇄 • 영상 • 커뮤니케이션 네트워크 시스템 • 행사 : 발표회, 초청행사, 시연회, 교육 등
수신자	• 기업 임직원과 파트너

전에 제품에 대한 런칭 커뮤니케이션 메시지가 외부로 누설되는 것은 기업이 그 동안 공들인 모든 런칭 커뮤니케이션 노력을 물거품으로 만든다. 프리 런칭 커뮤니케이션에서는 런칭 제품의 커뮤니케이션 메시지가 철저히 통제되어야만 기업의 풀 커뮤니케이션이 가능해진다. 또한 의도하지 않은 기업 내부 커뮤니케이션 메시지의 누출은 임직원과 파트너 간의 불신을 불러일으켜 기업의 에너지를 약화시킬 수 있다. 특히 최근처럼 트위터, 페이스북과 같은 소셜 미디어가 활성화된 상황이라면 기업 내부의 메시지가 외부로 흘러가 통제하지 못하는 위기가 발생할 수도 있다. 특히, 런칭 오퍼레이션의 멤버뿐만 아니라 제품의 기획, 개발, 생산, 판매와 관련된 모든 임직원은 절대로 런칭 오퍼레이션의 허락없이 외부로 커뮤니케이션하는 행위를 해서는 안 된다. 만약 의도하지 않은 런칭 커뮤니케이션 메시지가 누설될 경우 기업 차원에서 강력하게 제재함으로써 런칭과 관련된 정보 통제를 완성해야 한다.

애플의 비밀주의를 지지한다

애플은 비즈니스 전반에 경영의 투명성이 강조될 때도 상당히 비밀스러운 기업이었다. 그들은 제품을 런칭할 때 비밀주의가 극에 달한다. 제품이 시장에 런칭될 때까지 성공적으로 런칭 커뮤니케이션 메시지가 관리되면, 신제품 런칭을 전하는 뉴스 미디어의 보도는 돈으로 환산하기 힘든 엄청난 값어치가 된다는 사실을 잘 알았다. 따라서 의도적이든 의도적이지 않든, 애플의 허가 없이 런칭 제품에 대한 정보를 공개하는 임직원은 바로 해고된다는 데 이견이 없다.[11]

애플이 런칭 커뮤니케이션 메시지를 철저하게 통제하는 또 다른 이유는 신제품의 구체적인 커뮤니케이션 메시지가 기존 제품의 판매에 영향을 줄 수 있기 때문이다. 애플이 의도하지 않은 런칭 제품의 커뮤니케이션 메시지가 공개되면 고객은 결국 기존 제품의 구매를 미루고, 이는 애플의 손실로 돌아올 수 있기 때문이다. 또한 신제품이 제대로 준비되기 전 런칭 커뮤니케이션 메시지가 공개되면 경쟁 기업이 반격할 수 있는 시간을 벌고, 고객의 기대치를 높이며, 실제 제품이 아닌 제품 아이디어만을 가지고 비판하는 고객을 만들어낼 수 있기 때문이다.[12]

11 《Inside Apple》 Adam Lashinsky, Grand Central Publishing, 2012. 1, 36p
12 《Inside Apple》 Adam Lashinsky, Grand Central Publishing, 2012. 1, 36~37p

따라서 애플은 제품이 런칭되기 전인 프리 런칭 커뮤니케이션에서부터 스티브 잡스로 대변되는 런칭 오퍼레이션과 같은 조직이 런칭 제품의 커뮤니케이션 메시지가 기업 내외부로 커뮤니케이션되는 것을 철저히 통제했다. 런칭 제품을 위해 가용한 런칭 커뮤니케이션 자산을 확인하고, 런칭 커뮤니케이션 각 단계별로 신제품의 런칭 커뮤니케이션 메시지를 고객에게 최적의 방식으로 전달할 수 있는 런칭 커뮤니케이션 전략을 실행했던 것이다. 물론 그 중심에는 스티브 잡스가 있었다.

　　1990년 후반부터 2000년대 초반까지 애플의 시니어 소프트웨어를 맡았던 한 임원은 2004년 맥 운영 시스템의 업그레이드 사이클에 관한 어떤 공식적인 행사장에서 공공연하게 알고 있는 사실 하나를 기업의 허가 없이 확인해주었다. 하지만 이러한 사실이 알려지면서 스티브 잡스는 그 임원에게 전화를 걸어 '왜 당신이 그런 이야기를 했는지'를 캐물었고 '앞으로는 그렇게 이야기하지 말라'고 했다고 한다.[13] 그리고 실제로 스티브 잡스는 애플의 비밀을 캐내어 폭로했다는 이유로 블로거들을 고소하기도 했다. 기업의 평판이 악화되는 것도 개의치 않았다.[14] 그리고 애플 직원들에겐 그들의 가족에게조차 자신이 기업에서 무슨 일을 하는지 말하는 것이 금지되어 있었다. 스티브 잡스도 예외가 아니어서 집에서 제품을 테스트할 때에는 검은 천을 덮어 놓고 혼자 몰래 할 정도였다.[15] 사실 애플은 런칭 제품뿐만 아니라 기업의 경영방식, 수익창출 방법을 모두 통제했다. 이런 비밀주의는 철저히 시장과 고객의 관심을 기업으로 끌어당기는 풀 커뮤니케이션의 일환이었다.

---

13 《Inside Apple》 Adam Lashinsky, Grand Central Publishing, 2012, 1, 20p
14 《구글 노믹스》 제프 자비스 지음, 21세기북스, 377p
15 《애플, 성공신화의 비밀》 김정남 지음, 황금부엉이, 96p

4) 프리 런칭 커뮤니케이션의 화룡점정, 뉴스 미디어 커뮤니케이션

프리 런칭 커뮤니케이션에서의 뉴스 미디어 커뮤니케이션을 정의하면 다음과 같다.

> '기업의 CEO나 고위급 경영진이 런칭 오퍼레이션이 제안한 런칭 제품의 커뮤니케이션 메시지를 온드 미디어의 외부 커뮤니케이션을 통해 시장과 고객이 선호하는 뉴스 미디어에 전달하는 커뮤니케이션'

프리 런칭 커뮤니케이션은 신제품의 런칭 커뮤니케이션 메시지를 단계적·점진적으로 노출함으로써, 고객이 선호하는 뉴스 미디어의 관심을 기업 쪽으로 끌어당기는 풀 커뮤니케이션이어야 한다. 그래서 프리 런칭 단계에서의 뉴스 미디어를 위한 커뮤니케이션 발신 채널은 기업이 소유하고 있고, 통제할 수 있는 온드 미디어이어야 한다. 즉, 런칭 제품에 대해 CEO가 직접 알리는 보도자료, 뉴스 미디어 발표회, 초청행사, 시연회 등이 좋은 예다. 또는 권위 있는 전시회나 컨퍼런스에서의 기업의 커뮤니케이션도 좋은 온드 미디어의 사례다. 가령 해마다 연초에는 세계 IT 업계의 주목을 끄는 두 가지 행사가 있다. 라스베이거스에서 열리는 CES 전시회와 샌프란시스코에서 열리는 맥월드 컨퍼런스가 그것이다. CES에서는 빌 게이츠 마이크로소프트 회장이, 맥월드에서는 애플의 스티브 잡스가 10년 이상씩 기조연설을 했다. 두 사람은 신기술 또는 신제품을 발표하며, 탁월한 말솜씨로 청중을 사로 잡곤 했다. 애플은 새로운 제품이 런칭될 때마다 프리 런칭 커뮤니케이션에서 스티브

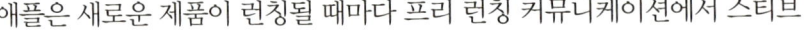

잡스의 사전 특별 인터뷰를 일부 뉴스 미디어에만 제공했다. 프리 런칭 커뮤니케이션에서는 신제품에 대한 정보가 시장에 거의 없기 때문에 이 인터뷰가 시장, 특히 뉴스 미디어에 엄청난 뉴스 가치를 가지고 있었다. 잡스는 종종 프리 런칭 커뮤니케이션에서 친한 기자에게 연락을 취하여 런칭 제품을 보도하지 않겠다는 약속을 받고 난 후 비로소 제품을 보여주거나 제품에 대한 피드백과 런칭 아이디어를 묻기도 했다. 이렇게 스티브 잡스는 프리 런칭 커뮤니케이션에서 철저히 통제된 런칭 커뮤니케이션 메시지를 바탕으로 뉴스 미디어의 관심이 신제품에 쏠릴 수 있도록 전략적으로 대응했다.

이렇게 뉴스 미디어를 위해 발표된 제품의 런칭 커뮤니케이션 메시지는 기업이 직접 운영하는 디지털 플랫폼(홈페이지, 웹사이트, 블로그, 소셜 미디어, 소셜 네트워크 등)을 통해 2차적으로 시장이나 고객에게 전달될 수 있도록 해야 한다. 결국, 기업의 런칭 커뮤니케이션 메시지는 해당 업계의 주요 블로그나 소셜 미디어, 소셜 네트워크, 포럼 등으로 확산되면서 고객에게 알려지는 것이다(그림 4-3 참고). 그러나 여기서 명심해야 할 것은 기업이 운영 중인 디지

그림 4-3 | 프리 런칭 커뮤니케이션에서의 뉴스 미디어 커뮤니케이션

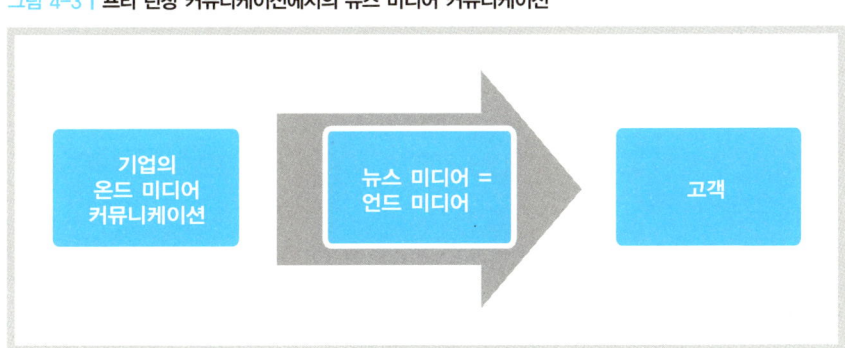

털 플랫폼에 소개된 커뮤니케이션 메시지의 범위는 기업의 CEO나 고위급 경영진이 밝힌 메시지의 범위를 넘어서서는 안 된다는 점이다. 즉 프리 런칭 커뮤니케이션에서 기업의 핵심 메시지는 CEO를 포함한 고위급 경영진으로 부터 커뮤니케이션이 실행되어야 하며, 그 외의 런칭 커뮤니케이션 메시지 는 철저히 통제되어야 한다. 그 이유는 철저히 런칭 커뮤니케이션 메시지가 통제될 때 런칭 제품에 대한 '•정보의 비대칭성'이라는 유리한 위치를 적극 활용할 수 있기 때문이다.

표 4-2 ┃ 프리 런칭 커뮤니케이션에서의 기업 외부 커뮤니케이션

구분	기업 외부 커뮤니케이션
발신자	• 기업의 CEO, 고위급 경영진
메세지	**정적인 이미지 런칭 커뮤니케이션** • 브랜드 플랫폼, 마케팅 플랫폼, 커뮤니케이션 플랫폼에 기반한 선택적이고 제한적인 메시지 **동적인 이미지 런칭 커뮤니케이션** • 브랜드 플랫폼, 마케팅 플랫폼, 커뮤니케이션 플랫폼에 기반한 제품의 메시지
미디어	**온드 미디어** • 퍼블리시티 및 PR • 기업의 사회공헌 활동 • 기업이 가지고 있는 본연의 커뮤니케이션 채널 • 오프라인 커뮤니케이션 • 디지털 커뮤니케이션 **페이드 미디어** • 매스미디어 광고 • 다이렉트 광고 • 장소 광고 • 디지털 미디어 광고 • 스폰서십 • 오피니언 리더 프로모션 **언드 미디어** • 오프라인 미디어 • 디지털 미디어
수신자	• 뉴스 미디어 • 시장 그리고 고객

뉴스 미디어 커뮤니케이션의 목적은 프리 런칭 커뮤니케이션에서 뉴스 미디어를 통해 기업의 제한된 런칭 커뮤니케이션 메시지로 신제품의 인지도를 높이고 긍정적인 이미지를 창출하는 데 있다. 이렇게 뉴스 미디어가 언드 미디어로 전환될 때 기업의 런칭 커뮤니케이션 메시지는 자연스럽게 고객에게 전달되고, 비로소 제품을 시장에 런칭할 무렵 제품에 대해 우호적으로 생각하는 집단이 만들어진다. 이러한 강력한 우군을 런칭 전 단계에 확보해야만 제품이 실제로 사전 예약 단계를 거쳐 런칭될 때 큰 호응을 이끌어내 성공적으로 시장에 진입할 수 있다.

애플의 뉴스 미디어 커뮤니케이션

신제품에 대해 객관적인 뉴스를 생산하는 뉴스 미디어와의 커뮤니케이션은 런칭 제품의 런칭 커뮤니케이션 메시지를 다루는 일이기에 항상 조심스럽게 접근, 관리해야 한다. 더욱이 신제품이 시장에 전달되기 전인 프리 런칭 커뮤니케이션에서의 커뮤니케이션은 더욱 신중한 접근이 필요하다. 그래서 런칭 오퍼레이션은 누가 기업과 신제품을 대변할지에 대한 명확한 기준을 갖고 있어야 한다. 애플은 제품을 런칭하면서 기업 외부와 커뮤니케이션할 때 무척 신중하다. 그리고 누구와 커뮤니케이션하는지에 따라 접근 방법도 각각이다. 일반적인 고객이라면 보편적이지만 주제가 작은 메시지를 사용한다. 하지만 뉴스 미디어를 대상으로 할 경우, 커뮤니케이션 메시지를 마치 런칭 제품처럼 간주하고 기업의 리스크와 커뮤니케이션했을 때 기업이 얻을 수 있는 수익을 저울질한 후 커뮤니케이션에 들어간다. 특히 제품의 프리 런칭 커뮤니케이션에서는 어떤 커뮤니케이션 메시지로, 발표는 누가 하고, 발표 대상은 누구이며, 발표의 요지는 무엇인지, 어떤 뉴스 미디어와 인터뷰할지 등을 결정한다.

실제로 애플이 2007년 아이폰을 출시할 무렵 스티브 잡스, 팀 쿡, 필립 실러, 그렉 조스위악, 밥 보처스 등 5명만 뉴스 미디어와 커뮤니케이션이

허가되었다. 애플의 최고 3인방이라 할 수 있는 스티브 잡스, 팀 쿡, 필립 실러를 제외한 두 사람은 아이폰 마케팅담당 중역이었다. 그러나 하드웨어를 만든 고위급 임원들은 한 명도 리스트에 들지 못했다. 애플은 리스트에서 빠진 임원들은 신제품에 대해 아는 것이 많았지만, 뉴스 미디어와 접촉할 기회가 많지 않았기에 뉴스 미디어를 대하는 기술이 많이 부족해 그러한 결정을 내렸다고 밝혔다.[16] 스티브 잡스는 애플에서 마케팅을 운영하고, 제품 개발을 진두지휘했으며, 모든 인수합병에 관여했다. 그리고 매주 애플의 광고 에이전시와 미팅을 가졌다. 췌장암이 스티브 잡스의 이런 속도를 늦추기도 했지만, 그는 제품 런칭 행사든 키노트 연설이든 애플의 공식행사에서 가장 중요한 역할을 하는 유일한 애플의 중역이었다.[17] 특히 프리 런칭 커뮤니케이션에서 제품 런칭을 알리는 뉴스 미디어와의 인터뷰는 거의 잡스의 몫이었다. 프리 런칭 커뮤니케이션에서는 잡스가 애플의 유일한 대변인이었다.

16 《Inside Apple》 Adam Lashinsky, Grand Central Publishing, 2012. 1, 129~130p
17 《Inside Apple》 Adam Lashinsky, Grand Central Publishing, 2012. 1, 19p

프리 런칭 커뮤니케이션을 통해
마니아를 확보하자

애플에는 있지만 삼성전자에는 없는 것이 '충성스러운 고객', 즉 기업의 마니아다. 애플의 신제품이 나오면 이를 가장 먼저 손에 넣기 위한 마니아들이 존재한다. 밤까지 새워가며 매장 앞에서 줄을 서는 그들이다. 반면에 삼성전자의 갤럭시를 얻기 위해 줄을 서는 마니아는 없다. 애플이 충성도 높은 마니아를 가질 수 있었던 이유는 무엇일까?

우선 다른 경쟁 기업 제품과 차별화된 특별한 제품을 들 수 있다. 그리고 애플의 마니아 힘을 인정하고 그들을 철저히 배려하는, 애플의 진정성이 있다. 그리고 이러한 애플의 진정성을 항상 가능케 하는, 강력한 교주 스티브 잡스가 있었기 때문이다. 그러나 무엇보다 중요한 것은 애플의 마니아를 위해 끊임없이 애플 이야기꺼리를 마련해주었다는 점에 주목하자. 애플은 블로그, 트위터, 페이스북 등 전 세계에 셀 수 없이 산재한 디지털 미디어를 운영하는 사람들이 갈구하며 듣기 원하는 훌륭한 이야기 소재를 1년 내내 제공했다.[18] 1년에 네다섯 번에 걸쳐 스티브 잡스가 직접 제품을 발표했던 이벤트만 보아도 애플이 얼마나 마니아들의 관심을 받기 위해 철저히 준비했는

18 《애플, 성공신화의 비밀》 김정남 지음, 황금부엉이, 245p

지 알 수 있다. 즉, 애플은 애플의 마니아가 될 수 있는 기회를 전 세계 고객에게 끊임없이 제공한다.

이제 우리나라 시장도 블로그, 트위터, 페이스북 등의 디지털 미디어가 활성화되어 있다. 즉 기업에 마니아층의 영향력이 점점 강력해지고 있는 것이다. 취미나 성향이 비슷한 자발적 마니아층이 날로 증가하고 있다. 그들을 통한 입소문이 기업의 성패에 중요한 역할을 하기도 한다. 이들의 의견은 제품 개발에 영향을 주기도 한다. 특히, 제품을 성공적으로 시장에 런칭해야 하는 기업의 입장을 고려하면 이들 마니아는 더할 나위없이 소중한 존재다. 기업 인수, 공격적인 가격정책, 새로운 마케팅 캠페인 등 기업 본연의 비즈니스 전략 차원에서 단기적인 성장을 위한 여러 가지 실행 방안이 있을 수 있겠지만, 고객과 기업 임직원 그리고 파트너의 감동으로 이어지지 못한다면 그 성장은 결코 지속될 수 없다.[19]

이제 많은 한국 기업이 마니아를 활성화하는 데 관심을 갖기 시작했다. 제품의 성능뿐 아니라 기업 입장에서는 고객이 원하는 이미지와 스타일까지 함께 만족시키는 일이 중요해졌다. 하지만 런칭 커뮤니케이션 관점에서 보면, 한국의 기업은 런칭 제품에 마니아들이 열광할 수 있게끔 진정성을 갖고 임직원과 파트너뿐 아니라 고객과 마니아와 커뮤니케이션하는 데 아직 서투르다. 언제나 쫓기는 일정에 런칭 커뮤니케이션 전부를 맞춰야 하는 상황이

---

19 '애플엔 있고, 현대차엔 없다, 로열티 경영' 〈매일경제신문〉, 2012. 3. 12

다보니 진정성을 고려하기 쉽지 않다. 오랜 기간에 걸쳐 감동할 수 있는 진한 스토리를 입히는 런칭 커뮤니케이션을 찾아보기 힘들다. 대대적인 푸시 커뮤니케이션 성격의 런칭 커뮤니케이션 캠페인이 실행되지만 거기에는 외부 에이전시의 현란한 기교만 존재할 뿐, 기업의 철학은 찾아볼 수 없다. 급기야, 광고와 같은 일방적 런칭 커뮤니케이션 메시지를 시장에 푸시하기 급급하다.

그러나 디지털 미디어가 발달함에 따라 작은 기업도 진정성을 바탕으로 한 기업의 런칭 커뮤니케이션 전략 수립이 가능하며 이를 통해 훨씬 용이하게 마니아를 활성화할 수 있는 환경이 만들어졌다. 고객의 마음을 얻음으로써 고객 스스로가 신제품 마케터가 될 수 있도록 해야 한다. 고객이 어떤 런칭 커뮤니케이션에 반응하고 마니아가 되는지 면밀히 분석하자. 작지만 성공하는 사례를 만들어야 한다. 이를 기업 전체에 공유하고 기업의 임직원과 파트너가 공감할 수 있도록 해야 한다. 기업의 임직원과 파트너야말로 기업에게 최고의 마니아이어야 하기 때문이다. 동시에 디지털 미디어를 통해 고객과 기업의 진정성을 공유하고, 이러한 선순환이 축적되면 기업의 마니아가 만들어진다. 그 시작점은 프리 런칭 커뮤니케이션부터다.

5) 프리 런칭 커뮤니케이션의 피드백

일련의 전략들이 전제로 삼는 다양한 가정들이 시간 흐름에 따라 얼마든 변할 수 있음을 인정하고, 변화가 감지될 때마다 기존 전략을 유연하게 적응해 나가며 새롭고 창의적인 도전을 시도하는 게 '발견 중심의 민첩한 커뮤니케이션' 체계다. 따라서 이를 위해서는 다양한 불확실성 요인들의 변화를 포착할 수 있는 구조적이면서도 섬세한 감지체계를 구축해야 한다.[20]

이 책《성공하는 기업은 런칭이 다르다》의 가장 큰 특징 중 하나가 제품의 런칭 전에 전략적이고 일관된 프리 런칭 커뮤니케이션을 실행함으로써 자연스럽게 '신제품 런칭 피드백 시스템'을 구축하게 된다는 점이다. 하지만 프리 런칭 커뮤니케이션을 통해 노출된 제한된 런칭 커뮤니케이션 메시지가 런칭 제품의 강점들을 위주로하는 BSP(Basic Selling Points)와 USP(Unique Selling Points) 위주이긴 하지만, 시장이 꼭 기업의 의도한 대로 긍정적인 반응만을 보일리가 만무하다. 따라서 기업 내외부의 커뮤니케이션 대상들의 다양한 반응을 주의깊게 분석해야 한다. 또한 제품 자체에 대한 평가와 별개로 기업이 통제할 수 없는 다양한 시장 변수도 존재함을 명심해야 한다. 이 같은 외부 변수가 그 동안 기업이 총력을 기울여 준비해온 제품의 운명을 한 순간에 좌지우지할 수 있기 때문에 주의를 갖고 대처할 필요가 있다. 그래서 시장에 제품이 런칭되어 고객이 제품을 경험하기 시작할 때는 신제품에 관한 한 모든 영역에서 발생할 수 있는 변수를 미리 알게 된다.

---

20 '진정성 갖춘 혁신, 고객과의 벽을 깬다'〈동아비즈니스리뷰〉74호, 42p

긍정적인 피드백의 경우

기업이 전달한 런칭 커뮤니케이션 메시지가 시장과 고객들로부터 긍정적인 피드백을 얻었다면 제품이 시장에 전달될 준비가 되었음을 의미한다. 하지만 아직 자축하기에는 이르다. 런칭 제품의 주요 특성들로 이뤄진 제품의 BSP와 USP 개념 안에서도 제품의 특성 간의 우선 순위가 존재한다. 기업이나 런칭 오퍼레이션에서 생각했던 우선 순위와 프리 런칭 커뮤니케이션을 통해 받은 피드백 간의 우선 순위에 차이가 나타날 수도 있다. 이럴 경우 제품의 런칭 시까지 남아 있는 시간을 고려해 런칭 커뮤니케이션의 메시지에 대한 마지막 조정을 준비해야 한다. 또한 런칭 오퍼레이션이 런칭 제품의 핵심 커뮤니케이션 메시지가 아닌, 전혀 다른 측면의 제품 특성이 시장에서 긍정적인 호응을 이끌어낼 수도 있다. 이 경우 또한 런칭 오퍼레이션은 반드시 예상 밖의 시장 반응이 무엇을 의미하는지 근본 원인을 분석해야 한다. 만약 그러한 시장의 반응이 상당히 설득력 있는 어떤 시장의 변화에 기인한 것이라면, 본격적인 런칭 커뮤니케이션에 반영할 수 있도록 해야 한다.

부정적인 피드백의 경우

프리 런칭 커뮤니케이션을 통해 런칭 제품의 강점 등이 커뮤니케이션되었지만 의외로 뉴스 미디어를 중심으로 부정적인 의견이 지배적일 때는 빠르게 이에 대한 기업의 입장을 정리해야 한다. 런칭하기 전 해결할 수 있는 사안이라면 연구 개발, 엔지니어링, 생산, 디자인 등 제품 개발과 생산에 관여한 주요 부서 간 신속한 협의를 통해 해결책을 찾고 문제를 풀어야 한다. 하지만 단시간 내에 해결할 수 없는 부분이라면, 런칭 오퍼레이션을 통해 기업의 명확한 입장과 함께 향후 스케줄을 세우고 문제 해결에 들어가야 한다. 만약 본

격적으로 제품이 시장과 고객에게 소개되는 런칭 단계에서 문제가 불거질 경우라면 기업에 위기를 불러올 수도 있다.

마지막으로, 디-데이 런칭 또는 영업시작일 직전에 시행하는 '포커스 그룹 인터뷰' 등은 제품 런칭에 앞서 대단히 중요한 런칭 오퍼레이션 활동 중 하나다. 주요 고객을 선별해 런칭 제품과 그 동안 실행된 런칭 커뮤니케이션 결과에 대한 여러 가지 의견을 수렴할 수 있을 뿐만 아니라, 이를 바탕으로

그림 4-4 | 프리 런칭 커뮤니케이션에서의 피드백 시스템

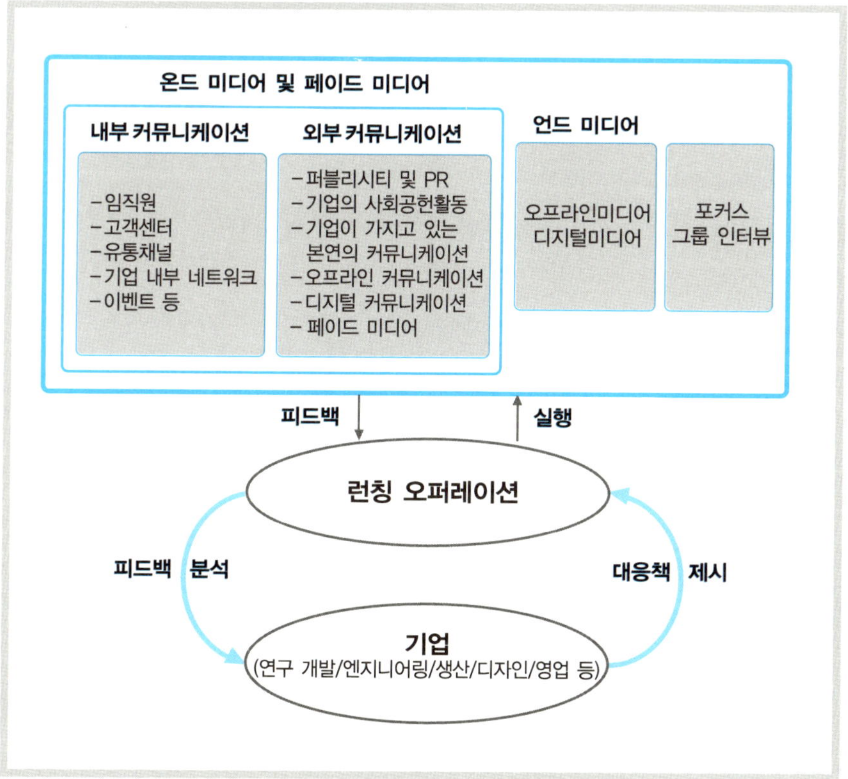

제품에 대한 가격까지 확인할 수 있기 때문이다. 예컨대 그 동안의 프리 런칭 커뮤니케이션을 통해서 런칭 제품에 대한 우호적인 메시지가 시장과 고객에게 효과적으로 전달되었다면, 고객이 지불하겠다는 제품의 가격이 기대보다 높게 책정될 가능성이 있다. 따라서 적절한 피드백 시스템을 아우르는 전략적 프리 런칭 커뮤니케이션은 제품의 인지도를 높이고 긍정적인 이미지를 창출할 수 있을 뿐만 아니라 사전의 각종 피드백을 통해 더 짧은 시간 안에 효율적 · 효과적으로 고객에게 커뮤니케이션할 수 있도록 해준다. 이처럼 성공적인 일련의 프리 런칭 커뮤니케이션은 런칭 커뮤니케이션의 전부라고 말해도 과언이 아니다(그림 4-4 참고).

디-데이 런칭 커뮤니케이션에서는
모든 것을 보여줘라

온드 미디어 중심의 풀 커뮤니케이션과 페이드 미디어 중심의 대대적인 푸시 커뮤니케이션을 병행하는 디-데이 런칭 커뮤니케이션을 통해 단시간 내에 좀더 광범위한 고객에게 도달해 런칭 제품의 인지도를 높이고 긍정적인 이미지를 창출해야 한다.

1) 성공적인 런칭의 첫 단추, 사전 예약

동적인 이미지 런칭 커뮤니케이션을 통해 제품의 런칭 커뮤니케이션 메시지인 BSP(Basic Selling Points)와 USP(Unique Selling Points)를 포함한 런칭 신제품의 모든 커뮤니케이션 메시지가 시장에 공개되었다. 바로 이 때가 온드 미디어를 포함해 기업이 고객과 만날 수 있는 유통채널을 통해 런칭 제품의 사전 예약을 시작할 수 있는 순간이다. 제품이 시장에 전달되기 전 기업의 유통채널을 통한 사전 예약은 일종의 '가상의 고객 줄 세우기'다. '실제 고객 줄 세우기'는 영업시작일을 기점으로 기업의 오프라인 유통채널로 연출할 수 있다. 최근 부정적이라고 인식되는 고객의 줄 세우기가 오히려 고객의 구매 욕구를 높이고 매출을 올릴 수 있는 긍정적인 요소로 작용한다는 사실이 밝혀지고 있다. 우리가 목표를 향해 줄을 서서 기다릴 때, 나를 기준으로 '앞에 있는 사람들'은 목표를 향해 내가 아직 해야 할, 남아 있는 노력을 상징한다. 반대로 '뒤에 있는 사람들'의 존재는 내가 이 목표를 향해 그 동안 이룬 어떤 성취를 상징한다. 이 결과 구입하는 제품과 상점에 대한 가치와 만족도 증가로 이어진 것이다.[21] 따라서 기업이 활용할 수 있는 온라인, 오프라인 온드 미디어를 중심으로 일사분란하게 사전 예약에 들어갈 수 있도록 런칭 오퍼레이션은 프리 런칭 커뮤니케이션에서부터 미리 치밀한 준비를 해야 한다. 그리고 기업이 사전 예약을 시작한다는 것을 보도자료, 홈페이지, 웹사이트, 블로그 등의 온드 미디어와 페이드 미디어를 활용해 대대적으로 알려야 한다. 만약 시장에 제품이 선보이기도 전에 고객이 신제품을 위해 줄을 서게 하는 데 성공했다면, 이런 사실도 기업의 온드 미디어를 통해 대대적으로 알림으로써 고객들이 신제품을 구매하고자 긴 줄을 늘어서는 효과를 극대화하는 데 활용해야 한다.

일반적으로 제품의 런칭 초기에 고객의 관심에 들지 못하면, 안타깝게도 제품의 시장 런칭과 동시에 사장되기 십상이다. 특히, 사전 예약 첫 날 시장 반응이 신통치 않다면 향후 본격적으로 페이드 미디어 광고 등을 포함한 푸시 커뮤니케이션을 실행한다 해도 고객의 무관심을 만회하기가 쉽지 않다. 인위적으로 무관심을 돌리기 위해서는 상당한 기업의 자원이 추가로 들 수도 있어서 사전 예약을 성공적으로 이끌어내는 것은 런칭 제품의 성공적인 수익 확보에도 중요한 역할을 한다. 돌이켜보면, 프리 런칭 커

---

21 '줄을 세워라, 기다림이 상품가치를 키운다' 〈동아비즈니스리뷰〉 96호, 80p

뮤니케이션에서부터 전략적으로 일관되게 성공하는 기업의 런칭 커뮤니케이션 전략을 수립, 실행한 이유는 사전 예약에서의 성공을 위한 것이라 해도 과언이 아니다. 그래서 기업은 프리 런칭 커뮤니케이션을 통해 확보한 신제품 마니아들이나 우호적인 집단을 적극 활용하여 이 신제품이 사전 예약 단계에서부터 화제의 중심에 오를 수 있도록 노력해야 한다. 특히 그 신제품이 •존속성 기술을 기반으로 한 상품이라면 상당히 선도적인 마니아 층을 집중 공략해 이들이 제품을 사전에 예약할 수 있도록 기업의 모든 노력을 집중해야 한다. 애플은 제품을 보지도 않고 무조건 구입해주는 마니아 집단을 전 세계적으로 가지고 있어, 어떤 제품이라도 일정 이상의 판매를 할 수 있다. 즉 런칭 실패로 인한 기업의 손실을 최소화할 수 있다는 소리다. 물론, 자발적으로 애플 제품을 알려주기 때문에 실패의 위험도 훨씬 낮아진다.[22]

만약 사전 예약 단계에서 고객의 반응이 신통치 않았다면 이런 반응을 발빠르게 분석하고 대응해야 한다. 프리 런칭 커뮤니케이션에서와 마찬가지로 런칭 오퍼레이션은 사전 예약을 실행하면서 나타난 시장과 고객의 반응을 주시하며 향후 런칭 커뮤니케이션 전략을 순발력 있게 조정할 수 있어야 한다. 만약 다양한 프리 런칭 커뮤니케이션을 통해 런칭 커뮤니케이션 메시지를 시장에 전달했지만, 결과적으로 사전 예약의 성적이 부진했다면 곧 이어지는 디-데이 런칭 커뮤니케이션에서 부진을 만회할 수 있는 방안을 적극적

---

22 《애플, 성공신화의 비밀》 김정남 지음, 황금부엉이, 243p

으로 마련해 실행에 들어가야 한다. 특히, 영업시작일 전에 모든 제반 런칭 상황을 고려해, 런칭 제품의 가격이나 유통 전략을 순발력 있게 수정함으로써 런칭 실패에 따른 기업의 손실을 최소화할 수 있도록 해야 함을 잊지 말자. 오늘날의 애플과 같은 성공은 상황에 민첩하게 움직일 수 있는 능력이라고 한다. 애플의 경영진이 방향 변화를 결정하면 곧바로 변화가 이뤄졌다. 특히 전 세계 시가총액 1위 기업인 애플은 제품 런칭 48시간 전에도 얼마든 가격을 바꿀 수 있다고 알려져 있다.[23] 선택과 집중을 통한 애플만의 런칭 커뮤니케이션 전략의 수립과 실행의 프레임워크가 존재하지 않고서는 도저히 설명할 수 없는 대목이다.

마지막으로, 런칭 제품이 시장에 전달되는 영업시작일 전에 사전 예약을 받고 이러한 상황을 외부에 적극적으로 커뮤니케이션할 때 조심해야 할 것이 있다. 다름 아닌 신제품을 기다리는 줄이 너무 길어지면 고객들은 앞에 서 있는 사람들의 숫자가 많다고 느껴 처음부터 줄 서는 것을 꺼려하는 부정적 영향이다.[24] 너무 많이 기다리게 한다면 기업에 우호적이던 마니아들이 불만을 품으면서 런칭 상황이 급변할 수 있다. 따라서 이 같은 상황이 발생할 수 있다는 점을 명심하고 각 기업에 맞게 앞에 있는 사람보다는 뒤에 서 있는 사람이 더 강조되는 새로운 줄 세우기 구조를 고민할 필요가 있다. 모든 런칭 커뮤니케이션의 전략 수립과 실행은 런칭 오퍼레이션을 중심으로 기업이 어느 정도

23 《CNNMoney How Apple works: Inside the world's biggest startup》 Adam Lashinsky, 2011. 5. 9
24 '줄을 세워라, 기다림이 상품가치를 키운다' 〈동아비즈니스리뷰〉 96호, 80p

까지 실행에 옮길 수 있는지 냉정하게 평가한 사실을 바탕으로 실행에 들어가야 한다. 본격적인 사전 예약 커뮤니케이션에 앞서, 런칭 제품의 재고 및 추후 공급량을 분석해 최악의 상황이 발생하지 않도록 다양한 시나리오를 검토, 준비해서 성공적으로 사전 예약과 커뮤니케이션을 실행할 수 있도록 해야 한다.

줄을 세워라,
기다림이 제품의 가치를 키운다

스티브 잡스는 신제품이나 애플 스토어를 개점할 때 항상 사람들의 흥분과 기대를 불러일으켰다. 제품을 새로 런칭하면 많은 애플 마니아들이 애플 스토어가 있는 곳으로 여행을 가 건물 바깥에서 밤을 보내며 개점을 기다린다. 애플의 필립 실러 제품마케팅 수석부사장은 애플의 제품 런칭을 블록버스터 할리우드 영화 런칭에 비유했다. 영화가 런칭되고 난 후 며칠 동안이 영화 흥행에 매우 중요하듯이, 애플은 제품이 시장에 전달되고 난 후 며칠을 중요하게 여겼다. 그래서 런칭 제품의 모든 커뮤니케이션 메시지가 시장에 공개되는 디-데이 런칭 이전에 신제품의 기대치를 최대로 올리는 데 열중했다. 애플의 마니아들은 영화 〈스타워즈〉, 〈반지의 제왕〉 등의 첫 상영일에 길게 늘어선 영화 관람객처럼 애플 스토어 앞에서 밤을 세우며 새로운 제품에 열광했다.[25] 신제품이 시장에 런칭하기도 전, 이미 애플의 전략적이고 일관된 프리 런칭 커뮤니케이션이 있었기 때문에 애플 제품을 구매하기 위한 줄 세우기가 가능했던 것이다.

25 《Inside Apple》 Adam Lashinsky, Grand Central Publishing, 2012. 1, 36p

스웨덴 SPA 브랜드 '에이치앤엠(H&M)'은 이탈리아 명품 브랜드인 마르니와 합작한 '마르니 컬렉션'을 지난 2012년 3월 8일부터 판매하기 시작했다. 이에 앞서 에이치앤엠은 3월 6일 오후 6시 서울 명동 눈스퀘어점에서 파워블로거들과 VIP 고객들만을 대상으로 하는 사전공개 행사(동적인 런칭 커뮤니케이션)를 개최했지만, 일반 고객의 매장 진입은 금지되었다. 이날 사전공개 행사는 영화제 시상식장 같은 매장 진입로에 레드카펫을 깔아 연예인과 기자, 패션 관계자들이 밟도록 했다. 초대 고객들은 1시간이 지나서야 입장할 수 있었다. 대부분은 밖에서 이 진기한 풍경을 구경해야만 했다. 사전공개 행사는 성공적이었다. 영업시작일인 8일 서울 명동점을 비롯한 H&M 마르니 컬렉션 매장에는 오전 8시 개장과 동시에 입장하려는 1,600여 명의 고객이 장사진을 이루었다. 같은 날 신도림 디큐브시티점의 '마르니 컬렉션' 제품들은 오전 10시 40분 무렵 품절 사태를 빚었다.[26]

26　'SPA까지 번진 '줄 세우기'…까칠해서 더 끌린다고?' 〈헤럴드경제〉 2012. 3. 28

2) 디-데이 런칭과 영업시작일

디-데이 런칭은 기업의 준비 상황과 시장의 커뮤니케이션 흐름을 면밀히 분석해, 매스미디어 등의 페이드 미디어 광고를 포함한 기업의 모든 커뮤니케이션 자원을 가동하는 대대적인 프로모션의 시작을 의미한다. 그리고 영업시작일에는 런칭 제품이 시장에서 판매되기 시작해 고객이 직접 신제품을 경험할 수 있게 된다. 통상 디-데이 런칭 커뮤니케이션이 시작되는 시점과 영업시작일은 일치한다. 즉, 대대적인 광고 등 페이드 미디어 커뮤니케이션과 함께 기업의 모든 런칭 커뮤니케이션 자원이 모두 가동되는 디-데이 런칭 커뮤니케이션과 함께 영업이 개시되면 그만큼 판매에 유리하기 때문이다.

하지만 프리 런칭 커뮤니케이션에서의 커뮤니케이션 활동 결과가 기대에 못 미쳤다고 판단되는 경우, 디-데이 런칭을 조금 앞당겨 진행할 수도 있다. 제품이 시장에서 판매되기 시작하는 영업시작일 전에 조금이라도 시간을 벌어 런칭 제품의 커뮤니케이션 메시지를 시장과 고객에게 밀어내는 푸시 커뮤니케이션을 통해 제품의 인지도를 높이고 긍정적인 이미지를 창출해 안정적으로 시장에 런칭하기 위함이다. 그러나 이와 반대로 이미 사전 예약 단계에서 신제품을 사겠다는 소비자의 예약이 폭주한 상황이라면 하루라도 빨리 제품을 판매해 되도록 많은 고객이 제품을 경험하게끔 해야 한다. 이런 경우, 디-데이 런칭 커뮤니케이션 시작일과 영업시작일을 일치시키는 게 좋다. 프리 런칭 커뮤니케이션이 성공적으로 실행되어 사전 예약이 폭주했다면 디-데이 런칭 커뮤니케이션이 시작되었다 하더라도 원래 계획했던 대로 커뮤니케이션 자원을 광고 등 페이드 미디어 커뮤니케이션에 모두 투입할 필요가 없다. 사전 예약 상황, 런칭 제품의 재고 및 추후 공급량 등 런칭 상황을 면밀히 지켜보면서 순발력 있게 대처해야 한다.

런칭 오퍼레이션은 디-데이 런칭 커뮤니케이션 시작과 영업시작일 전에 런칭 오퍼레이션의 모든 부서가 완벽하게 고객을 맞을 준비를 할 수 있도록 내부 상황을 파악하고, 이를 성공적으로 조율해야 한다. 특히 기업의 임직원과 파트너는 런칭 제품의 가장 강력한 마니아 집단이어야 한다. 따라서 디-데이 런칭 및 영업시작일을 맞아 기업 임직원과 파트너가 신제품에 대해 충분히 이해하고 감정을 몰입할 준비가 되도록 기업의 분위기를 고조시켜야 한다. 또한 고객이 제품을 구매할 수 있는 판매 프로세스가 실제로 진행되어야 하는 만큼 기업과 고객이 만나는 터치 포인트에서 판매가 원활하게 이루어질 수 있도록 만반의 준비가 필요하다.

매장에서의 고객 경험이 중요하다

마케팅의 대가 필립 코틀러는 고객의 최종 구매 결정에 가장 큰 영향력을 행사하는 요인이 쇼핑 공간에서의 경험이라고 말한 바 있다. 세계 판촉용품협회의 조사에서도 구매자의 70%가 구매 현장에서 구매 제품 및 브랜드를 결정한다는 결과가 나왔다. 즉 기업들은 광고 등을 접한 고객이 어떤 제품을 구매할지 미리 정하고 매장을 방문할 거라 생각하지만, 정작 고객이 구매 결정을 내리는 건 '매장에 들어온 바로 그 순간'의 기분과 감정에 달려 있는 것이다. 그래서, P&G는 판매 접점에서의 마케팅 활동을 강화하고자 2004년부터 마케팅, 커뮤니케이션, 제품기획, 품질관리, 서비스 관리 등 각 분야의 전문가로 구성된 팀을 운용한다.[27] 또, 2009년에 발표된 〈맥킨지 쿼털리(Mckinsey Quarterly)〉에 따르면, 점점 많은 고객들이 온라인과 오프라인 매장에서 기업이 제공하는 판매 조건과 함께 런칭 제품의 포장 등을 확인하고 나서야 제품을 구매한다.[28] 따라서 런칭 제품의 최종 구매 결정에 큰 영향을 미치는 매장에서의 고객경험은 특별하게 관리될 필요가 있다.

27 '톡톡튀는 스페이스 마케팅, 고객을 취하게 한 나' 〈동아비즈니스리뷰〉 60호, 24p
28 〈The consumer decision journey〉 JUNE 2009, David Court, Dave Elzinga, Susan Mulder, and Ole Jørgen Vetvik

매장에서의 고객 충성도가 높은 대표적인 기업이 애플이다. 애플 제품의 혁신적인 기능과 디자인도 고객 충성도를 높일 수 있었던 비결이지만, 애플 스토어의 고객 경험도 중요한 역할을 하고 있다. 애플은 애플 스토어를 열기로 결정하면서 당대 최고의 소매유통 혁신가 론 존슨을 영입했다. 그리고 2001년 5월 19일, 첫번 째 애플 스토어가 버지니아 주의 대형 쇼핑몰에 문을 열었다.[29] 2001년 애플은 PC가 뮤직 플레이어와 비디오 레코더, 전화기, 태블릿 컴퓨터 등 다양한 라이프 스타일 기기들의 '디지털 허브' 역할을 할 것이라는 비전을 품었다. 이러한 비전이 디지털 허브로서의 역할을 할 수 있는 오프라인 스토어 디자인을 고안해내 기존 소매유통 매장과는 차별화된 애플만의 스토어를 만들어내는 데 성공했다. 그리고 디자인뿐 아니라 애플의 제품을 체험할 수 있으며 다양한 서비스를 받을 수 있는 복합 공간 '지니어스 바'를 만들어 고객 중심의 서비스가 가능하도록 했다.

이와 동시에 론 존슨은 다른 유통 매장에는 없는 전혀 다른 경험을 만드는 일에 착수했다. '고객과 직원의 삶을 풍요하게 만들자' 라는 사명을 천명하면서, 애플 스토어에서의 고객 경험이 충성도 높은 애플 마니아를 만드는 가장 중요한 터치 포인트 중 하나로 여기고 '순고객추천지수(NPS)' 라는 콘셉트를 애플 매장 관리에 활용하기 시작했다. 많은 사람들이 애플의 멋진 제품이나 세련된 매장 디자인을 주된 이유로 추측하겠지만, 추천고객들이 꼽은 가장 큰 이유는 놀랍게도 매장 직원들의 태도였다. 2007년 애플에서 고객추천지

---

29 29 《스티브 잡스》 월터 아이작슨 지음, 민음사, 591p

수를 측정하기 시작했을 당시 매장 수는 163개였고, 고객추천지수는 58%였다. 그러나 2011년 말, 애플 매장은 320개로 늘었으며 고객추천지수 역시 70%로 높은 점수를 기록하고 있다. 최고득점 매장의 점수는 90%를 상회하기도 한다.[30]

30 '애플엔 있고, 현대차엔 없다 '로열티 경영'' 〈매일경제신문〉 2012. 3. 12

3) 디-데이 런칭 커뮤니케이션과 푸시 커뮤니케이션

매스미디어를 포함한 페이드 미디어의 대대적인 광고가 시작되는 디-데이 런칭을 기점으로 고객은 마침내 제품을 경험할 수 있게 된다. 그 동안 기업이 거의 일방적으로 제품의 런칭 커뮤니케이션 메시지를 전달하던 상황이 아닌 고객에게 주도권이 넘어가는 새로운 국면을 맞게 된다. 기업은 신제품을 시장에 성공적으로 런칭시키기 위해 사활을 걸고 경쟁한다. 어떤 기업이 런칭에 성공하면 그 나머지 경쟁 기업은 기업의 존립에 중대한 도전을 받는다. 그래서 어떤 기업이 프리 런칭 커뮤니케이션을 시작으로 런칭 커뮤니케이션을 시작하면 경쟁 기업은 그 기업의 런칭 커뮤니케이션 자체를 무력화시키기 위해 다양한 방안을 강구하고 실행한다. 특히 프리 런칭 커뮤니케이션에서 가장 중요한 목표인 뉴스 미디어가 그 기업에 호의적인 언드 미디어가 되지 않도록 뉴스 미디어의 관심을 교란시키는 방해 활동에 필사적이다. 따라서 경쟁 기업들의 방해 공작은 런칭을 준비하는 기업이 디-데이 런칭 단계에 들어설 때 정도면 시장과 고객을 상당한 혼란에 빠뜨려놓았을 가능성이 크다. 그래서 디-데이 런칭 커뮤니케이션의 목표는 단시간 내에 좀더 광범위한 고객에게 도달해 런칭 제품의 인지도를 높이고 긍정적인 이미지를 창출하는 것이다. 이런 목표를 달성하기 위해 시장과 고객을 위한 디-데이 런칭 커뮤니케이션 전략을 실행할 때 아래의 관점에 주의를 기울여야 한다.

　첫째, 기존의 온드 미디어를 중심으로 하는 풀 커뮤니케이션 위주에서 제품의 런칭 커뮤니케이션 메시지를 시장과 고객에게 밀어내는 전방위적인 푸시 커뮤니케이션을 병행해 실행한다. 이 시점에서는 프리 런칭 커뮤니케이션에서 중요한 역할을 한 온드 미디어 커뮤니케이션뿐 아니라 TV, 라디오, 신문, 잡지 등의 매스미디어를 포함한 페이드 미디어에도 대대적으로 프로모션을 실행하는 푸시 커뮤니케이션 전략이 보태져야 한다. 푸시 커뮤니케이션을 통해 경쟁 기업들의 시장 교란을 잠재우고, 단시간 내에 광범위하게 효율적으로 고객에게 접근하며, 결국 고객들이 실제로 제품을 구매할 때 신제품이 쉽게 떠오를 수 있게 된다.

런칭 제품의 커뮤니케이션 메시지 허브 역할을 하는 기업의 디지털 플랫폼으로 시장과 고객의 관심이 유입될 수 있도록 해야 한다. 즉 페이드 미디어의 광범위한 도달률이 시장과 고객의 관심이 기업의 홈페이지, 웹사이트, 블로그, 디지털 미디어 등의 기업의 온드 미디어로 도착하게 해 고객에게 더욱 흥미로운 경험을 제공하고 제품에 대한 관심을 불러일으켜 보다 정교하면서 지속적인 접촉을 확고히 구축해나갈 수 있도록 하고 있다(그림 4-5 참고).

디지털 미디어 시대를 맞아 페이드 미디어, 특히 광고는 그 위치가 점점 축소될 전망이다. 푸시 커뮤니케이션의 일환으로, 디-데이 런칭 커뮤니케이션에서 페이드 미디어의 광고는 효과적으로 단시간 내에 신제품의 인지도를 높일 수 있는 효과적인 미디어이다. 그 중 TV는 런칭 커뮤니케이션 메시지를 제공하는 측면에서 볼 때 가장 좋은 툴임을 부정할 수 없다. 하지만 한 가지 메시지로 너무나 많은 고객에게 전달되기 때문에 효과가 떨어지고 점차 위력을 잃어가고 있다. 그래서 현재처럼 저성장기에는 매스미디어뿐 아니라 디지털 미디어를 함께 활용할수록 성공 확률이 높다는 것은 이미 확인되있다. 매스미디어만 사용할 때 광고량을 10% 늘릴 때보다 매스미디어와 디지털 미디어를 포함한 다양한 미디어를 함께 활용하면 동일한 조건에

그림 4-5 | 기업의 풀 커뮤니케이션 그리고 푸시 커뮤니케이션

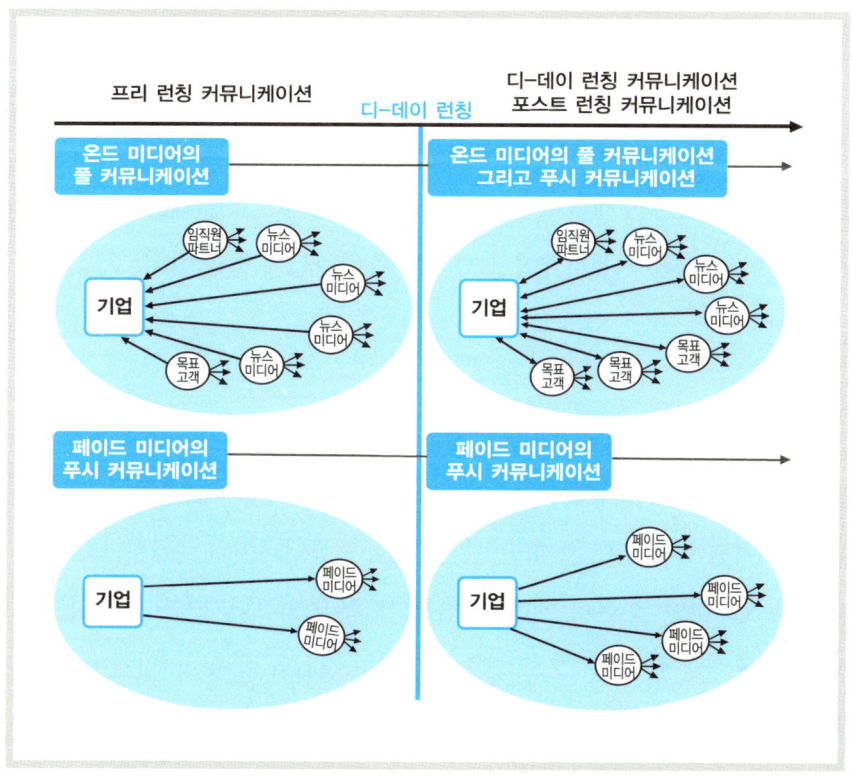

서 시장점유율이 더 높게 나온다.[31] 또한 매스미디어와 디지털 미디어는 대체 관계가 아닌 보완 관계이므로 상호 시너지를 낼 수 있도록 통합적으로 활용해야 하는데, TV 광고와 인터넷 광고를 동시에 집행할 때 해당 광고의 효과가 더 눈에 띄고 고객이 광고에 더 집중하게 된다고 밝혔다.[32] 하지만 최

31 《Expanding The Impact of Communication Trhough Digital Influence》 Ogilvy, 2009
32 '저성장기의 광고전략' 〈SERI 경영노트〉 제 123호

근 각광 받고 있는 트위터와 페이스북 등 소셜 미디어는 그 자체가 목적일 수는 없다. 런칭할 신제품을 제 3자가 객관적으로 평가해 디지털 미디어로 공유하면 기업 입장에서 언드 미디어를 얻게 될 테지만, 기업이 광고 비용을 지불하고 광고 성격의 커뮤니케이션을 하게 되면 페이드 미디어가 되는 것이다. 따라서 요즈음 새롭게 부각 중인 소셜 미디어나 소셜 네트워크도 기업이 활용할 수 있는 커뮤니케이션 미디어 중 하나임에 불과하다는 사실을 알아야 한다.

둘째, 디-데이 런칭 커뮤니케이션에서도 기업의 온드 미디어를 통해 다양한 기업의 외부 커뮤니케이션이 병행되어야 한다. 기업은 여전히 제품, 유통 채널, 임직원 등 기업이 가지고 있는 본연의 커뮤니케이션 채널뿐만 아니라, 다양한 오프라인 및 온라인 미디어를 통해 런칭 커뮤니케이션 메시지를 기업 외부에 전달해 지속적으로 언드 미디어의 관심을 유지시켜나갈 수 있다. 특히, 제품이 시장에 전달되는 디-데이 런칭 시점 이후에는 다양한 오프라인 이벤트를 통해 고객이 직접 제품을 접하고 사용해볼 수 있기 때문에 기업은 고객이 직접 런칭한 제품을 접하고 사용할 수 있는 이벤트를 실행함으로써, 제품이 시장에 런칭하기 전에 확보한 신제품의 팬들이 진정한 마니아가 될 수 있도록 노력해야 한다.

셋째, 프리 런칭 커뮤니케이션에서 제일 중요한 것이 런칭 커뮤니케이션 메시지를 기반으로 하는 신제품 관련 메시지였다면, 디-데이 런칭 커뮤니케이션을 시작하면 기업은 제품의 메시지뿐 아니라 런칭 제품의 가격이나 유통 관련 메시지도 본격적으로 커뮤니케이션할 수 있다(그림 4-6 참고). 즉 제

그림 4-6 | 디-데이 런칭 커뮤니케이션에서의 런칭 커뮤니케이션 메시지 확장

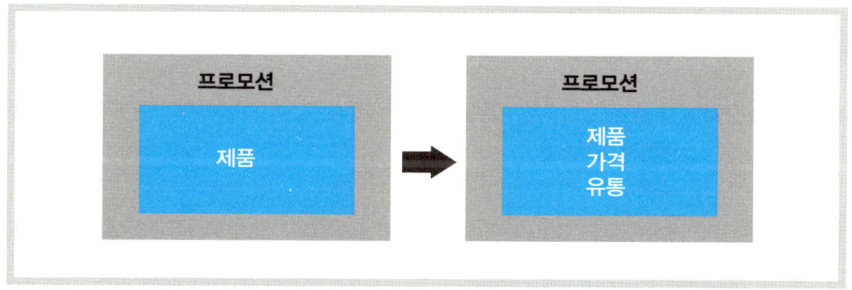

품을 런칭하면 제품 커뮤니케이션 메시지를 기반으로 하는 프로모션뿐만 아니라 유통, 가격 등 신제품의 핵심 커뮤니케이션 메시지도 시장에 커뮤니케이션할 수 있다. 따라서 런칭 오퍼레이션은 프리 런칭 커뮤니케이션과 사전예약 커뮤니케이션 등을 통해 런칭 제품의 가격 및 유통 전략이 최종 확정되면, 신제품 자체에 대한 커뮤니케이션뿐만 아니라 이 제품의 가격, 유통 전략을 적극적으로 전달해야 한다. 특히 제품 기획 초기에 의도했던 런칭 제품의 차별화 특징들이 기업의 외부 환경이나 시장 환경의 변화, 그리고 경쟁 기업의 대응 등으로 무력화된 경우가 있을 수 있다. 이럴 경우 신제품의 가격 전략을 수정해 고객의 관심을 다시금 높일 수 있다. 또는 제품 구매 방식의 변화를 통해 고객에게 또 다른 가치를 창출함으로써, 경쟁 기업과 차별된 유통전략을 개발해 제품을 적극적으로 커뮤니케이션함으로써 성공적인 런칭이될 수도 있다.

넷째, 프리 런칭 커뮤니케이션의 발신자를 반드시 기업의 CEO나 신제품과 관련된 고위급 경영진으로 국한했다면, 디-데이 런칭 커뮤니케이션에서는 전방위적으로 제품의 런칭 커뮤니케이션 메시지를 시장과 고객에게 밀어

표 4-3 | 디-데이 런칭 커뮤니케이션에서의 기업 외부 커뮤니케이션

구분	기업 외부 커뮤니케이션
발신자	• 기업의 CEO 및 고위급 경영진에서 주요 매니저 급으로 확대
메시지	• 런칭 커뮤니케이션 메시지를 포함하는 제품 메시지 • 프로모션 메시지 • 가격 메시지 • 유통 메시지
미디어	**온드 미디어** • 퍼블리시티 및 PR • 기업의 사회공헌활동 • 기업이 가지고 있는 본연의 커뮤니케이션 채널 • 오프라인 커뮤니케이션 • 디지털 커뮤니케이션 **페이드 미디어** • 매스미디어 광고 • 다이렉트 광고 • 장소 광고 • 디지털 미디어 광고 • 스폰서십 • 오피니언 리더 프로모션 **언드 미디어** • 오프라인 미디어 • 디지털 미디어
수신자	• 뉴스 미디어 • 시장 그리고 고객

내는 푸시 커뮤니케이션의 일환으로 발신자의 폭을 런칭 프로젝트와 관련된 주요 매니저로까지 확대해야 한다. 런칭 커뮤니케이션 메시지 발신자의 수를 확대함으로써 디-데이 런칭 커뮤니케이션의 효과를 극대화하는 데 주력해야 한다(표 4-3 참고).

또한 기업의 임직원과 파트너를 위한 기업 내부 커뮤니케이션 관점에서 런칭 오퍼레이션은 그 동안 다양한 내부 커뮤니케이션을 통해 런칭 제품의 충분한 지식을 갖게 된 임직원과 파트너가 신제품의 최고의 전도사로 적극

표 4-4 │ 디-데이 런칭 커뮤니케이션에서의 기업 내부 커뮤니케이션

구분	기업 내부 커뮤니케이션
발신자	• 기업의 CEO 및 고위급 경영진에서 주요 매니저급으로 확대
메시지	• 런칭 커뮤니케이션 메시지를 포함하는 제품 메시지 • 프로모션 메시지 • 가격 메시지 • 유통 메시지 * 기업의 외부 커뮤니케이션 메시지와 연동
미디어	**온드 미디어** • 구두 • 문자 • 인쇄 • 영상 • 커뮤니케이션 네트워크 시스템 • 행사 : 발표회, 초청행사, 시연회, 교육 등
수신자	• 기업 임직원과 파트너

외부 커뮤니케이션을 실행할 수 있도록 독려해야 한다. 기업의 임직원과 파트너가 하나가 되어 신제품을 기업 외부에 추천하는 자발적인 프로모션이야말로 최고의 런칭 커뮤니케이션이다(표 4-4 참고).

성공적인 런칭 커뮤니케이션을 실행하는 것은 확정된 런칭 커뮤니케이션 메시지와 활용 가능한 기업의 커뮤니케이션 자원을 가지고 런칭하는 제품의 특성에 따라 프리 런칭 커뮤니케이션, 디-데이 런칭 커뮤니케이션, 포스트 런칭 커뮤니케이션 모든 단계에 걸쳐 최적으로 미디어를 믹스해 이를 통합적으로 실행하는 것이라는 점을 명심하자. 효과적이고 최적화된 디-데이 런칭 커뮤니케이션은 제품을 런칭하자마자 사전 예약에 이어 단시간 내에 기존 제품수명 주기 패턴을 넘어서는 대박 런칭을 위한 전제조건임을 다시 한 번 강조한다.

포스트 런칭 커뮤니케이션에서는
구전효과를 극대화하라

포스트 런칭 커뮤니케이션을 통해 런칭 제품을 경험한 고객이 그 제품에 대한 긍정적인
입소문, 즉 구전효과를 극대화해 더욱 많은 고객이 제품을 사도록 해야 한다.

1) 포스트 런칭 커뮤니케이션과 구전효과

지금까지 기업은 런칭 제품을 시장과 고객에게 적극적으로 커뮤니케이션하
는 제품 프로모션에 초점을 맞추어왔다. 프리 런칭 커뮤니케이션 초기부터
기업의 핵심 런칭 커뮤니케이션 메시지를 기반으로 아키타이프 런칭 커뮤니
케이션을 실행해왔다. 그리고 디-데이 런칭을 기점으로 제품과 관련된 메시
지뿐 아니라, 런칭 제품의 가격과 유통 메시지까지도 공개하는 전방위적인
디-데이 런칭 커뮤니케이션을 실행했다. 이런 단계를 거치며 고객은 시장에
서 제품을 구매하고 비로소 직접 경험할 수 있게 되었다.

디-데이 런칭 커뮤니케이션이 시작된 이후 고객이 시장에서 런칭한 제품
을 구매한 후 기업에게 유의미한 고객의 경험이 형성되기 시작한 시점에서

부터 기업은 포스트 런칭 커뮤니케이션 실행에 들어가야 한다. 포스트 런칭 커뮤니케이션의 목표는 런칭 제품을 경험한 고객이 그 제품에 대한 긍정적인 입소문, 즉 •구전효과를 극대화해 더욱 많은 고객이 제품을 사도록 하는 것에 있다. 포스트 런칭 커뮤니케이션을 실행하는 데 가장 중요한 콘셉트인 구전효과를 분류해보면 '결과적인 구전효과', '경험적인 구전효과', '의도적인 구전효과' 등 세 가지로 분류할 수 있다.[33]

우선, 포스트 런칭 커뮤니케이션에서는 프리 런칭 커뮤니케이션, 디-데이 런칭 커뮤니케이션을 지나면서 기업이 시장과 고객에게 전달한 런칭 커뮤니케이션 자체의 결과가 존재한다. 즉, 런칭하는 제품의 메시지와 크리에이티브를 포괄하는 런칭 커뮤니케이션 활동 자체에 공감한 고객들이 자발적으로 기업의 핵심 메시지를 주위로 전파하면서 발생하는 효과가 '결과적인 구전효과' 다. 기존 제품과 차별되는 런칭 커뮤니케이션 메시지와 크리에이티브, 가격 및 유통 메시지가 하나로 어우러진 기업의 '진정성' 을 고객이 받아들일 때 결과적인 구전효과는 상당한 위력을 발휘한다. 따라서 기업은 이러한 런칭 커뮤니케이션 결과가 끊임없이 시장과 고객 사이에서 회자될 수 있도록 해야 한다.

둘째, 포스트 런칭 커뮤니케이션에서 가장 주안점을 두어야 하는 측면은 '경험에 기반한 구전효과' 이다. 기업의 터치 포인트 커뮤니케이션을 통해 기

---

33 'A New Way to Measure Word-of-Mouth Marketing' 〈Mckinsey Quarterly〉 2010. 4

업의 런칭 커뮤니케이션 메시지와 크리에이티브에 공감한 고객은, 실제로 기업이 제시하는 가격과 유통채널을 통해 제품을 사고 경험한 후 자신의 경험을 주위로 자연스럽게 전달한다. 그런데 제품을 경험한 고객은 그 동안 기업의 런칭 커뮤니케이션으로 형성된 런칭 제품에 대한 기대치와 실제 제품을 구입해 사용하면서 느낀 경험치 간의 차이를 경험할 수 있다. 기업 입장에서 볼 때 많은 고객들이 그런 차이를 느끼지 못하고 제품 구매에 만족한다면 성공적으로 런칭한 셈이다. 이 경우 기업은 그 동안 여러 가지 프리 런칭 커뮤니케이션 피드백 시스템을 실행하면서 많은 부분을 개선하였거나 대응책을 마련해두었기에 그런 차이가 최소화된 것이다. 하지만, 최근에는 기업들이 통제할 수 없는 시장 상황이 전개되고 있다. 이와 같은 차이의 리스크가 소비자 파워 확대로 점차 가중되고 있는 것이다. 모바일을 비롯한 새로운 디지털 미디어의 등장으로 고객으로의 정보편중 현상이 날로 심화되면서 고객 권력화 경향은 점차 강화되고 있다. 때로는 일부 고객들의 불만이 와전된 형태로 확산돼, 급기야 신제품 런칭이 실패로 이어지는 결과가 나타날 수도 있다. 따라서 런칭 오퍼레이션은 '고객 파워 확대'를 긍정적으로 견제하는 측면에서도 경험에 기반한 부정적 차이의 문제를 적극적으로 대응해야 한다.

셋째, 포스트 런칭 커뮤니케이션에서 고려할 수 있는 구전 활동 중 하나가 런칭 제품에 긍정적 관심을 불러일으키고자 유명 인사의 사용 후기나 추천 메시지를 활용하는, 즉 '의도적인 구전효과'다. 앞서 언급한 결과적인 구전효과에 비해 상대적으로 효과가 떨어지는 게 사실이다. 제품의 커뮤니케이션 메시지를 널리 알려진 유명인사를 통해 긍정적으로 커뮤니케이션할 수 있도록 함으로써 성공적인 런칭을 유도할 수 있다.

깐깐한 美 소비자,
성능·가격 무장한 제네시스에 빠지다

이 사례는 '성공하는 기업은 런칭이 다르다'의 객관적인 평가를 위해 필자가 〈동아비즈니스리뷰〉 85호 '깐깐한 美 소비자, 성능·가격 무장한 제네시스에 빠지다'에서 런칭 커뮤니케이션과 관련된 내용을 직접 발췌한 것이다.[34]

현대차는 2008년 1월 8일 4년여 간 5,000억 원의 연구개발비를 투자해 만든 후륜구동 고급 승용차 제네시스를 국내외에서 동시에 선보였다. 유럽 브랜드가 장악한 세계 고급차 시장을 공략하기 위해 만든 현대차의 야심작이었다. 제네시스는 벤츠, BMW, 렉서스 등이 주도하는 글로벌 고급 차 시장에 처음 도전하여 기대 이상의 평가를 받았다. 런칭한 2008년 미국에서 긍정적인 평가를 받았고, 2009년에는 북미 시장에서 '올해의 차(Car of the Year)'로 선정되며 미국 고급 승용차 시장에 성공적으로 안착했다는 평가를 받았다. 북미 시장에서 소형차 브랜드 이미지가 강했던 현대차가 고급차를 내놓는 일은 모험에 가까웠다. 현대차는 제네시스 브랜드를 어떻게 미국 시장에 각인시켰을까?

미국의 고급 차 시장을 분석하고, 현대차의 고급 차 시장 진출을 위한 브랜드 전략이 세워졌다. 《성공하는 기업은 런칭이 다르다》의 관점에서 보면

---

34 '깐깐한 美 소비자, 성능·가격 무장한 제네시스에 빠지다' 〈동아비즈니스리뷰〉 85호, 65p

브랜드 플랫폼과 마케팅 플랫폼이 완성된 것이다. 이에 따라 미국 시장에서 제네시스는 '준고급 차량(Near Luxury Car)'로 포지셔닝하는 제네시스의 런칭 커뮤니케이션 전략이 수립되었다.

* 제품(Product): 현대차는 제품 품질 및 성능 측면에서 경쟁사 고급 차량과 비교해 충분한 경쟁력을 확보하기 위해 노력했다
* 가격(Price): 제네시스는 경쟁차량 대비 상대적으로 떨어질 수 있는 브랜드 인지도를 극복하기 위해 가격 측면에서 경쟁력을 확보하고자 했다
* 유통(Place): 현대차는 제네시스의 판매증대를 위하여 딜러의 판매역량을 강화하고, 운영체계를 효율적으로 개선하고자 노력했다
* 프로모션 (Promotion): 현대차는 브랜드 이미지 향상을 위해 제네시스의 우수한 성능을 강조하는 동시에 기존 독일, 일본 차에서 탈피한 새로운 가치를 홍보했다. '4만 달러 이하의 유일한 8기통 후륜 구동 수입차'의 성능을 강조하는 커뮤니케이션 전략을 개발했다. 미식축구, 프로농구 광고 및 스폰서십을 통해 제네시스의 다이내믹함과 역동성을 표현했다. 합리적인 가격과 성능으로 승부하는 새로운 개념의 고급차 이미지를 광고 콘셉트로 잡고 인지도를 높이기 위해 노력했다. 제네시스의 세부적인 프로모션 전략은 3단계로 나눠볼 수 있다.

먼저 런칭 이전 단계에서는 브랜드 노출을 극대화해 소비자와 미디어의 관심을 늘리는 것을 최우선 목표로 했다. 이를 위해, 기자단 및 오피니언 리더 시승회를 열고 티저 광고, 인터넷 광고 및 판촉 활동 등을 시작했다. 런칭 단계에서는 마케팅 역량에 집중하고 신차효과를 극대화해 고급 차의 명확한 가치를 강조했다. 이와 관련해 미디어 광고, 스포츠 마케팅, 신차 로드쇼 및 딜러 미팅 활성화 등의 프로모션을 추진했다. 런칭 이후 단계에서는 판매 상승세를 유지하고 판매 안정화에 주력했다. 체험 마케팅이나 적극적인 고객 관리(CRM) 추진, 고급 콜 센터 운영, 구전효과 프로그램 등의 프로모션 활동

표 4-5 | 제네시스의 미국 프로모션 전략

	프리 런칭	런칭	포스트 런칭

목표	• 소비자/미디어 관심 증대
	• 브랜드 노출 극대화
	  – 차명/이미지 홍보 위한 이벤트 시행
		• 마케팅 역량 집중, 신차 효과 극대화
		  – 제네시스에 대한 긍정적 태도 형성
		• 고급차로서의 명확한 가치 전달
			• 고급차 시장 진입 연착륙 및 안정화
			  – 판매 모멘텀 지속 가능한 시스템 구축
			  – 당사 타 모델 판매에 긍정적 역할 확대

마케팅 및 프로모션	• 홍보용 차량 추가 조기 공급
	  – 미국, 총 100대
	  – HMA 52대, 딜러단 48대
	• 기자단 및 오피니언 리더 시승회
	• 프리 런칭 티저 광고 실시
	• 인터넷 광고 및 판촉 활동
	  – 커뮤니티 활성화, DM 발송, 구전효과 관리
	• '올해의 차' 획득 추진
		• 미디어 광고(TV/잡지/인터넷 등)
		  – Soft 런칭 7월(1차), Major 런칭 8월 말(2차)
		• 스포츠마케팅과 연계 프로모션
		  – 미식축구NFL, 농구NBA, 스폰서십
		• CO_2 대응 친환경 프로그램
		• 신차 로드쇼 및 딜러 미팅 활성화
		• 지역별 런칭 행사 및 시승회
		  – 5~6 지역 선정 설명회 및 시승 실시
			• 체험 마케팅 진행
			  – 소비자:경쟁차 비교 시승 체험 / 게릴라 특별 전시
			  – 딜러:딜러 자체 판촉 행사 지원 프로그램 / 주요 거점별 딜러 미팅 진행 (6개 지역 200~250여 명 대상)
			• 고객관리 적극 추진
			• 지역별 판촉/체험 행사(온-오프라인)
			• 고급 콜 센터 운영
			• 구전 효과 프로그램

을 진행했다. 또한 전 세계 소비자들의 현대차 브랜드 및 제네시스에 대한 브랜드 인식을 높이는 방안으로 자동차 부문에서 권위 있는 상으로 평가되는 '북미 올해의 차(COTY: Car Of The Year)' 수상을 위해 노력했다. 미국 기자단의 시승회를 열었고, 지역별 자동차 전문가들을 대상으로 그룹 및 개별 시승 기회를 제공하고 차량 설명회도 진행했다.

2) 위기관리 커뮤니케이션

포스트 런칭 커뮤니케이션에서는 '경험에 기반한 구전효과' 측면에서의 위기관리 커뮤니케이션에 주목해야 한다. 제품의 런칭 커뮤니케이션을 실행하면서 전달된 런칭 커뮤니케이션 메시지와 기업이 제시한 가격과 유통채널을 통해 제품을 구매해 느낀 고객 경험 간에 심각한 부정적 '차이' 가 발생할 수도 있기 때문이다. 따라서 이런 차이를 감지했다면 런칭 오퍼레이션은 곧바로 런칭 오퍼레이션의 위기관리 시스템을 가동해 적극 대처해야 한다. 고객 불만 확산 리스크가 급증하면서 일부 고객들의 불만이 와전된 형태로 확산돼, 급기야 런칭의 실패로 이어질 수 있음을 기억해야 한다. 따라서 포스트 런칭 커뮤니케이션에서는 이제까지 실행해온 제품의 프로모션 영역을 런칭하는 제품의 '프로텍션(방어)' 영역으로까지 확장해 생각해야 한다. 그리고 그 프로텍션은 런칭 제품뿐만 아니라, 제품의 가격과 유통 메시지까지로도 확산하여 생각해야 한다(그림 4-7 참고).

그림 4-7 | **포스트 런칭 커뮤니케이션에서의 위기관리**

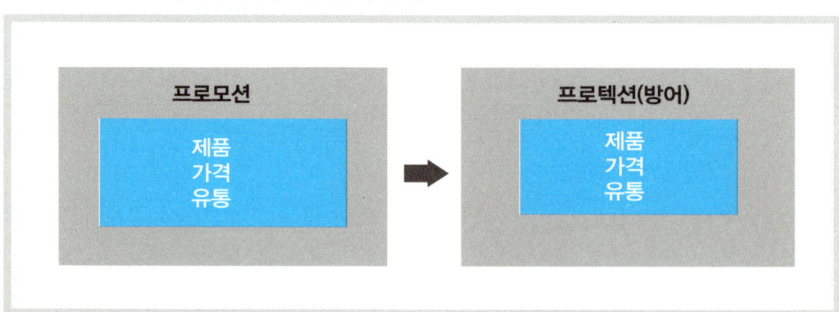

우리는 이미 런칭 오퍼레이션이 프리 런칭 커뮤니케이션과 디-데이 런칭 커뮤니케이션을 실행하면서 제품에 대한 기업 내외부의 각종 피드백을 주시해왔다. 우선, 커뮤니케이션 플랫폼을 확정할 때 이미 런칭 제품의 약점과 위협 요인을 확인한 바 있고 대비책을 미리 준비해왔다. 또, 정적인 이미지 런칭 커뮤니케이션과 동적인 이미지 런칭 커뮤니케이션을 통해 제품의 약점이라 느껴지는 부분도 시장과 고객이 호의적으로 받아들일 수 있도록 기업 관점에서 전략적으로 런칭 커뮤니케이션 메시지를 실행했다. 이렇듯 철저한 사전 준비 단계를 거쳐 런칭 오퍼레이션은 신제품의 부정적 요인들에 대하여 대책을 마련하고 디-데이 런칭과 영업시작일을 맞았다.

위기를 철저히 대비한다면 정작 위기로 발전하지 않을 가능성이 높다. 이미 프리 런칭 커뮤니케이션 및 디-데이 런칭 커뮤니케이션을 실행하면서 확보한 각종 피드백을 바탕으로 기업의 입장을 정리해두었기에 실제로 위기가 발생하더라도 기업은 선제적으로 대응할 수 있다. 오히려 그와 같은 위기가 기업에게 좋은 '런칭 스토리'를 제공해주어 전화위복의 반전으로 삼을 수도 있다. 따라서 런칭 오퍼레이션은 포스트 런칭 커뮤니케이션에서도 런칭 제품의 위기 상황을 가정해 만약에 나타날 수도 있는 최악의 상황을 즉각 대응할 수 있도록 시스템을 구축, 운용해야 한다(그림 4-8 참고).

최악의 경우, 제품이 런칭된 후에도 기업이 당초 세워둔 판매 목표에 훨씬 못 미치는, 즉 런칭이 실패하는 일도 벌어질 수 있다. 이때 런칭 오퍼레이션은 런칭 실패를 대비해 어떤 조치를 실행할지 '플랜 B'를 간단하게나마 준비하는 게 좋다. 런칭에 실패하더라도 런칭 오퍼레이션을 중심으로 '플랜 B'를

그림 4-8 | 포스트 런칭 커뮤니케이션에서의 위기관리 TFT

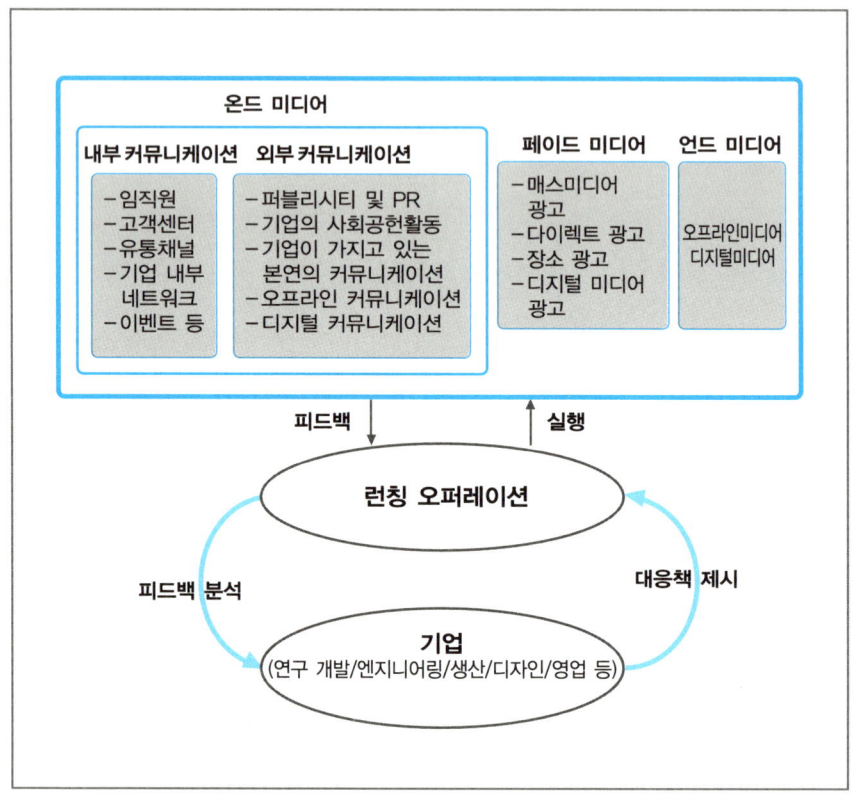

가동함으로써 런칭 실패에 따른 기업 내외부의 부정적 영향을 최소화하자는 것이다. 결론적으로, 포스트 런칭 커뮤니케이션에서도 런칭 오퍼레이션은 위기관리 TFT 멤버를 중심으로 아래와 같은 상황 등을 관찰하고, 기업 차원에서 일사분란하게 대응할 수 있도록 해야 한다.[35]

---

35 '런칭의 Critical 11분' 〈유니타스브랜드〉 Vol. 6, 174p

- ★ 시장 상황
- ★ 경쟁 상황
- ★ 고객 상황
- ★ 제품판매 상황
- ★ 런칭 커뮤니케이션 상황

표 4-6 | 포스트 런칭 커뮤니케이션에서의 기업 내외부 커뮤니케이션

구 분	포스트 런칭 커뮤니케이션에서의 기업 내외부 커뮤니케이션
발신자	• 제품의 프로모션 : 기업의 CEO, 고위급 경영진 및 매니저에서 기업의 외부 대리인까지로 확대 • 제품의 프로텍션 : 기업의 CEO, 고위급 경영진 및 매니저로 제한
메시지	• 제품의 프로모션 : 제품 메시지, 가격 메시지, 유통 메시지 • 제품의 프로텍션 : 제품 메시지, 가격 메시지, 유통 메시지
미디어	● 기업 내부 커뮤니케이션 : 기업의 온드 미디어 ● 기업 외부 커뮤니케이션 **온드 미디어** • 퍼블리시티 및 PR • 기업의 사회공헌활동 • 기업이 가지고 있는 본연의 커뮤니케이션 채널 • 오프라인 커뮤니케이션 • 디지털 커뮤니케이션 **페이드 미디어** • 매스미디어 광고 • 다이렉트 광고 • 장소 광고 • 디지털 미디어 광고 • 스폰서십 • 오피니언 리더 프로모션 **언드 미디어** • 오프라인 미디어 • 디지털 미디어
수신자	• 기업의 임직원과 파트너 • 뉴스 미디어, 시장 그리고 고객

애플의 안테나 게이트

애플은 제품을 런칭하고 난 후 제품 오류를 조용히 수정하는 방식에 능하다.[36] 프리 런칭 커뮤니케이션을 진행하면서 확보한 피드백을 바탕으로 철저히 수정과 보완을 하기 때문이다. 처음 나온 아이폰의 헤드폰 잭의 경우 더욱 예쁘게 보이도록 만들기 위해 케이스의 후미진 곳에 붙어 있었다. 그러나 애플 외에 다른 플러그들과 호환이 안 됐다. 그렇지만 다음에 나온 아이폰에서는 이 문제가 수정됐다. 애플은 런칭 제품의 문제를 조용하게 해결해왔다. 2010년 6월에 런칭된 아이폰 4는 멋진 외관을 자랑했지만 한 가지 문제점이 있었다. '기즈모도'를 중심으로 아이폰 4가 통화 중 끊기는 문제가 있다는 소식이 전해졌다. 통화 중 본체 하단의 특정 부위를 손으로 잡으면 수신율이 급속하게 낮아지는 문제가 발생한 것이다. 이 문제는 대략 통화 100번에 한 번 꼴로 나타났다. 급기야 6월 초, 미국 최고의 권위를 자랑하는 소비자 연맹에서 발행하는 '컨슈머 리포트'가 아이폰 4를 추천 리스트에서 제외하면서 문제가 크게 불거졌다.[37]

당시 하와이로 휴가를 떠났던 스티브 잡스는 급히 기업으로 복귀해 홍보

---

36 《구글노믹스》 제프 자비스 지음, 21세기북스, 377p
37 《애플, 성공신화의 비밀》 김정남 지음, 황금부엉이, 103p

세계의 구루인 레지스 메케나, 광고의 달인 리 클라우, 그리고 애플의 홍보 책임자 케이티 코튼과 중역 7명이 참석한 위기관리 모임을 가졌다. 그 후 특별 기자회견을 자청한 잡스는 '수신율 문제는 다른 업체에서도 공통적으로 생기는 문제'라면서 다른 휴대폰에서 수신율이 떨어지는 데이터를 공개했다. 그리고 굽실거리거나 사과하기보다는 애플이 이 문제를 이해하며 그것을 바로잡기 위해 노력할 것임을 보여주었다. 그래도 아이폰 4가 마음에 들지 않는다면 한 달 안에 무료로 교환해주겠다고 약속했다.[38] 비록 이런 발표 뒤에 많은 비난 여론이 있었지만, 결국 고객이 이 모든 상황을 판단하게끔 하였고 이윽고 안테나 게이트는 잠잠해졌다.

애플은 그 위기관리 TFT를 통해 모든 휴대폰이 완벽하지 않다고 대놓고 선언함으로써 아이폰 4의 문제를 휴대폰 전체의 문제로 정황을 바꿈으로써 위기를 풀어나갔다.[39] 신속하고 과감한 애플의 결정은 시장조사보다 더 정확하게 고객의 마음을 잘 알고 있었기 때문이었다. 그리고 애플은 세계 그 누구보다도 아이폰 4에 대해 방대하고 정확한 자료를 가지고 있었다. 따라서 아이폰 4의 수신율이 다소 떨어지기는 해도 아이폰 3GS에 비해 심각하지 않으니 마음에 안 들면 환불해주겠노라 큰 소리 치는 대응법을 선택한 것이다.[40] 이렇게 프리 런칭 커뮤니케이션에서부터 축적된 런칭 제품에 대한 다양한 관점의 데이터를 애플이 가지고 있었고, 신속하게 문제를 해결할 수 있는 유능한 조력자들을 항상 준비하고 있었기 때문에 문제를 쉽게 해결할 수 있었다.

38 《스티브 잡스》 월터 아이작슨 지음, 민음사, 816~817p
39 《스티브 잡스》 월터 아이작슨 지음, 민음사, 819p
40 《애플, 성공신화의 비밀》 김정남 지음, 황금부엉이, 104p

기업의 런칭 커뮤니케이션 프로세스가 시장과 고객을 만나면서 고객의 구매가 이뤄지면 비로소 신제품의 런칭 커뮤니케이션 결과가 발생하게 된다. 그 결과를 바탕으로 당초 세웠던 런칭 커뮤니케이션 목표를 정확하게 평가하는 일도 중요하다. 하지만 기업 고유의 지속적으로 성공하는 런칭 커뮤니케이션 프레임워크를 찾아내는 것도 중요하다는 점을 잊지 말아야 한다.

런칭 커뮤니케이션의 정리

런칭 커뮤니케이션의 정리

당초 세웠던 런칭 커뮤니케이션의 목표를 정확하게 평가하는 일도 중요하지만, 제품을 런칭하며 체득한 런칭 커뮤니케이션 경험과 자산을 잘 정리해 기업의 시스템으로 자리잡을 수 있도록 해야 한다.

런칭 오퍼레이션은 디-데이 런칭 커뮤니케이션과 포스트 런칭 커뮤니케이션을 예정대로 실행하고 일정 시점을 지나게 되면, 그 동안 런칭 오퍼레이션이 주도해온 런칭한 제품의 런칭 커뮤니케이션 결과를 확인하고 런칭 오퍼레이션을 해산하는 '런칭 커뮤니케이션의 정리 단계'에 이르게 된다(그림 5-1 참고).

1장에서 런칭 오퍼레이션의 목표를 설명하면서 런칭 오퍼레이션은 런칭 커뮤니케이션 전략을 수립, 실행할 때 기업의 브랜딩 커뮤니케이션의 일환으로 기업 브랜드가 지향하는 정성적 목표와 함께 일정 판매량, 매출액, 수익 등의 정량적 목표를 세웠다. 또, 런칭 오퍼레이션은 프리 런칭 커뮤니케이션을 시작으로 본격적인 활동에 들어가면서 각 런칭 커뮤니케이션 단계마다 활동을 시행하기 전 각각의 런칭 커뮤니케이션 목표를 해당 부서와 협의하고 확정해 점검해왔다. 따라서 런칭 커뮤니케이션을 해산, 정리하는 단계에

그림 5-1 | '성공하는 기업은 런칭이 다르다'의 런칭 커뮤니케이션 프로세스

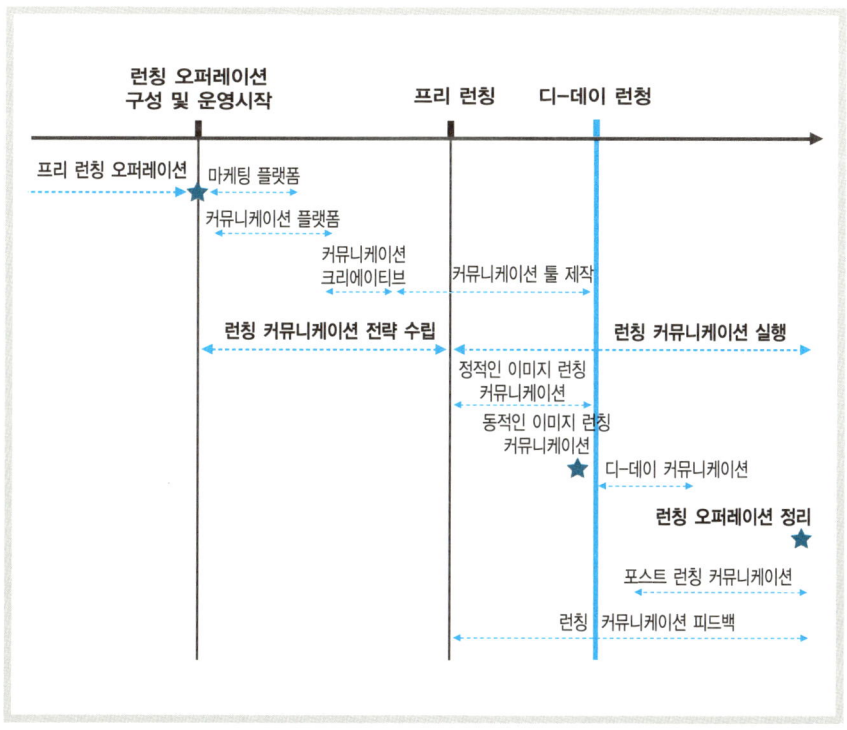

서는 지금까지 단계별로 이뤄낸 커뮤니케이션 활동의 결과와 정성적·정량적 목표 대비 실제 결과를 종합적으로 분석할 필요가 있다. 이때 주의해야 할 것은 런칭 커뮤니케이션의 성공과 실패를 단순히 기존 목표 대비 달성한 결과의 정도를 가지고 판단해서는 안 된다는 점이다. 창조적이고 위대한 기업과 그렇지 않은 기업의 차이는 실수를 안 하는 것이 아니다. 실수를 했더라도 그런 실수를 반복하지 않고 실수를 통해 교훈을 얻어 기업의 시스템으로 정착시키는 문제 해결 능력에 있다.

그래서 당초 세웠던 런칭 커뮤니케이션의 목표를 정확하게 평가하는 일도 중요하지만, 런칭 오퍼레이션은 제품을 런칭하며 체득한 런칭 커뮤니케이션 경험과 자산을 잘 정리함으로써 기업의 시스템으로 자리 잡을 수 있도록 해야 한다. 런칭 커뮤니케이션 전략을 수립, 실행하면서 결과적으로 주효했던 방식 또는 시행착오, 지금 실행 중에 있는 런칭 제품의 커뮤니케이션 활동, 향후의 계획 등을 공유하는 자리를 마련해야 한다. 이를 통해 기업이 한 단계 발전하는 계기로 활용해야 한다. 그래야만 향후 신제품을 기획, 개발해 시장에 런칭하는 프로젝트를 진행할 때, 모든 관련 임직원이 끊임없이 고객 지향적인 아이디어를 내는 창조적 기업문화를 만들어낼 수 있다. 이와 같은 자료들은 향후에 있을 런칭 프로젝트의 담당자를 비롯한 런칭 오퍼레이션의 주요 부서들이 런칭 커뮤니케이션 전략을 수립, 실행하는 출발점이 될 수 있다. 우연하게 한 번은 잘 할 수 있겠지만 계속적으로 잘 하는 것은 다른 문제다. 기업 임직원의 힘을 결집하지 못한다면 성공적인 런칭 커뮤니케이션의 노하우가 기업의 영속적인 시스템으로 정착될 수 없다.

'성공이 개인과 조직 차원의 학습을 방해하기 때문에 성공에서는 교훈을 얻기 더 힘들다' 는 주장이 있다. 제품이 성공적으로 런칭한 데에는 런칭 커뮤니케이션 전략을 수립할 때, 그리고 각 단계별로 런칭 커뮤니케이션을 실행할 때 염두에 두었던 가설만이 영향을 미친 결과라고 볼 수 없다. 그 보다는 미처 생각하지 못한 기업 내외부의 다양한 변수가 긍정적으로 작용해 런칭 성공이라는 결과에 도달했을 수도 있다. 하지만 대부분 이런 생각들은 비공식적으로 논의되다 사라지고 만다. 그래서 성공에서 기업이 학습하고 교

훈을 얻으려면 다음의 접근 방법을 염두에 두어야 한다. 이 원리는 커뮤니케이션 영역에서도 유효하다.[1]

- ★ 성공을 축하하는 건 좋지만 성공을 분석하는 과정을 빼먹어선 안 된다.
- ★ 체계적인 프로젝트 검토 과정을 도입하라.
- ★ 적당한 시간 차이가 있어야 한다.
- ★ 단순한 반복은 학습이 아니라는 사실을 인정하라.
- ★ 망가뜨릴 때까지 실험하라.

스티브 잡스는 "애플은 성공(아이팟)과 실패(뉴튼)를 모두 경험한 덕에 하나의 기업으로서 성공적인 제품을 만들어내기 위한 이론을 업데이트할 수 있었다."라고 고백했다. 아이폰을 런칭하고 그 런칭에서 교훈을 얻고, 그 지식을 아이패드 런칭에 성공적으로 접목했다. 한 번의 성공이 더 많은 성공으로 이어지기 바란다면 성공의 이유를 명확하게 이해해야 한다. 동시에 대부분의 기업은 실패를 잘 활용하도록 조직돼 있지 않다. 실패를 연구하기 위한 체계적인 노력도 없다. 실패에 맞서는 용기가 없다면 질적인 변화를 기대할 수 없다. 당연히 혁신과 창조는 일어나지 않는다. 불확실한 런칭 커뮤니케이션 환경에서 실패를 불가피한 측면이 있다는 점을 수용하여 실패를 계획, 관리하고 그로부터 배우는 게 합리적이다. 다음에 제시한 원리는 커뮤니케이션 영역에서도 유효하다.[2]

---

1 'Why Leaders Don't Learn From Success' 〈Havard Business Review〉 2011. 4
2 'Failing By Design' 〈Harvard Business Review〉 2011. 4, 76p

★ 프로젝트를 시작하기 전 성공과 실패의 기준을 명확히 세운다.

★ 가정을 지식으로 바꾼다.

★ 실패는 빠를수록 좋다

★ 손실위험을 통제해 실패 비용을 줄인다

★ 불확실성을 통제한다

★ 똑똑한 실패를 수용하는 문화를 만든다.

★ 실패에서 얻은 교훈을 문서화하고 공유한다.

똑똑한 실패에서 얻은 교훈을 팀과 부서, 그리고 기업 전체가 공유하지 않는다면 실패 경험은 아무 의미가 없다. 교훈을 도출하고 전달하는 데에는 많은 방법이 있다. 프로젝트를 진행하는 중간중간 사후 점검과 분석을 실시함으로써 큰 진전이 있을 때마다 상황을 확인한다. 프로젝트가 끝나면 마무리 회의를 통해 결과를 평가하는 방법이 가장 많이 쓰인다. 각각의 단계에서 어떤 가정을 했고, 실제로 결과가 어떻게 나왔으며, 가정을 어떻게 수정해야 하고, 향후 어떤 조치를 할 것인지 등을 의논한다. 이때 잘잘못을 따지는 행동은 이롭지 않다.[3]

끝으로, 제품수명 주기 콘셉트로 보면 제품의 인지도와 긍정적인 이미지, 그리고 사용구매의 창출이 목표였던 런칭 커뮤니케이션 전략이 수립, 실행되었다면 기업은 이 기세를 몰아 런칭 제품이 장기적으로 최대의 시장점유율을 얻어 계속 성장할 수 있도록 제품의 커뮤니케이션 전략을 수정한 후 실

3 'Failing By Design' 〈Harvard Business Review〉 2011. 4, 76p

행에 들어가야 한다. 프리 런칭 커뮤니케이션, 디-데이 런칭 커뮤니케이션, 포스트 런칭 커뮤니케이션을 실행하면서 참여한 기업의 온드 미디어에 대한 새로운 관점의 커뮤니케이션 전략을 수립하고 언드 미디어의 동향을 지속적으로 체크하면서, 페이드 미디어와 연계된 런칭 커뮤니케이션을 실행해야 한다. 물론, 이러한 런칭 커뮤니케이션 전략의 기준은 런칭 제품의 마케팅 플랫폼이고 그 마케팅 플랫폼을 탄생하게 한 브랜드 플랫폼이다. 그래서 기업의 브랜드 플랫폼 차원에서 제품의 런칭 커뮤니케이션이 관리되어야 한다.

기업에 맞는
런칭 커뮤니케이션 전략

유명 기업의 신제품 모두가 성공하는 것은 아니다. 이 책을 통해 각 기업 고유의 정형적
런칭 커뮤니케이션 프레임워크를 찾아내어 지속적으로 성공하는 런칭 커뮤니케이션 전략
을 수립하고 실행하는 데 그 출발점이 되었으면 한다.

디지털 미디어의 등장에 따라 기업의 커뮤니케이션 환경이 급변하고 있다.
결국 기업의 규모, 제품의 특성, 그리고 시장 환경 등의 변화는 기업이 수립,
실행하는 런칭 커뮤니케이션 전략의 다양화를 모색케 한다. 그래서《성공하
는 기업은 런칭이 다르다》의 프레임워크는 모든 런칭 커뮤니케이션 상황에
일방적으로 적용할 수는 없다. 하지만 일종의 가설과 같은 이 런칭 커뮤니케
이션 프레임워크를 통해 많은 기업이 기업 고유의 정형적 런칭 커뮤니케이
션 프레임워크를 찾아내 지속적으로 성공하는 런칭 커뮤니케이션 전략을 수
립, 실행하는 데 그 출발점이 되었으면 한다.

《성공하는 기업은 런칭이 다르다》는 제품의 독창성과 기업의 인지도의 조
합으로 런칭 커뮤니케이션 프레임워크의 틀을 잡았다(그림 5-2 참고). 그리고
네 가지 영역 중 새로운 제품을 성공적으로 런칭하고 있는 인지도 높은 기업

의 런칭 커뮤니케이션 과정을 추적해 패턴을 분석했다. 유명 기업이 만든 신제품 모두가 성공적으로 런칭되지 않는다는 점을 감안할 때, 최근 급변하는 런칭 커뮤니케이션 상황 중에서도 성공적인 런칭을 거듭하는 기업을 찾아 원인을 찾아보고자 주력했다. 그래서 독창성 있는 제품을 시장에 내놓으면서도 런칭에 성공하지 못하는 유명 기업뿐만 아니라, 마케팅과 영업에 많은 공을 들여야 하는 A영역과 B영역에 속하는 제품의 런칭 커뮤니케이션 전략을 수립, 실행해야 하는 기업들에게 좋은 지침에 되었으면 한다. 기업은 현재 처한 런칭 커뮤니케이션 환경을 고려해 이 책의 일부를 취사선택하여 런칭 커뮤니케이션 전략을 실행하면 도움이 될 것이다.

그림 5-2 | '성공하는 기업은 런칭이 다르다'의 구매 가능성 매트릭스

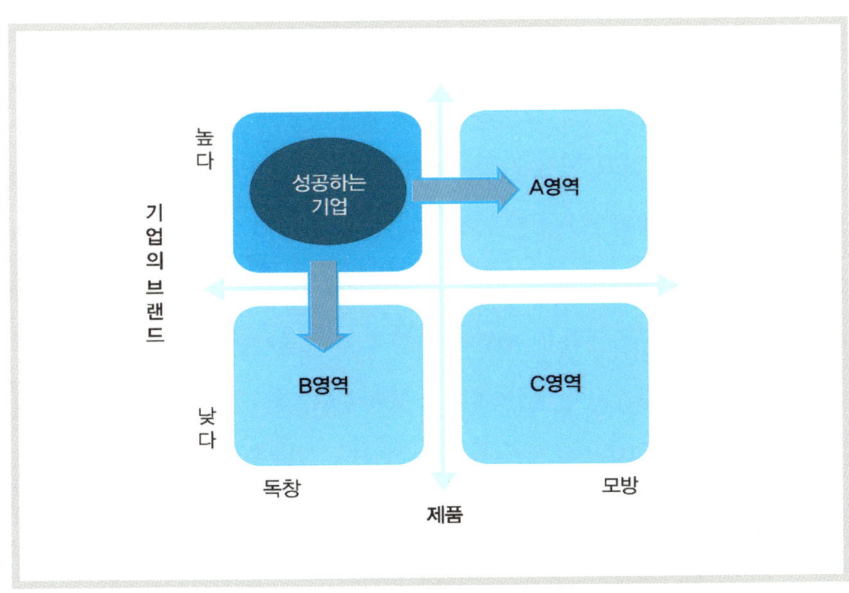

그렇다면 새로움이나 혁신의 강도가 낮은 제품 또는 기존 제품을 업그레이드하여 시장에 다시 런칭할 필요가 있는 기업에게 이 책은 어떻게 이해되어야 할까? 이에 대해 다음과 같은 관점을 제안한다.

우선, A영역에 해당하는 경우다. 기업의 브랜드 인지도가 높으면서 새로움이나 혁신의 강도가 상대적으로 낮은 제품을 출시해야 하는 기업의 경우, 그 기업은 런칭 커뮤니케이션 메시지를 제품뿐 아니라 기업의 임직원이나 런칭 프로세스, 또는 런칭 커뮤니케이션 그 자체에서 경쟁 제품과 차별화된 강력한 메시지를 찾아내어 런칭 커뮤니케이션에 적극 활용해야 한다. 즉, 제품의 런칭 커뮤니케이션 메시지뿐만 아니라, 기업이 런칭 커뮤니케이션 과정에서 실행할 수 있는 창의적이고 진정성 있는(그리고 차별화된) 온드 미디어 런칭 커뮤니케이션이 제품의 런칭 커뮤니케이션의 핵심 메시지가 될 수도 있다.

업그레이드 제품의 경우 이미 기존 제품이 시장에 런칭되어 일정 고객이 확보된, 즉 어느 정도 판매 기반이 마련된 상태에서 새 제품이 개발되어 런칭되는 제품이다. 따라서 업그레이드 제품의 런칭 커뮤니케이션 전략과 실행의 폭은 이 책 전체의 프레임워크와 차이가 날 수밖에 없다. 또한 이미 경쟁기업이 상당히 비슷하거나 오히려 더 강력한 경쟁 제품을 시장에 선보였을 수도 있다. 따라서 막연하게 제품의 런칭 커뮤니케이션 메시지를 반복적으로 커뮤니케이션해서는 실패할 확률이 높아진다. 최고 기업의 성공적인 런칭 커뮤니케이션 메시지는 시간에 따라 변한다. 고객을 좀더 기업 쪽으로 당겨오게 하는, 너무 재미있어서 남들에게 이야기하고 싶은 메시지를 의미한다. 따라서 기존 제품에 업그레이드된 제품이라면 지금까지 필자가 주장한 런칭 커뮤니케이션 프레임워크를 기반으로 하되, 경쟁 기업의 다양한 대체제를 두고 왜 고객이 신제품을 사야 하는지, 즉 '왜?' 라는 관점을 고민하여 그 안에서 답을 찾아야 한다. 앞서 언급한 것처럼 기존 제품은 이미 시장과 고객의 삶 속에서 자리를 잡아 시장과 고객의 일부분이 되어 있는 상태다. 따라서 기업은 더욱 개선된, 즉 고객의 욕구를 한층 만족시킨 업그레이드 제품의 런칭 커뮤니케이션 메시지뿐만 아니라, 왜 고객이 다른 경쟁 기업 제품을 제쳐두고 이 제품을 구매해야 하는지에 그 이유를 명확하게 알리는 것이 중요하다. 결론적으로 업그레이드된 제품의 런칭 커뮤니케이션 전략 수립 시에는 해당 제품의 원형이라고 할 수 있는 브랜드 플랫폼, 특히 '감정적 보상' 단계에 주목해야 한다(그림 5-3 참고).

그림 5-3 | 브랜드 플랫폼과 브랜드 피라미드

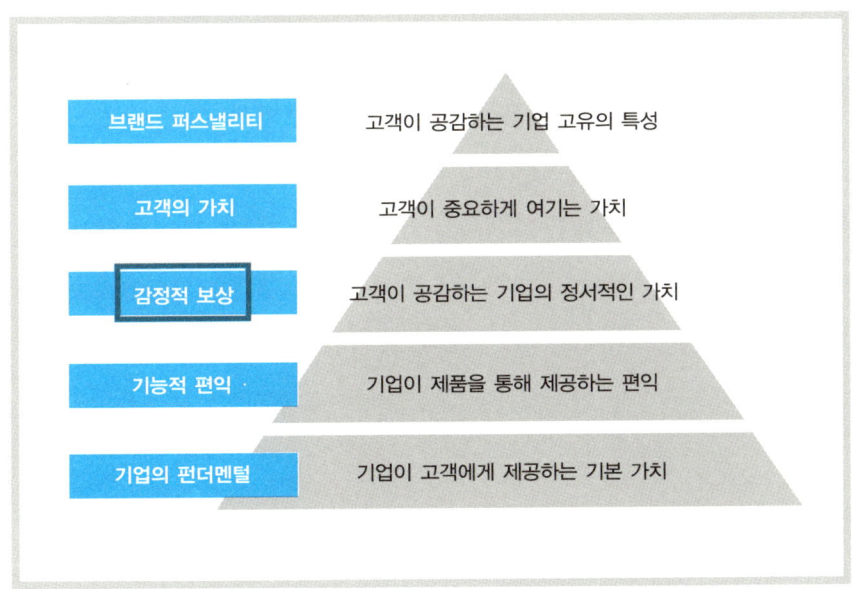

기업이 제품을 통해 제공하는 '기능적 편익'의 단계를 넘어서면, 기업은 고객이 공감하는 정서적 가치를 제공하는 '감정적 보상' 단계에 접어들게 된다. 감정적 보상 단계는 기업이 전달하는 런칭 제품의 기능적 편익을 통해 고객이 공감하는 정서적 가치를 제공하는 단계다. 이는 고객이 단순히 제품에서 실감하는 기능적 편익뿐만 아니라 기업이 전달하고자 하는 기업 브랜드의 가치도 공감하는 것을 의미한다. 이미 시장에는 경쟁 기업이 상당히 비슷하거나 오히려 더 강력한 경쟁 제품을 시장에 런칭했을 수도 있다. 따라서 이제 단순한 제품 커뮤니케이션뿐만이 아닌 그 이상의 기업 브랜드 차원의 커뮤니케이션도 동반해야 한다. 그래서 제품의 런칭 커뮤니케이션 메시지 외에도, 고객으로 하여금 구매에 대한 명분이나 제품 구매를 통해 얻을 수 있는 기업의 가치를 제시하는 감성적 메시지가 효과적이다. 특히 경제침체기에는 경제적 어려움을 겪는 고객들의 상황을 위로, 공감한다는 메시지와 긍정적이고 희망적인 메시지로 고객과 소통하면 효과적이다.[4] 최근에는 기업의 사회적 책임을 강조하면서 이를 경쟁 기업과 차별화하는 원천으로 삼는 사례가 점차 늘고 있다.[5] 결론적으로 한층 업그레이드된 제품의 런칭 커뮤니케이션 전략을 수립, 실행할 때에는 런칭 제품의 기능적 이익을 넘어 브랜드 플랫폼 차원에서, 고객의 감정을 구성하는 사회적 트렌드를 충족한 런칭 커뮤니케이션이 수반되어야 한다. 이 과정을 통해 비로소 고객은 기업의 브랜드를 하나의 살아 있는 개체로 인식하게 되어 그 기업만의 '브랜드 퍼스낼리티'가 형성된다. 따라서 기업 입장에서는 업그레이드된 제품의 런칭 커뮤니케이션

---

4 '저성장기의 광고 전략' 〈SERI 경영노트〉 제 123호
5 '사회적 책임을 차별화 원천으로 활용하라' 〈동아비즈니스리뷰〉 92호, 28p

을 통하여 자사의 브랜드가 한층 강화된 강력한 브랜드로 성장해야 한다. 이것이 제품을 성공적으로 런칭시켜야 하는 이유다.

다음은 B영역에 해당하는 경우다. 신제품의 새로움이나 혁신의 강도는 높지만, 인지도가 낮은 기업을 살펴보자. 이런 기업이라면 이 책《성공하는 기업은 런칭이 다르다》가 더더욱 런칭 커뮤니케이션의 시작이자 마지막이어야한다. 변하고 있는 기업의 고객 구매 결정 방식을 고려하면, 인지도가 높은기업에 맘먹는 인지도를 얻으려면 더욱 적극적이고 공격적인 런칭 커뮤니케이션 전략이 필요하다. 그러나 이러한 런칭 커뮤니케이션 전략을 지속적으로 반복하는 것은 현실적으로 불가능하다. 따라서 필자가 제시한 런칭 커뮤니케이션 전략을 바탕으로, 기업의 커뮤니케이션 방식을 '푸시'에서 '풀'로철저히 전환하는 것을 고려해야 한다.[6]

수요를 예측한 후 시나리오에 따라 표준화된 시스템과 절차를 통해 수요를 충족시킬 가장 효과적인 방법을 찾는 것이 기업의 '푸시' 방식이다. 고객이 수동적이라는 가정 아래에 고객의 욕구는 의사 결정권자가 주도하여 결정하는 것으로 기업이 먼저 제품을 생산하고 시장에 판매하는 방식이다. 그렇지만 '풀'은 이미 결정된 계획에 따르기보다 제품을 계획, 생산하고 그 즉시 소비할 수 있도록 해주는 패러다임이다. 모바일을 비롯한 새로운 디지털미디어의 등장으로 고객 권력화 경향이 한층 강화되는 커뮤니케이션 상황 속

---

6 《The Power of Pull》Jonh Seely Brown, Basic Books, 2010

에서 이 두 콘셉트를 기업의 커뮤니케이션으로 가져온 것이 푸시 커뮤니케이션과 풀 커뮤니케이션이다. 따라서 인지도가 낮은 기업이라면 푸시를 근간으로 하는 런칭 커뮤니케이션 전략 대신 풀이 중심이 된 런칭 커뮤니케이션 전략을 수립, 실행하는 것이 효과적이다. 이때 필자가 주장한 성공하는 기업의 런칭 커뮤니케이션 전략을 바탕으로 다음의 관점에 유의해야 한다.

첫째, 런칭하는 제품의 새로움이나 혁신의 강도가 분명히 기존 경쟁 제품과 분명히 차별되는 만큼 경쟁 기업이나 경쟁 제품과 철저히 차별된 런칭 커뮤니케이션 메시지를 발굴해 실행해야 한다.

둘째, 인지도가 높은 기업보다도 더욱 적극적으로 프리 런칭 커뮤니케이션을 활용해야 한다. 기업의 온드 미디어 커뮤니케이션을 통해 고객이 선호하는 뉴스 미디어를 기업과 런칭 제품 쪽으로 끌어당겨 언드 미디어로 만드는 풀 커뮤니케이션이 효과도 좋고 효율적이다.

셋째, 프리 런칭 커뮤니케이션에서 뉴스 미디어를 통한 온드 커뮤니케이션을 통해 되도록이면 많은 마니아들과 우호적인 집단을 확보하고 그들과 적극적으로 커뮤니케이션해야 한다. 기업과 런칭 제품을 따르는 마니아와 우호적인 집단을 런칭을 위한 기업의 디지털 플랫폼으로 끌어들여 그들 스스로 교류하고, 흥미롭고 새로운 아이디어를 나눌 수 있도록 공간을 마련해야 한다. 궁극적으로는 기업은 이 공간이 기업과 고객이 서로 협업하고 윈-윈할 수 있는 '창조 공간'으로 발전하도록 해야 한다. 풀 커뮤니케이션을 기반으로 이 창조 공간은 기업을 한층 인지도가 높은 강한 기업으로 전환하게 하는 강력한 디딤돌 역할을 할 것이다.

넷째, 모든 런칭 커뮤니케이션의 중심에는 기업의 '진정성'이 확고히 자리 잡고 있어야 한다. 인지도가 높은 기업에 비해서 기업의 경영여건이 상당히 불리한 만큼, 런칭 커뮤니케이션은 철저히 기업의 '진정성'을 바탕으로 전략이 수립되고 실행되어야 한다. 기업의 진정성을 바탕으로 기업 고유의 철학이 이해되고 제품이 개발, 생산되어야 한다. 진정성을 바탕으로 한 철학이 런칭 커뮤니케이션의 핵심 메시지가 되고 이를 바탕으로 런칭 커뮤니케이션 전략이 수립되어 커뮤니케이션 크리에이티브가 확정되어야 한다. 부정직한 제품, 가식적인 서비스, 허위의 런칭 커뮤니케이션으로는 B영역의 기업이 제품을 성공적으로 런칭하기란 거의 불가능에 가깝다.

마지막으로 C영역의 경우다. 새로움이나 혁신의 강도가 떨어지는 신제품을 인지도가 낮은 기업이 런칭하는 경우이다. 이러한 경우에는 고객은 웬만해서는 구매하지 않을 것이다. 따라서 이 영역에 속한 기업은 이러한 문제점을 깨닫고 빠른 시일 내에 새로운 기업 전략을 모색해야 한다. 이 영역에 대한 '성공하는 기업은 런칭이 다르다'의 견해는 다음 장의 '디지털 미디어와 •롱 테일 커뮤니케이션'으로 대신하고자 한다.

디지털 미디어와
롱 테일 커뮤니케이션

바야흐로 디지털 미디어 시대를 맞아 과거에 주목받지 못했던 80%의 다수의 시대가 오고 있다.

기업과 소셜 미디어(또는 소셜 네트워크)인 디지털 미디어와의 만남은 마치 '경영학이 사회학이나 심리학을 만난 것' 처럼 생경하고 이질적이다. 특히 기업의 입장에 볼 때, 안개의 입자처럼 잘게 흩어진 디지털 미디어의 고객들과 만남을 지속하며 기업에 대한 친밀감을 높이는 일은 기업 본연의 비즈니스 못지 않게 어렵고도 힘든 일이다. 그러나 이제는 고객이 기업에 쏟은 관심만큼 기업들도 고객 개개인을 이해해야 할 필요성이 생겼다. 결국 기업은 고객에게 '어떤 메시지'를 '어떻게 전달할 지'에 대한 진지한 고민과 성찰이 요구된다. 더 이상 고객은 기업이 강조하는 메시지와 제품을 고스란히 받아들여야 하는 피동적인 마케팅 대상이 아니다. '왜?' 그 제품을 구매해야 하고 '왜?' 그 기업을 삶의 한 부분으로 받아들여야 하는지 설득해야 하는 대화 상대로 바뀌어가고 있다.

그라노베터 교수의 사회학 이론 중 하나인 '약한 유대관계의 힘'에 따르면, 실제 삶에 도움을 준 정보의 네트워크 핵심은 바로 친한 사람들이 아닌, 약하게 유대 관계를 맺고 있던 사람들이라고 한다. 예컨대 개인이 직업을 구할 때 같은 생활 반경에 있는 친구나 가족들은 대개 동일한 정보를 가지고 있을 가능성이 높아, 현실적으로 큰 도움이 되지 못 할 가능성이 높다. 따라서 디지털 커뮤니케이션 시대가 한층 공고화될수록 '약한 유대 관계'가 상당한 영향력을 발휘할 수 있다. 특히, 트위터나 페이스북 같은 소셜 미디어를 통한 '약한 유대 관계' 형성은 이제껏 한국 사회가 풀지 못했던 세대 간, 지역 간 소통의 문제를 일시에 해소하는 새로운 커뮤니케이션 국면으로 발전할 수도 있다. 이제 고객으로의 정보 편중 현상이 날로 심화되고 고객의 권력화 경향도 강화될 것이다. 이는 언제 어디에서든 고객의 사소한 불만이 기업의 위기로 확산될 수 있음을 의미한다. 동시에 이와 같은 고객의 힘이 증가되면서 기업들이 이들을 핵심 우군으로서 전략적으로 활용하는 긍정적인 측면도 강화되고 있다는 점을 명심하기 바란다. 따라서 궁극적으로는 디지털 시대의 기업 커뮤니케이션은 디지털 커뮤니케이션 네트워크의 주체 간의 상호주의를 바탕으로 다양한 목소리가 공유되고, 그러한 다양한 시각들이 시간을 두고 쌓여 만들어지는 롱 테일 커뮤니케이션이어야 한다. 이제 기업은 기업의 가장 중요한 메시지라 할 수 있는 커뮤니케이션 메시지를 중심으로 고객과 함께 커뮤니케이션 할 수 있는 시스템과 사람을 준비하고 진정으로 열린 마음으로 소통할 준비를 해야 한다.

'롱 테일'이란 말 그대로 '긴 꼬리', 즉 수요곡선 그래프를 그렸을 때 왼쪽부터 판매량이 높은 제품 순으로 배치하면 그래프 오른쪽에 길게 늘어진 꼬리 모양의 선이 나타난다고 하여 붙여진 이름이다. 롱 테일 법칙은 인터넷의 발달로 온라인 시장이 부상하면서 등장한 법칙이다. IT 잡지 〈와이어드〉의 편집장 크리스 앤더슨은 "시장에서 히트하고 있는 20%도 의미가 있으나, 과거 주목받지 못한 80%의 다수를 간과해서는 안 된다"고 강조한다. 즉, 중요한 소수와 유용한 다수가 서로 공존하는 것을 존중해야 함을 뜻한다. 그런 의미에서 롱 테일 커뮤니케이션은 다양하지만 조용한 다수의 목소리를 기다려주고, 경청하며 대답하는 커뮤니케이션이다. 이는 일시적인 현상에 그치지 않는 지속가능한 커뮤니케이션 방식이다.

《성공하는 기업은 런칭이 다르다》는 신제품 런칭 초기에 성공적으로 제품을 시장에 안착시키는 것을 목표로 삼는다. 그러나 수많은 유사 브랜드가 쏟아지는 상황에서 런칭 제품의 처음은 화려했지만 시간이 갈수록 힘을 잃고 사라지는 모습이 종종 목격된다. 그러나 비록 처음은 화려하지 않았지만 시간이 지날수록 더 빛나는 기업의 제품들도 얼마든지 있다. 그런 제품들은 지고지난한 런칭 초기 힘든 시기를 버텨내면서, 앞서 언급한 기업의 브랜드 플랫폼에서 고객이 중요하게 여기는 정서적 가치를 제공하는 '감정적 보상 단계'에 성공적으로 접어들었음을 의미한다. 바야흐로 디지털 미디어 시대를 맞아 기업들은 제품을 런칭할 때 롱 테일 커뮤니케이션 현상에 대한 이해와 반영도 필요하다.[7]

---

7 《아내가 창업을 한다》 권민 지음, 유니타스브랜드, 404p

디지털 미디어 시대를 맞이하고 있다. '과거 주목받지 못했던 80%의 다수'의 시대가 오고 있다. 무엇인가를 시작하기가, 즉 시장과 커뮤니케이션하기가 예전보다 훨씬 쉬워졌다. 특히, 자연 발생적인 사용자 주도의 네트워크는 제품의 성패를 좌우할 정도다. 물론 절대적인 시간이 필요하겠지만 기존처럼 많은 인적, 물적 자원이 소요되는 커뮤니케이션 시스템 보다 훨씬 강력하고 효율적이다. 그래서 '세스 고딘'의 '작게 시작하기'라는 콘셉트가 의미 있게 다가온다.[8]

★ 가치 있는 물건을 만들라.
★ 사람들이 이야기할 만한 물건을 팔라.
★ 스스로에게 믿음을 가져라. 히트하기까지 꽤 오래 걸릴지도 모른다.
★ 처음에 이러쿵저러쿵하는 말에 귀기울이지 마라.
★ 포기하지 마라, 적어도 얼마 동안은…

디지털 미디어 시대, 기업 커뮤니케이션의 출발점은 바로 그 기업 자신이기 때문이다.

8 《이제는 작은 것이 큰 것이다》 세스 고딘 지음, 재인, 210p

세일즈 프로모션, 프리미엄 브랜딩, 스포츠 마케팅, 마케팅 기획, 소매 비즈
니스, 기업 커뮤니케이션 전략, 모터쇼를 포함한 전시 커뮤니케이션, 브랜드
전략, 르노그룹의 아시아-태평양 해외 커뮤니케이션 네트워크 코디네이션,
미디어를 통한 제품 커뮤니케이션, 그리고 디지털 마케팅까지…

　1994년 12월 12일 현대자동차에 첫 발을 내디디면서 거쳐온, 지금을 있게
한 나의 발자취다. '5년 후, 10년 후, 그리고 30년 후에는 뭐가 되어야 할
까? 라는 막연한 화두를 가슴에 품은 채 새로이 일들을 선택하고 그로 인해
맞닥뜨리는 살 떨리는 비즈니스 현장에서 살아남는 법보다는 살아가는 법을
배우며 축적한 자산이라 할 수 있다. 대학에 진학해서는 소설가가 되고 싶었
다. 그러다가 현대자동차에 입사해 운좋게 월드랠리팀을 창단하여 유럽 각
지를 돌며 스포츠 마케팅을 해보기도 했다. 10여 년 전, 정확히 말해서 29살
에는 동성애자를 주인공으로 한 10분짜리 단편영화를 만드느라 당시 1년치
연봉과 모든 휴식시간을 쏟아붓기도 했다. 그 짧고 허술한 영화는, 29살의

나의 꿈이 세상과 비로소 제대로 만나본 첫 터치 포인트였다.

지금 나는 서울시 강남구 삼성동에서 일을 한다. 지금의 내 모습만을 보고 저 구구절절한 이면들을 알아차릴 수는 없다. 하지만 그 간단한 현상 속에 그간 내 삶의 복잡함이 오롯이 숨어 있다.

기업의 런칭 커뮤니케이션도 마찬가지다. 보이는 현상만을 가지고 왈가왈부해서는 성공하는 런칭 커뮤니케이션의 본질에 접근할 수 없다. 모든 기업의 런칭 커뮤니케이션에 '애플의 인문학'이라는 애플의 런칭 커뮤니케이션 메시지가 과연 무슨 소용을 가질까? 심오한 통찰력은 예상치 못했던 문제, 새로운 경험, 즉흥적인 대화, 새로이 알게 된 사실 등 예측할 수 없는 다양한 요인들이 섞여 탄생하는 경우가 많다. 그래서 이러한 현실적 통찰력은 책이나 학교에서 얻을 수 있는 것이 아니라 다양한 경험을 통하여 체득한 직관에서 시작된다.

이 책의 출발점이 바로 거기다. 기업은 늘 뭔가 새로운 것을 시장에 내놓아야 한다. 그것도 잘 내놓아야 한다. 그래야 살아남을 수 있다. 사람도 마찬가지다. 하지만 이 뭔가 새로운 것을 내놓은 방식에 대해서는 이렇다할 만한 것이 남아 있지 않다. 너무나 많은 사람들이 각각의 고유 영역에서 해법들을 내놓지만, 서로 잘 이어지지 않는다. 그래서 아직 가설에 불과한 《성공하는 기업은 런칭이 다르다》가 기업의 런칭 커뮤니케이션이라는 영역에서 출발점이 되었으면 한다. 한 사회 또는 기업의 생존에 중요한 지식의 축적은 머릿속에서 출발하지 않는다. 비판을 감수하면서 먼저 나서서 실행하는 자로부터 시작된다.

이 순간, '로마인 이야기 2'의 한 글귀가 맘에 들어왔다.

"전투결과를 좌우하는 전술은 콜럼버스의 달걀인 동시에 콜럼버스의 달걀이 아니다. 아무도 생각하지 못한 방식으로 문제를 해결한다는 점에서는 콜럼버스의 달걀이지만 그 방식을 답습해도 누구나 반드시 같은 결과를 낳지 못한다는 점에서는 콜럼버스의 달걀이 아니다. 그 방식을 살리느냐의 여부는 그 방식을 실제로 구사하는 인간의 재능에 좌우될 수밖에 없다."

인생도 그러하고 기업의 운명도 그러하고, 모두 우리 탓이다. 다들 알면서 왜 그러고들 있을까? 우리의 재능 탓일까?

끝으로 책을 정리한다는 핑계로 주말에 번번한 외출도 못했다. 이런 나의 모습을 묵묵하게 지켜봐준 아내 김남경과 아들 박채운에게 진심으로 고맙다는 말을 전하고 싶다. 그리고 아무 개념도 없던 상황에서 나의 황당무개한 이야기를 믿고 조언을 아끼지 않은 인생의 선후배들, 특히 박명기 게임톡 편집

장, 조해석, 김민경, 김기태, 김보영, 조주홍, 나선영, 서영부 군에게 진심으로 감사하다. 무엇보다 부족한 글을 꼼꼼하게 읽고 이 책을 추천해주신 여러 선생님들과 위너스북 출판사에도 이 자리를 빌려 감사의 말씀을 드리고 싶다. 모든 분들에게 행운이 함께 하시기를…

● **구전효과** : 사람 간의 커뮤니케이션 과정에서 발생하는 기업 또는 제품 정보가 수신자에게 미치는 커뮤니케이션 효과. '결과적인 구전효과', '경험적인 구전효과', '의도적인 구전효과' 등 세 가지로 분류할 수 있다.

● **기업 내부 커뮤니케이션 (Internal Communication)** : 기업의 CEO나 핵심 경영진이 런칭 오퍼레이션이 제안한 런칭하는 제품에 대한 제한적인 커뮤니케이션 메시지를 기업의 사내 커뮤니케이션 채널을 통해 임직원에게 전달하는 활동.

● **기업 제품에 통용되는 주제 (Cross-Functional Subjects)** : 기업 브랜드 플랫폼에 명시된, 기업 제품 모두에 공통적으로 적용되는 핵심 특징. '품질'이 '기업 제품에 통용되는 주제'라고 한다면, '품질'은 기업 제품 전반에 반영되어야 하는 핵심 특징이 된다.

● **뉴스 미디어 (News Media)** : 뉴스 컨텐츠를 생산하는 TV, 라디오, 신문, 잡지 등 기존의 매스미디어뿐만 아니라 웹사이트, 블로그, 커뮤니티, 포럼, 대화방, 소셜 미디어 또는 소셜 네트워크 등의 디지털 미디어를 포괄하는 개념. 뉴스 미디어는 고객이 기업의 제품을 구매하는 데에 큰 영향을 미치는 가치중립적인 뉴스 컨텐츠를 지속적으로 생산하고 의견을 제시한다.

● **동적인 이미지 런칭 커뮤니케이션 (Dynamic Image Launching Communication)** : 기업이 시장에 신제품을 선보이기 직전, 즉 프리 런칭 커뮤니케이션 막바지 시점에 런칭 제품의 모든 커뮤니케이션 메시지와 함께 제품을 직접 작동해보이거나 실제로 커뮤니케이션 대상이 체험하게 하는 커뮤니케이션 활동.

● **디-데이 런칭 커뮤니케이션 (D-Day Launching Communication)** : 공개된 런칭하는 제품의 정보를 바탕으로 페이드 미디어 광고를 포함한 기업의 모든 런칭 커뮤니케이션 자원을 가동하는 커뮤니케이션. 단시간 내에 좀더 광범위한 고객에게 도달해 런칭하는 제품의 인지도를 높이는 것이 목표이다.

● **디지털 미디어 (Digital Media)** : 디지털 코드를 기반으로 동작하는 전자 매체. 휴대전화, 검색 엔진 결과에서부터 디스플레이 광고, 블로그, 뉴스 사이트, 쇼핑 사이트, 기업의 홈페이지와 제품 사이트, 그리고 페이스북, 트위터로 발전하며 미디어 산업뿐 아니라 사람들의 모든 일상에 중요한 영향을 미치고 있다.

● **디지털 플랫폼 (Digital Platform)** : 기업의 홈 페이지, 웹 사이트, 블로그 또는 소셜 미디어 등 기업의 런칭 커뮤니케이션의 중심이 되는 디지털 온드 미디어. 시장과 고객에게 런칭하는 제품에 대해 자세하고 흥미로운 경험을 제공하는 디지털 공간이어야 한다.

● **런칭과 런칭 커뮤니케이션 (Launching & Launching Communication)** : 런칭은 기업이 새로운 제품이나 서비스를 시장에 선보이는 것이다. 따라서 기업이 새로운 제품이나 서비스를 시장에 성공적으로 선보이기 위해 기업의 자원, 조직, 프로세스 등을 효과적으로 활용하여 고객과 커뮤니케이션하는 것을 런칭 커뮤니케이션이라고 한다.

- **런칭 오퍼레이션 (Launching Operation) :** 기업이 신제품을 성공적으로 런칭하기 위해서 결성하고 운영하는 비상설조직. 기업이 고객과 만나는 '터치 포인트'를 담당하는 주요 부서가 정규 멤버로 참여하며, 성공적인 신제품 런칭을 위해 서로 협업해 전략을 수립하고 실행한다. 성공적인 신제품 런칭을 위한 기업의 컨트롤 타워 역할을 한다.

- **런칭 오퍼레이션 총괄책임자 :** 기업의 런칭 오퍼레이션을 통해 기업의 런칭 커뮤니케이션 전략을 수립하고 실행해, 고객으로 하여금 제품을 구매토록 하는 신제품의 런칭 프로젝트를 책임지는 기업의 임직원.

- **런칭 오퍼레이터 (Launching Operator) :** 런칭 오퍼레이션의 총괄책임자를 도와 기업 내부의 런칭 프로젝트의 패러다임을 시장의 시각에서 조망토록 해, 제품이 시장에 성공적으로 런칭될 때까지 주어진 커뮤니케이션 자원으로 최적의 런칭 커뮤니케이션 전략을 수립, 실행할 수 있도록 조정하는 기업의 임직원.

- **런칭 커뮤니케이션 크리에이티브 (Launching Communication Creative) :** 런칭 제품에 새로운 의미와 가치를 발견하여 아이디어를 일으켜 고객에게 어떻게 커뮤니케이션 할 것인가의 콘셉트를 만들고, 그것을 구체적으로 문장화, 시청각화, 영상화하는 모든 프로세스.

- **런칭 커뮤니케이션 프레임워크 :** 훌륭한 기업 또는 강한 기업은 시장과 고객을 바라보는 그 기업만의 틀, 즉 프레임워크가 있다. 따라서 런칭에 성공하고 싶은 기업이라면 자기만의 지속적으로 성공하는 런칭 커뮤니케이션 프레임워크를 갖고 있어야 한다.

- **롱 테일 커뮤니케이션 (Long Tail Communication) :** 롱 테일이란 말 그대로 '긴 꼬리', 즉 수요곡선 그래프를 그렸을 때 왼쪽부터 판매량이 높은 제품 순으로 배치하면 그래프 오른쪽에 길게 늘어진 꼬리 모양의 선이 나타난다고 하여 붙여진 이름이다. 롱 테일 커뮤니케이션은 디지털 커뮤니케이션 네트워크 주체 간의 상호주의를 바탕으로 다양한 목소리가 공유되고, 그러한 시각들이 시간을 두고 쌓여 만들어지는 커뮤니케이션을 의미한다.

- **마케팅 플랫폼 (Marketing Platform) :** 기업의 브랜드 플랫폼을 기반으로 하는, 런칭하는 제품의 철학이자 존재 이유. 런칭하는 제품이 시장에서 경쟁 관계에 있는 제품들과 차별되는 혁신적인 특징들을 정리한 것으로 런칭하는 제품의 핵심 커뮤니케이션 메시지.

- **반복구매력 :** 고객이 신제품을 최초로 구매해 제품을 직접 경험한 후 그 제품을 다시 구매하고 싶은 생각이 들게 하는 힘. 고객이 신제품을 구매하게 되는 '신제품 구매력'은 시도구매력과 반복구매력의 합이다.

- **브랜드 매니저 (Brand Manager) :** 브랜드 전체를 책임지고 브랜드를 종합적으로 관리하는 기업의 임직원. 기업에서 브랜드를 일관되게 이미지, 전략, 영업, 제품, 생산, 관리 등 전 부문을 유기적으로 조정하고 관리해야 한다.

- **브랜드 아이덴티티 (Brand Identity) :** 기업이 고객의 마음 속에 심어주고자 하는 바람직한 브랜드 관련 연상들로 기업이 스스로 구축한 정의. 〈성공하는 기업은 런칭이 다르다〉의 브랜드 플랫폼과 같은 콘셉트.

- **브랜드 이미지 (Brand Image) :** 고객이 그 기업, 즉 브랜드를 인지하고 있는 방식.

- **브랜드 전략 (Brand Strategy) :** 브랜드, 즉 제품을 각종 프로모션 활동을 통해 경쟁 제품과 차별화해 상대적으로 유리한 입장을 구축하는 마케팅 전략.

- **브랜드 플랫폼 (Brand Platform)** : 시장에서 그 기업만이 가진 고유하고 차별된 이미지로 기업의 철학이자 존재 이유. 런칭 커뮤니케이션에 있어서 런칭하는 제품의 핵심 커뮤니케이션 메시지의 출발점이자 원형이다.

- **브랜드 커뮤니케이션 (Brand Communication)** : 광고, PR, 프로모션 등 기업의 커뮤니케이션 툴뿐 아니라, 제품·서비스, 디자인, 기업문화 등 브랜드가 고객과 만나는 모든 접점에서 고객과의 상호작용을 통해 브랜드를 알리는 활동.

- **상기** : 고객이 제품을 구매하는 시점에 특정 제품이 속한 카테고리에서 특정 제품을 떠올리는 것.

- **새로운 제품의 수명주기** : 〈성공하는 기업은 런칭이 다르다〉의 런칭 커뮤니케이션을 통해 획득한 강력한 인지도와 긍정적인 이미지를 바탕으로, 런칭된 제품이 기존의 일반적인 제품 수명주기에서의 '도입기'를 거치지 않고 급격한 판매가 이루어지는 '성장기'로 직결하는 새로운 제품의 수명주기.

- **시도구매력** : 시장에 런칭되는 제품을 고객이 최초로 구매하고 싶은 생각이 들게 하는 힘을 의미한다. 고객이 신제품을 구매하게 되는 '신제품 구매력'은 시도구매력과 반복구매력의 합이다.

- **아키타이프 (Archetype)** : 심리학자 융은 신화, 꿈, 종교 등을 연구하면서 지구의 어느 곳에서건 사람들 마음속에 스며 있는 공통적인 상상력을 발견했다. 그는 이런 사람들의 공통적인 심상에 '아키타이프 (원형)' 이라는 이름을 붙였다.

- **아키타이프 런칭 커뮤니케이션 (Archetype Launching Communication)** : 런칭하는 제품의 핵심 커뮤니케이션 메시지는 변하지 않게 지속적으로 유지 및 관리하면서 커뮤니케이션 단계별로 적합한 미디어 채널을 통해 조금씩 변화를 주며 제품이 런칭할 때까지 지속적으로 시장과 고객의 관심을 지속시키는 런칭 커뮤니케이션 전략.

- **언드 미디어 (Earned Media)** : 고객을 포함한 제3자가 기업의 커뮤니케이션 메시지를 자발적으로 자신의 관점에서 해석해 전달하거나 그 메시지 자체를 공유하게 되면서 얻는 미디어. 고객의 평점이나 의견, 커뮤니티 사이트 순위, 소셜 미디어 또는 네트워크에서의 기업 커뮤니케이션 메시지 등이 있다.

- **영업시작일** : 런칭하는 제품이 시장에서 판매되기 시작하는 날. 이때부터 고객은 구매를 하고 직접 런칭하는 제품을 경험할 수 있게 된다.

- **온드 미디어 (Owned Media)** : 기업이 시장 및 고객과 커뮤니케이션하기 위해 활용할 수 있는, 기업의 커뮤니케이션 자산 또는 커뮤니케이션 채널. 예를 들면, 기업의 오프라인 커뮤니케이션 또는 오프라인 커뮤니케이션 채널, 그리고 기업의 웹사이트, 블로그, 모바일 사이트, 소셜 미디어 등 디지털 커뮤니케이션 채널 등이 있다.

- **외부 에이전시** : 기업을 위해 특정 서비스를 제공하고 커미션을 받는 기업. 광고대행사, PR대행사, 판촉대행사, 직접광고업체, 그리고 이벤트 업체 등이 있다.

- **인지도** : 어떤 대상을 알아보는 정도. 기업이나 제품의 인지도는 고객이 그 기업이나 제품을 알아보거나 쉽게 떠올릴 수 있는 능력을 말한다.

- **정량적 목표** : 계량화할 수 있는 수치 목표. 제품의 일정 판매량, 매출액, 수익, 영업이익률, 시장점유율 등이 있다.

- **정보의 비대칭성** : 정보가 한 쪽에만 존재하고 다른 한 쪽에는 존재하지 않는 상황을 말한다.

- **정성적 목표** : 정량적 목표에 대응되는 용어로 양적으로 비교할 수 없는 말로 표현되는 목표. 고객 만족도, 브랜드 이미지 개선 등이 있다.

- **정적인 이미지 런칭 커뮤니케이션 (Static Image Launching Communication)** : 프리 런칭 커뮤니케이션 초기, 런칭 제품의 완성도가 떨어질 수밖에 없다는 점을 감안해 제품의 런칭 커뮤니케이션 메시지를 구동 가능한 완제품 시연을 통해서가 아닌, 제품의 외부 디자인 등 단순한 비주얼과 함께 런칭 커뮤니케이션 메시지의 일부를 점진적으로 전달하는 커뮤니케이션 활동.

- **제품의 수명주기** : 사람이 태어나 성장하고 죽음을 맞는 수명주기를 가지듯이, 제품도 시장에 런칭되고 성장기를 거쳐 절정의 순간인 성숙기를 맞이하다 이후 시장에서 사라지는 수명주기를 거친다. 이런 수명주기를 거치는 동안 판매와 수익은 변화한다. 제품 개발 단계, 도입 단계, 성장 단계, 성숙 단계, 그리고 쇠퇴 단계의 다섯 가지 단계로 구분된다.

- **존속성 기술** : 하버드 대학교 교수 클레이튼 크리스텐슨이 저술한 '성공기업의 딜레마'에서 사용되었다. 존속성 기술은 기존 시장을 주도하는 기술의 연장선 상에서 발전되는 기술을 말한다.

- **카피캣 (Copycat)** : 모방하는 사람 또는 흉내쟁이를 뜻하는 말. 스티브 잡스가 아이패드2를 발표하면서 삼성전자를 비롯해서 휴렛팩커드, 모토롤라 등을 카피캣이라고 하면서 화제가 된 말.

- **커뮤니케이션 플랫폼 (Communication Platform)** : 마케팅 플랫폼을 시장의 언어로 정리한 것. 기업의 브랜드 플랫폼과 마케팅 플랫폼을 기업의 임직원 또는 런칭을 함께 준비하는 외부 에이전시 등을 위해 시장의 언어로 정리한 런칭 커뮤니케이션 가이드라인.

- **터치 포인트 (Touch Points)** : 기업이 고객과 만나는 접점으로 고객이 제품, 기업의 임직원 혹은 내부 프로세스, 또는 기업의 커뮤니케이션을 경험하는 순간. 고객은 이 순간을 통해 기업에 대한 인식을 형성하고 제품 구매를 결정하게 된다.

- **티징 커뮤니케이션 (Teasing Communication)** : 기업의 제품 일부를 보여줘 소비자의 궁금증을 유발하는 커뮤니케이션.

- **패스트 팔로우 전략 (Fast Follow Strategy)** : 이미 시장에서 검증받은 기존 기업의 제품 기술과 비즈니스 전략 등을 벤치마킹해 빠르게 따라잡는 전략.

- **페이드 미디어 (Paid Media)** : 기업이 비용을 지불하고 사용할 수 있는 커뮤니케이션 채널. TV, 라디오, 신문, 잡지 등 매스미디어의 광고, 옥외광고, PPL, 각종 프로모션, 온라인 디스플레이 광고, 검색 광고 등이 대표적이다.

- **포스트 런칭 커뮤니케이션 (Post-Launching Communication)** : 디-데이 런칭 커뮤니케이션이 시작된 이후 고객이 시장에서 런칭한 제품을 구매한 후 기업에게 유의미한 고객의 경험이 형성되기 시작한 시점에서부터 실행되는 커뮤니케이션.

- **푸시 커뮤니케이션 (Push Communication)** : 런칭하는 제품의 커뮤니케이션 메시지를 시장과 고객에게 밀어내는 커뮤니케이션.

- **풀 커뮤니케이션 (Pull Communication)** : 런칭하는 제품의 커뮤니케이션 메시지를 바탕으로 시장과 고객의 관심을 기업과 런칭하는 제품 쪽으로 끌어당기는 커뮤니케이션.

- **프라임 타임 (Prime Time)** : 시청자나 청취자가 가장 많은 시간대. 텔레비전의 경우 오후 8시에서 오후 11시 사이이고, 일요일은 오후 7시에서 11시까지를 가리킨다. 이 시간대에 시청률이 가장 높고 광고비도 가장 높다.

- **프로모션 (Promotion)** : 기업이나 제품 등에 관한 커뮤니케이션 메시지를 목표 고객에게 전달해 이들이 기업이나 제품 등에 대해 보다 우호적인 태도를 가지게 하는 제반 행위. 단순한 판매촉진 활동뿐만이 아니라, 광고, 홍보, 이벤트, 영업사원 활동 등 기업의 마케팅 커뮤니케이션 전부를 포함한다.

- **프로텍션 (Protection)** : 기업 또는 런칭하는 제품에 대한 악성 루머 또는 사실과 다른 정보가 유통되는 경우에 기업은 대응방향을 정하고 기업 및 런칭하는 제품을 긍정적으로 관리하는 것.

- **프리 런칭 오퍼레이션 (Pre-Launching Operation)** : 본격적인 런칭 오퍼레이션 운영에 앞서, 런칭 커뮤니케이터가 런칭 프로젝트 초기부터 런칭하는 제품의 스토리 텔링을 위한 각종 런칭 커뮤니케이션 자원 (데이타, 사진, 동영상 등)을 확보하기 위해 결성하고 운영하는 조직.

- **프리 런칭 커뮤니케이션 (Pre-Launching Communication)** : 신제품이 시장에 런칭하는 '디-데이 런칭' 또는 '영업시작일'을 기준으로 그 이전 단계. 기존의 '제품 수명주기' 콘셉으로 볼 때 '제품개발단계'와 '도입기' 사이에 위치한다.

- **70:20:10의 원칙** : 2005년에 구글의 에릭 슈미트가 밝힌 구글의 비즈니스 자원 관리 모델. 혁신을 일궈내기 위해 현재의 핵심 사업에 70%, 핵심 사업과 관련된 분야에 20%, 전혀 상관없는 분야에 10%을 투자한다는 원칙. 미래의 성장 엔진을 찾기 위해 최소한 일정 비율 이상을 투자한다는 의미로, 이 원칙을 기업의 커뮤니케이션 자원을 운용하는 모델에 적용한 것이다.

- **ROI (Return on Investment)** : 투자수익률. 널리 사용되는 경영성과 측정 기준의 하나로, 기업의 커뮤니케이션 자원배분 결정에 적용한 것. 런칭 커뮤니케이션 활동 비용 대비 매출 증대 효과를 정량적으로 측정하고 런칭 커뮤니케이션 자을 배분하는 데 활용한다.

- **BSP (Basic Selling Points)** : 런칭하는 시장의 제품 카테고리에서, 고객의 니즈를 만족시켜주는 런칭하는 제품의 고유 가치. 예를 들면, 품질, 안전, 디자인, 경제성, 안락함, 재미 등이 있다.

- **CRM** : Customer Relationship Management의 약자로, '고객관계관리'라고 한다. 기업이 고객과 관련된 내외부 자료를 분석 및 통합해 고객 중심 자원을 극대화하고 이를 토대로 고객특성에 맞게 마케팅 활동을 계획, 지원, 평가하는 과정이다.

- **SPA (Specialty retailer of Private label Apparel)** : 의류기획ㆍ디자인, 생산ㆍ제조, 유통ㆍ판매까지 전 과정을 하나의 기업이 맡는 의류 전문점을 말한다. 대량생산 방식을 통해 효율성을 추구하여 제조원가를 낮추고, 유통 단계를 축소시켜 저렴한 가격에 빠른 상품 회전을 통해 소비자의 니즈를 충족시킨다. 대표적인 업체로는 일본의 유니클로, 스페인의 자라, 스웨덴의 H&M, 그리고 한국의 에 잇세컨즈가 있다.

- **USP (Unique selling points)** : 런칭하는 시장의 제품 카테고리에서, 고객이 중요하게 여기는 가치를 런칭하는 제품에 반영한, 경쟁 제품과 가장 차별되는 특징.

참고문헌

- 《구글 노믹스》 제프 자비스 지음, 21세기북스.
- 《광고와 프로모션》 7판 트렌스 심프 지음.
- 《대중의 지혜》 제임스 서로위키 지음, 랜덤하우스.
- 《맥킨지 문제 해결의 기술》 오마에 겐이치·사이토 겐이치 지음, 일빛.
- 《신상품 마케팅 전략》 김기석 지음, 인플로우.
- 《스티브 잡스》 월터 아이작슨 지음, 안진환 옮김, 민음사.
- 《스티브 잡스의 창조 카리스마》 김영한 지음, 리더스북.
- 《스틱!》 칩 히스·댄 히스 지음, 웅진윙스.
- 《아내가 창업을 한다》 권민 지음, 유니타스 브랜드.
- 《애플, 성공신화의 비밀》 김정남 지음, 황금부엉이.
- 《이제는 작은 것이 큰 것이다》 세스 고딘 지음, 재인.
- 《진정성의 힘(Authenticity)》 제임스 길모어·조셉 파인 지음.
- 《트리플 미디어 전략》 요코하마 류지 지음, 흐름출판.
- 《핵심을 꿰뚫는 단순화의 힘 2×2 Matrix》 알렉스 로위·필 후드 지음, 지식노마드.
- 《5가지만 알면 나도 스토리텔링 전문가》 리처드 맥스웰·로버트 딕먼 지음, 지식노마드.
- 《B2B 브랜드 마케팅》 필립 코틀러·발데마 푀르치 지음, 비즈니스맵.
- 《Building Great Customer Experiences》, Callin Shaw and John Ivens, Palgrave Macmillan.
- 《CNNMoney How Apple works: Inside the world's biggest startup》, Adam Lashinsky.
- 《Expanding The Impact of Communication Trhough Digital Influence》, Ogilvy, 2009
- 《IMC-the next generation: five steps for delivering value and measuring returns using marketing communication》, Don E. Schultz & Heidi F. Schultz., The McGraw.Hill Companies.
- 《Inside Apple》Adam Lashinsky, Grand Central Publishing.
- 《The Attention Economy》, Thomas H. Davenport & John C. Beck, Harvard Business School Press.
- 《The Marketer's Guide to Public Relations in the 21st Centery》, Thomas L. Harris & Patricia T. Whalen, Thompson
- 《The Power of Pull》, Jonh Seely Brown, Basic Books.

- 〈광고계 동향〉 Vol 251, '자발적 입소문과 지인의 추천'
- 〈동아비즈니스리뷰〉 60호, '톡톡튀는 스페이스 마케팅, 고객을 취하게 한 나'
- 〈동아비즈니스리뷰〉 61호, '우리 회사 DNA와 찰떡 궁합 커뮤니케이션 찾기'

- 〈동아비즈니스리뷰〉 64호, '모바일 앞에 일방마케팅은 없다'
- 〈동아비즈니스리뷰〉 72호, '커뮤니케이션은 기술이 아니라 태도다'
- 〈동아비즈니스리뷰〉 73호, '단골 고객 늘리려면 고객경험을 관리하라'
- 〈동아비즈니스리뷰〉 74호, '진정성 갖춘 혁신, 고객과의 벽을 깬다'
- 〈동아비즈니스리뷰〉 79호, '진정성 마케팅: 가짜 많은 세상을 뚫는 힘'
- 〈동아비즈니스리뷰〉 85호, '깐깐한 美 소비자, 성능·가격 무장한 제네시스에 빠지다'
- 〈동아비즈니스리뷰〉 92호, '라이프 3.0: 항상 연결된 사람들, 경험을 공유하다'
- 〈동아비즈니스리뷰〉 92호, '사회적 책임을 차별화 원천으로 활용하라'
- 〈동아비즈니스리뷰〉 95호, '하얀 국물의 반란: 철옹성 라면시장 흔들다'
- 〈동아비즈니스리뷰〉 96호, '줄을 세워라, 기다림이 상품가치를 키운다'
- 〈매일경제신문〉 2012. 3. 12, '애플엔 있고, 현대차엔 없다, 로열티 경영'
- 〈매일경제신문〉 2010. 5. 11, '삼성, 갤럭시 A 스펙 과장 논란'
- 〈유니타스브랜드〉 12권, '광고, 중독의 알고리즘을 발견하다'
- 〈유니타스브랜드〉 6권, '런칭의 Critical 11분'
- 〈제일기획 2011 디지털 리더스 포럼〉, '광고마케팅 상의 가장 큰 변화상'
- 〈조선일보〉 2012. 1. 7, 'SNS 쓰나미, 좋든 싫든 피할 순 없다'
- 〈헤럴드경제〉 2012. 3. 28, 'SPA까지 번진 '줄 세우기' …까칠해서 더 끌린다고?'
- 〈조선일보〉 2012. 5. 4, '불붙은 차세대 스마트폰 경쟁…아이폰5도 관심'
- 〈포춘 코리아〉 2011, 11, '스티브 잡스 그의 유산'
- 〈한겨레〉 2012. 5. 4, 팬택, 갤럭시 S3 발표 일정 '첩보' 듣자…'
- 〈KT경제연구소 DIGIECO 보고서〉 2009. 9, '트위터 열풍과 소셜미디어의 진화'
- 〈LG Business Insight〉 2011. 11. 30, '소비자 구매결정의 잣대가 바뀌고 있다'
- 〈SERI 경영노트〉 제123호, '저성장기의 광고 전략'
- 〈The consumer decision journey〉 JUNE 2009, David Court, Dave Elzinga, Susan Mulder, and Ole Jørgen Vetvik.
- 〈AT Kerney 'executive agenda'〉, 'Tinkering with the Go-to-market(ing) Model'
- 〈CNN Money magazine〉 2005. 12. 1, 'The 70 Percent Solution: Google CEO Eric Schmidt gives us his golden rules for managing innovation' by John Battelle.
- 〈Havard Business Review〉 2011. 4, 'Why Leaders Don't Learn From Success'
- 〈Harvard Business Review〉 2011. 4, 'Failing By Design'
- 〈Harvard Business Review〉1996. Nov-Dec, 'What is strategy'
- 〈McKinsey Quarterly〉 2009. 6, 'The consumer decision journey'
- 〈McKinsey Quarterly〉 2010. 4, 'A New Way to Measure Word-of-Mouth Marketing'
- 〈McKinsey Quarterly〉 2010. 11, 'Beyond paid media: Marketing's new vocabulary'

- www.imediaconnection.com/content/30906.asp
- http://economyplus.chosun.com/special/special_view_past.php?boardName=C19&t_num=5938&img_ho=87 2012년 신년 특별기획 〈이코노미플러스〉·IGM 공동 선정